天下文化
BELIEVE IN READING

誠致教育基金會的夥伴們，（左起）專員劉育芬、專員邱畹蓉、執行長吳明柱、副董事長李吉仁、董事長方新舟、副執行長劉又甄、組長何芷瑄、專員郭孟庭、專員沈玉婷。

花蓮縣

三民國小

A

B

C

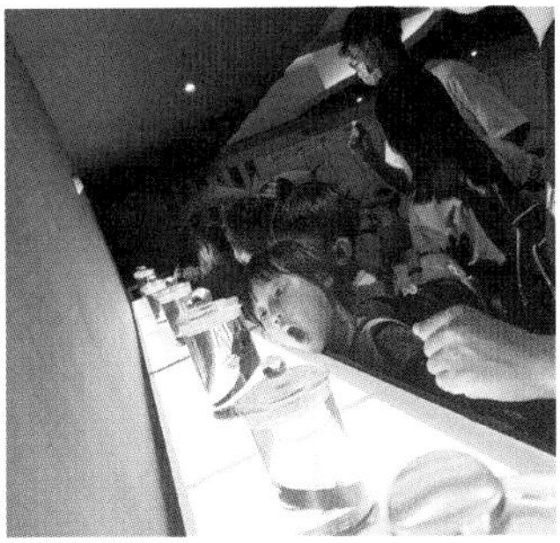

D

A｜全校運動會——社區馬拉松。
B｜跨年級品格圍圈。
C｜打狗自主探索之旅。
D｜全校親師生割稻體驗活動。
E｜體驗擂茶製作。

E

雲林縣

拯民國小

B

A｜鍛鍊品格的山野教育。

B｜孩子走入社區，探訪在地花生田。

C｜拯民運動日，慶祝成功也慶賀失敗。

D｜ 差異化教學的數學公開課。

E｜溫柔的小男生將自己手繪的畫作送給校長。

C

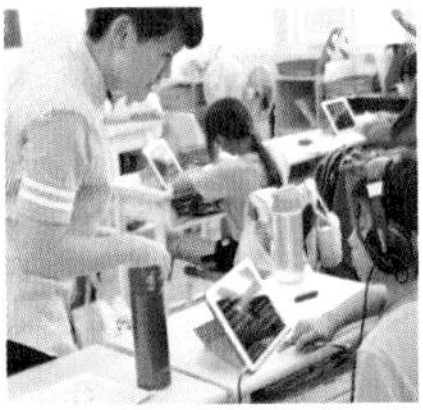

D

E

A

台東縣

桃源國小

A

B

C

D

A｜布農族文化課程。
B｜個人化學習課堂實況。
C｜運動會場上孩子活潑的身影。
D｜林幸慧老師用「分瓜子」啟發小朋友的數學思維。
E｜國語課堂教室裡的風景。

E

雲林縣

樟湖生態國中小

A

C

B

A | 樟湖的孩子發起賣咖啡挺小農活動。
B | 以科學探究了解山林中的成因。
C | 山野教育培養非認知能力外，更開啟直觀能力。
D | 佇立於山林茶園間的最美的生態中小學。
E | 單車壯遊。

E

D

花蓮縣

三民國中

D

A

B

C

A | 三民國中射箭隊。
B | 社區走踏之動手愛部落。
C | PILOT 師資培訓課程。
D | 三民國中棒球隊。

新竹縣

峨眉國中

B

C

D

A | 2020 愛鄉行動成果發表於峨眉鄉鄉公所。

B | 現代食農課程。

C | 茶師立頓特調課程

D | 文化創意課移地教學至蕭如松藝術園區。

A

B

C

A | 2020 K Camp 閉幕歡呼。

B | 2021 年薩提爾工作坊嘉義場。

C | 2021 年峰會探究工作坊。

D | 均一教育平台會議牆上貼滿重要提醒。

E | 誠致教育基金會的大家長方新舟董事長。

D

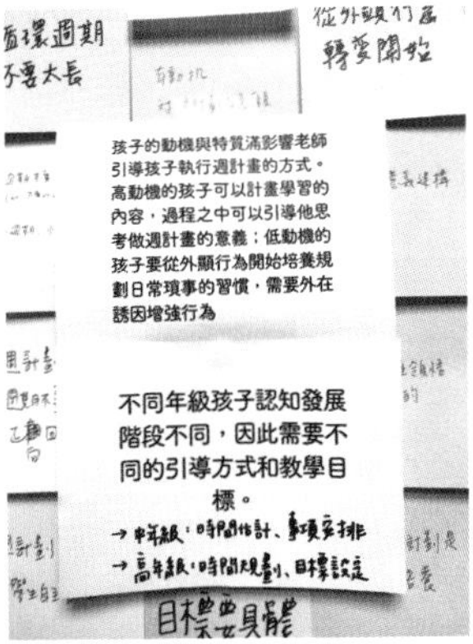

E

誠致經營
KIST
學校分佈圖

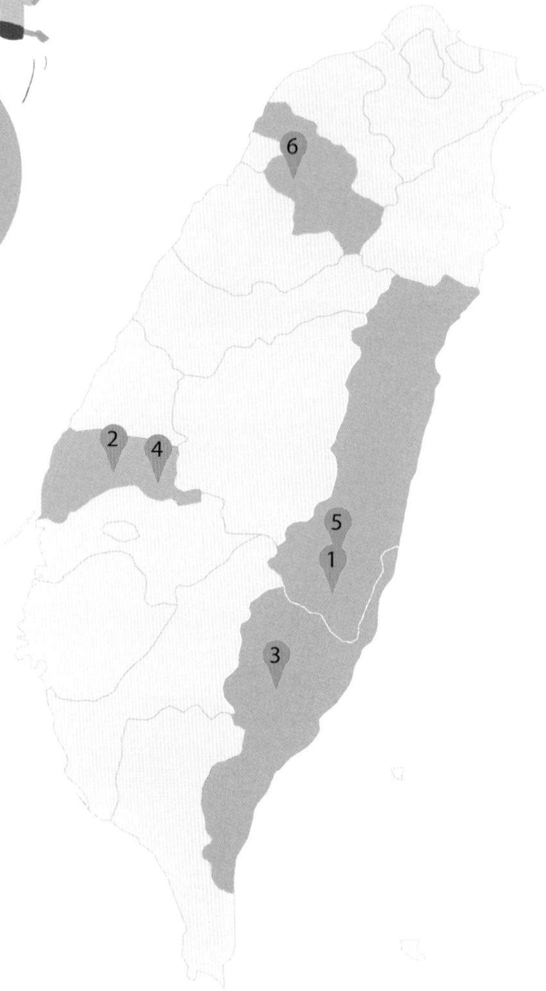

花蓮縣

❶KIST：三民國小

❺KIST：三民國中

台東縣

❸KIST：桃源國小

雲林縣

❷KIST：拯民國小

❹KIST：樟湖生態國中小

新竹縣

❻KIST：峨眉國中

與孩子一同編織未來

誠致的KIST實踐經驗

吳錦勳——著

目次 CONTENTS

推薦序

「實驗教育」是教育理念的實踐

教育部長　潘文忠

從一〇三年底通過實驗教育三法至今，我國參與實驗教育之學校數及學生數逐年增加，顯見各界對於實驗教育之歡迎及重視。轉眼間，臺灣實驗教育已經正式上路七年，無論是就讀非學校型態、學校型態或公辦民營的國小、國中一年級學生，都已經完成了各自的教育階段，正是邁向下一個學習階段的關鍵時刻。在這七年間，我們見證了臺灣實驗教育的蓬勃發展。

「實驗教育」是教育理念的實踐，「財團法人誠致教育基金會」推廣之KIST教育理念，近年受到學生、家長及社區的肯定。KIST源於美國KIPP（Knowledge Is Power Program），其全名為「KIPP理念學校在臺灣」

（KIPP-Inspired School in Taiwan）。KIST以文化為根柢，以品格為核心，以學習為開展，其教育使命是培養學生具有文化力、品格力和學習力，並提升學生的學習及成績水平，以達到能夠改變孩子學習及生活軌跡的程度。

財團法人誠致教育基金會成立於九十九年，方新舟董事長以「關懷弱勢，科學救國」為使命，號召一群科技專業者貢獻一己所長協助社會所需而致力於公益事業。首先，善用網際網路克服城鄉差距，取得美國可汗學院（Khan Academy）軟體授權，並創建免費線上教育平臺——「均一教育平台」，迄今超過二百萬名老師與學生註冊。再者，有感於KIPP理念與模式對於翻轉弱勢孩子的顯著成效，方新舟董事長與美國KIPP年會建立合作關係，學習該體系的課程、教學、輔導、經營管理等具體做法，並於一〇六年依「公立高級中等以下學校辦理實驗教育條例」規定，以KIST教育理念承接委託私人辦理實驗教育學校，即公辦民營學校。截至一〇九學年度止，財團法人誠致教育基金會已承接六所公辦民營學校，並與諸多學校簽定合作備忘錄，希望藉由KIST知識系統的支持，協助學校場域的改變，提供弱勢孩子平等學習機會，更有效地弭平城鄉差距，實現公共正義。

方新舟董事長從國際舞台退休後，投入半生累積的財富和第三人生的精力創辦誠致教育基金會，落實幼吾幼以及人之幼的社會。我由衷地感佩方新舟董事長的無私奉獻，他對於社會公益的熱情，也喚回學生的學習樂趣和老師的教學熱情，衷心期盼未來實驗教育推動的道路上，我們都能秉持著方新舟董事長不屈不撓的精神，讓孩子在這片實驗教育的繁花沃土中亮麗成長。

推薦序

看見每個孩子的需求

花蓮縣長 徐榛蔚

一〇八課綱上路迄今已經邁入第三年，在培養終身學習者的願景下，致力於發展學生適應現在生活及面對未來挑戰，所應具備的知識、能力與態度。

花蓮縣從傅崐萁縣長任內開始，便積極地調整教育改革的步伐，在智慧教育的政策方向下，藉由科技＋教育的策略，來幫助花蓮學子迎向未來世界的挑戰。於此同時，我們也積極地推動讀經教育，因為我們相信，當世界的變動越來越快，內在更需要穩定的力量，才足以維持身心的平衡，而經典便是這股穩定力量的來源，從為人處世的道理，到安身立命的智慧，無一不蘊含在經典之中。

誠致教育基金會以「關懷弱勢、科學救國」的理念，引進均一教育平台，成為台灣數位教育的拓荒者，沒有這幾年來均一教育平台的努力，在疫情時代遭遇的挑戰，恐怕更為艱難，歸功於誠致教育基金會長年的推動。二〇一七年誠致教育基金會在美國ＫＩＰＰ的啟發下，再次成為先行者，開啟教育公辦民營的新頁。科技業出身的方新舟董事長，以誠信致遠為基金會命名，辦學時，實踐五十一%品格＋四十九%學習的教育方案，凸顯品格為先的價值。君子務本，本立而道生，品格和讀經都是務本的功夫，而科技、數位學習和終身學習則是大學中：「苟日新，日日新，又日新」所揭示的智慧，或許是這樣相同的理念，締造了花蓮和誠致教育基金會從均一教育平台、創客、程式、科技教育以及ＫＩＳＴ公辦民營一路合作迄今的緣分。

《與孩子一同編織未來》書中紀錄了ＫＩＳＴ辦學三年以來的心路歷程，榛蔚閱讀書中故事時，深深佩服方董事長堅毅的創業家精神，也為方董事長為教育、為弱勢、為社會公平奉獻的熱情所感動。相信創業家遇到的問題和挑戰絕對不亞於教育工作者，只是面對問題和挑戰時，創業家更多的力氣會花在思考問題本質和動手解決問題上，即便沒有可供借鏡的前例依循，也能抱持摸著石頭過河的態度，在黑暗與探索中前行。

教育編織孩子的未來，我們應當選擇為成功找方法，學習創業家的精神，莫忘初衷，以學生的學習和成長為最重要的目標，校長、老師、家長開始協作起來，彼此相互支持，一同為孩子的未來奮鬥和努力。魯迅曾說：「其實地上本沒有路，走的人多了，也便成了路」，榛蔚衷心感謝方新舟董事長一直以來對花蓮教育的支持與投入，也期許在KIST學校的引領下，培育出能面對未來能力的孩子，不只是學會知識，而是學會思考、選擇、判斷等能力，能看見每一位孩子的需求，共同為教育注入活水，戮力為教育建設與發展開創美好新局。

推薦序

不難的事不做：翻轉國內教育的KIST

雲林縣長　張麗善

本書記載方新舟董事長，從一位科技人，轉變成為教育創業家的過程，方董事長秉持「關懷弱勢，科學救國」兩項大目標，創立誠致教育基金會，帶領誠致教育基金會長期在教育上耕耘，從線上學習平台切入，再搭著二〇一四年教育翻轉元年的風潮，支持教師透過自發、草根、由下而上的進行教育改革，陪伴老師一起「換腦袋」，接著更進一步直面偏鄉小校的現實與困境，從二〇一六年開始申請偏鄉國小公辦民營，引進美國KIPP理念，想用最快速度對國內教育環境產生質變、量變，影響更多的公立學校，進而翻轉國內教育。

書中提到方董事長堅持「不難的事不做」的精神，與麗善的理念不謀而合，兩年多來，雲林縣投注許多資源在改善教育環境上，教育投資是百年事業，無法立刻見效，但它的影響卻是深遠的。書中也提到成就品格是人生關鍵影響力，雲林縣也訂二〇一九年為「品德教育元年」，所以二〇一九年接獲誠致教育基金會有意協助樟湖國中小學轉型為 KIST 學校，便請教育處積極協助，讓培養出具備「品格力、學習力、文化力」孩子的教育理念在雲林深耕。雲林目前有兩間 KIST 學校，廣受家長好評，希望雲林教育也能在誠致教育基金會的協助之下快速翻轉，實現「雲林上場」的願景。

書中鉅細靡遺的介紹 KIST 運作模式、教學策略等，這樣的經營模式與精神，很值得各界參考，是值得推薦的一本好書。

推薦序

點亮偏鄉的實驗教育

前台東縣長 黃健庭

「偏鄉教育」之所以困難重重，根本在於學生家庭的社經地位及家長對孩子教育的關注程度，與都會地區大不相同；加上人口外流和嚴重的少子化趨勢，形成不可逆的惡性循環。以台東縣為例，全校學生數在百人以下的國小高達八十五%，只要走出市區就叫偏鄉了。每班只有個位數學生的情況下，自然缺乏同儕學習、而老師無法專業分工及高流動率等現象，最終都交滙出學習成果低落。

教育本應是翻轉社會底層最重要的力量，但現實是沒有經濟的支撐，教育工作如同無水的井，無法澆灌幼苗。我初任縣長時，整個台東就處於這樣的狀態，縣府財政窘迫，無力支持學校的需要，這讓重視教育的我，感到非常焦慮。於是我三箭齊發（產業、學校、家庭），從解決核心問題「創造經濟和就業」開始，改善台東人的生活品質，進而健全偏鄉的家庭功能，幫助孩子有效學習。

二〇一四年「實驗教育三法」通過，為偏鄉教育帶來一線曙光。我決定把握良機竭力推動，三年設置十一所實驗教育學校，居全台之冠，其中唯一採用公辦民營模式的就是KIST桃源國小。雖然當時正反意見兩極，但是方新舟董事長的理念和熱誠感動了我，最終排除困難拍板定案。

十年來，誠致教育基金會在台灣偏鄉撒下的種子處處結出豐碩的果實，令人肯定。誠如書中提到，「教育就是這些每天微小的事情，它沒有魔法，可是它最後會成為魔法。」以桃源國小為例，四年的實驗，儘管學科成績的進步尚不顯著，但孩子的品格、視野、學習動機及家長的參與度等都大幅提升，KIST校訓「努力學習、友善待人」誠然落實。

《與孩子一同編織未來》這本書是翻轉偏鄉教育的見證及指引。由衷感謝方董和夥伴們的付出，上帝必記念你們的愛心，大大賜福每一所KIST學校，成功造就下一代的未來！

推薦序

創新來自邊陲

新竹縣長　楊文科

本縣幅員廣大，地域文化的差別與城鄉經濟發展帶來的效益，形成了差異。因此最重要的任務就是要均衡城鄉教育資源，推動均質與均優的教育發展，期盼每一個孩子，不管住在城鄉，都享有完善的教育環境與接受優質的學校教育！

「給孩子公平發展天賦的舞台」為終極願景的KIST學校與我的理念不謀而合。一〇八年初，誠致教育基金會申請峨眉國中公辦民營，經過各階段的專業審查，於一〇九學年度起峨眉國中成為竹苗區第一所公辦民營學校，提供家長另一種選擇。

「創新來自邊陲」，本府教育處積極引進民間資源協助學校以提升辦學品質，在偏鄉注入創新的活水，讓偏鄉學校成為小而美且具競爭的選擇。在學校攜手誠致教育與台積電文教二基金會，經過一年的創新教學，於品格力的紮根下，大大提升學習成效，今年會考成績進步，學生人數從三十九人增加到五十人，堪稱偏鄉學校轉型成功的典範。

在教育處楊郡慈處長帶領下，本縣偏鄉國中小呈現多元教育型態，除了以3C、AI、藝術、創客、在地特色等不同主題發展，更有兩所公辦公營實驗學校與五所原住民族實驗學校。今（一一〇）年四月二十三日蔡英文總統視察原住民族實驗學校桃山國小，更是肯定部落和學校共同打造泰雅文化課程的努力。

教育是孩子的希望，本縣教育政策是致力實踐公平正義，打造優質學習環境；臺灣科教之父李國鼎先生指出「科技的創新，當然要靠人才，而人才的產生必須來自教育」，未來縣府會連結更多民間資源投入教育，共同打造「文化科技智慧城」的希望工程，偏鄉不再是邊陲，而是創新的活水。

（縣市順序依照成立第一所KIST學校時間排列）

推薦序

我所知道的方新舟：為所應為、捨我其誰的俠客

財團法人公益平台基金會董事長 嚴長壽

從認識的朋友資歷來說，新舟與我不算老朋友，我們各自為工作打拚的年代，他在美國矽谷，我在台灣，雖然後來有一些共同朋友，但當時彼此鮮有所聞，我們真正開始深刻認識彼此，甚至成為公益平台的好夥伴，大約要回推到十年前的一個夏天。

若兄弟、如夥伴，彼此支持餘生志業

二〇〇九年，公益平台剛成立一年多，那年我也因惡性腫瘤去掉一個腎，對生

命有了全然不同的體悟，只想利用人生剩餘的黃金歲月，在花東撒下一個希望的種子。於是我開始協助花東尋找各種不同的在地文化優勢，將原住民特有的南島文化加以包裝，推向國際，同時也邀請各地有影響力的老朋友用不同的視角造訪花東。就在那時，方新舟兄嫂在他們的準親家、我的老朋友周傳芳夫婦的引介下，到了台東。當時我因為看到世界教育正在翻天覆地的改變，忍不住寫了《教育應該不一樣》，也因此引起正想將餘生投注公益事業的新舟高度認同。他那時不只一次地參加我在各地的演講，從此建立了我們兩個長達十年來若兄弟、如夥伴的不解之緣。

由於新舟成立的誠致教育基金會，當時除了積極贊助、經營越南外配子女教育及返鄉探親的計畫，也開始投入台灣教育改革的議題，我則承蒙佛光山星雲法師的認同，將當時硬體結構已經相當完整的均一中小學無條件的交由公益平台接手經營，新舟也自然成為我邀請的董事。無獨有偶的，後來我也因為關注由宜蘭縣政府授權委託辦理的實驗教育慈心華德福的發展，讓當時正孤軍奮戰的張淑純創辦人力邀我擔任慈心華德福的董事長，自不量力的我，竟答應接下這重任，新舟也就自然應我之邀，成為慈心華德福的董事。

不難的事不做，比經營事業更投入社會公益

我和新舟有一個共同點，我們都有無可救藥的熱忱，也都無私的關心台灣未來的發展，可是我們卻也有明顯的不同。雖然我們都習慣國際社會有話直說、對事不對人的溝通文化，但是經過三十幾年大環境的影響，我自知時日無多，只能捲起袖子在偏鄉做一些具體改變，而新舟是矽谷成功的企業家，事業有成後，他懷著滿腔的熱血回到台灣，蓄勢待發的準備奉獻社會。

那時不論是均一教育平台、翻轉教室工作坊、全國初任老師培訓計畫、逆轉聯盟，雖然都是我們共同發起，但卻都是他在中間積極穿針引線，公益平台只是在幕後配合，有些甚至是他動用個人及連襟于日江先生的資源，出錢出力，一點一滴累積，才有今日成果。他不僅為了均一教育平台，跑遍了台灣每一個偏鄉學校，甚至特別到美國去和可汗學院的創辦人薩曼・可汗（Salman Khan）見面、交流。坦白說，企業家行有餘力做善事不難，但是像新舟這樣，找到目標就完全投入，甚至比經營事業更投入的人實在少見。

記得二〇一一年，我首度到北美演講，沿途經過洛杉磯、舊金山，最後到了休

士頓。那時，我的好朋友趙元修和辜懷箴夫婦邀請我去休士頓演講，演講結束第二天，夫婦兩人特別和我提到他們正在贊助美國一個改變偏鄉教育的KIPP學校，正巧那時我也正在為改變台灣偏鄉教育而努力，因此有機會認識了KIPP創辦人麥克・芬柏格（Mike Feinberg），他們當時就力邀我參加個隔年全美的年度大會，使我有機會看到來自幾百個學校的數千位老師，一起為改變弱勢教育而努力的盛況，讓我深為感動，於是回台後，立即將此經驗和新舟及所有教育夥伴分享。

二〇一四年初，KIPP創辦人麥克・芬柏格因新書出版受邀來台演講，趙元修夫婦那時正巧不在台灣，便希望我以主人的身份邀請麥克・芬柏格與台灣各地的教育友人一同餐敘，因緣際會之下，新舟便從此連年邀請充滿教育熱忱的校長、老師一同參加KIPP的世界年會。這期間雖然公益平台和誠致教育基金會一同支持這個海外觀摩活動，但我因看到在台灣推行的難度，不敢輕舉妄動，沒想到這時已第一度得到肺腺癌的新舟，居然舉起了這個大旗，趁著公辦民營開放的契機，一邊把均一教育平台交由呂冠緯擔任董事長，一邊自己展開了挑戰公辦民營這座大山，親身實踐了他所說的「不難的事不做、不能擴大規模的事不做、不能有長遠影響的事不做」的三不主義。

兩個癌症在身，仍奮不顧身為教育宏圖奔走

後來新舟再一次罹癌，經歷了第二次開刀，那時他正試圖快速展開教育宏圖，因此我不得不和他口中的「後台老闆」，也就是方夫人站在同一陣線，不斷扮演他志業的剎車，不希望他因過度工作使得原本虛弱的身體雪上加霜。但在勸阻無效後，我不僅被他無可救藥熱忱、勇往直前的執著所感動，更讚嘆他在重重的困難下，仍能一路過關斬將，擴充到六家公辦民營的規模。

記得有一回聚會，我發現他走路一拐一拐的，就問他怎麼回事，他告訴我：「應該是長了骨刺。」我問他：「為何不早點進行微創手術？」他的回答卻令我心酸與不捨，他說：「我已經開了兩次刀，開怕了，我想再一次的開刀，要留給萬一癌症第三次來襲那時用。」也經歷過癌症摧折的我，深知那是要有多強大的信念與決心，才能在身體面臨這麼大的折磨，還是不顧一切，繼續勇往直前，哪怕是用盡生命最後的氣力。那刻起，我即知道我不要、也不能再勸阻他去完成心心念念的教育志業。

走一條「衝撞體制，但也改變體制」的路

新舟和我都非常認同美國哲學家、建築師巴克敏斯特・富勒（Richard Buckminster Fuller）所說的：「面對現有的體制問題，你永遠不要挑戰現有的體制。要真正改變，你唯有建一個新的模式，讓既有的模式逐步衰退。」我們都是這句話的奉行者，在做一個「新的成功模式」上，新舟確實是做到了，他不僅交出了六家公辦民營學校的漂亮實績，也展示了教育發展天賦、成就每個孩子的可能性，但在「別挑戰現有的現狀」上，他仍是一個為解決問題，不惜與現況直球對決的科技人工程師。耿直的他，在為教育志業奔走時，不僅與體制有許多的碰撞，也承受了各種的責難。一向都溫文謙和的他，為了偏鄉那群被體制漠視的孩子，竟不惜與教育為政者拍桌力陳。然而，耿直真誠、始終如一、勇往直前、無私奉獻，這也正是我所認識的方新舟，正因為他「知其不可為而為之」的堅持以及「捨我其誰」的信念，才能讓公辦民營學校有今日的成績，激起台灣教育改變的漣漪。

他讓我們看到一個為了百年樹人教育大計，連生命都可以置之腦後，奮不顧身的高貴靈魂，那種強烈為社會貢獻己力的使命感，連我都自嘆不如，深感佩服。這

本書記錄了他退休後為台灣下一代所做的事，相信可以給對教育有所期待的老師、家長及茁壯中的世代，如雨的滋潤，如星的指引。

自序

誠致教育基金會與教育創業家們的故事

方新舟（誠致教育基金會創辦人）

這本書《與孩子一同編織未來：誠致的 KIST 實踐經驗》是講誠致教育基金會從創立至今十年的故事。書名的想法是：孩子是教育的主體，「編織」是個需要多條線調和組織，過程中看不出全貌，但最後可以是個美麗驚奇的結果，很符合我們偏鄉教育的意象，也跟基金會的 logo 意象相符。這十年「得之於人者太多」，除了感謝基金會所有夥伴外，出錢出力出點子的天使貴人多達幾百位，其中包含很多在教育部、教育處服務的長官。他們堅持專業，無論外頭風雨多大，默默做事，讓複雜的教育體系順利運轉。他們是我敬佩的幕後英雄。

我要特別感謝嚴長壽董事長，過去十年他像大哥般的照顧我，並且帶著蔡慈懿執行長及所有公益平台夥伴全力支持誠致教育基金會。這份情誼永生難忘。

我的父母都是老師，非常重視教育，省吃儉用讓我們四個小孩大學畢業後出國念書，開拓視野增廣見聞。去美國念書、成家立業是我人生最寶貴的經歷。我跟太太端宜在美國生活二十年，從窮留學生一路奮鬥成為創業家，美國的獨立精神、自由精神、對人的尊重深深植入我們的價值觀裡。但是我們對台灣的思念與日俱增，終於在出國二十年後，我的小公司被合勤科技收購，我們舉家回來，重新認識台灣。

二〇〇一年我跟幾位年輕朋友創立誠致科技，經過八年奮鬥，誠致科技在二〇〇九年上市，接著在二〇一〇年跟雷凌科技合併。合併後，誠致科技消失，我和端宜就成立誠致教育基金會準備將來做公益。基金會之所以延用誠致名字，因為「誠信、致遠」是我多年來對台灣許的願望。沒想到基金會申請下來三個月後，雷凌科技就被聯發科收購。我在五十九歲時如願轉換跑道，開始正式經營誠致教育基金會，全心全意做我從年輕時就想做的公益，真的非常感恩！

這本書記載誠致教育基金會秉持「關懷弱勢，科學救國」的使命，為台灣教育栽下的幾棵小樹苗：外婆橋、均一教育平台、社會創業家成長營、翻轉教室工作坊及KIST公辦民營學校。

教育的門檻很高，水很深。常有人問我，誠致這麼小的基金會怎麼能在短短十年推動這麼多改變。我認為主要有兩個原因：天時與人和。在天時，進入二十一世紀後，科技以驚人的速度進步，尤其機器人跟AI快到讓人不安；地緣政治跟宗教衝突讓全球不安寧；氣候變遷威脅全人類的未來；新冠疫情挑戰民主制度的管理效能……這些重大議題都逼人檢視教育的本質：我們的下一代會過得更幸福快樂嗎？在這關鍵時刻，我們集眾人智慧，直探問題本質，很多答案自然水落石出。

在人和，我很幸運在台大念EMBA時認識李吉仁教授，後經他介紹認識陳一強。一強帶我認識社會企業並且介紹很多貴人給我。高伯威教授跟他太太楊鳳翔博士是我跟端宜在美國結婚時的證婚人。李老師、一強、伯威，加上端宜妹夫于日江董事長都成為基金會的董事，長期指導我們。李老師現在是基金會副董事長。他的格局、胸襟、領導力都令我敬佩不已。我相信他明年接了基金會董事長後，能造福更多偏鄉孩子。我謹代表偏鄉孩子向李老師及夫人淑芬獻上感激！

我們還有一群企業家好朋友長期贊助我們，讓我們糧草充足，能打「百年樹人」的持久戰。謝謝致伸科技股份有限公司、財團法人文曄教育基金會、財團法人張榮發基金會、誠達集團、財團法人台積電文教基金會及虞彪先生贊助我們的六所KIST學校。也要特別謝謝譚璧輝女士，她把「譚氏文教基金會」的資產，全數捐贈予誠致教育基金會。我們感謝所有捐款人，您們的愛心跟慷慨讓誠致教育基金會有了力量，讓偏鄉孩子看到未來。

有天時及人和，並不保證會有好成果。組織文化、團隊、策略跟執行力扮演關鍵角色。其中最重要的是文化。誠致的「誠信、致遠」文化非常鮮明，在書裡有詳細說明。我們也在學校建立「用全校力量教育每一個孩子」的文化，克服偏鄉小校資源不足、教師流動率高的問題。

呂冠緯、吳明柱（柱督）是基金會前後兩位執行長，他們的年紀雖然相差二十幾歲，對偏鄉弱勢都有很強的使命感。他們的領導力、執行力超強，是基金會能逐步落實願景的最大功臣。柱督非常正向溫暖，常常會幫我或夥伴「換句話說」，凝聚大家的共識，一起打群架。他這兩年每週訪問一所學校，在家的時間非常少，謝謝他夫人千琦的支持。

我們有一群志同道合、「敢為天下先」的校長夥伴。他們是我敬佩的教育創業家。在保守的教育圈裡，他們的勇氣跟創新常常受到嚴格的檢視。他們也會跌跤，但是因為愛孩子，失敗成為最好的學習。他們的熱情、堅毅是我的典範，我非常感謝他們。我感謝所有老師，他們是孩子的安全港和燈塔，他們以身作則，提供孩子一個發展天賦的舞台。

我們希望這本書能達到四個目的：讓讀者看到KIST校長跟老師如何秉持誠致文化，用企業經營的方法，設定高目標，不怕失敗，邊做邊學，帶動改變；號召更多志同道合的校長老師，一起來幫助偏鄉小校；幫助家長了解品格教育的重要性，學習用雙重目的的方法同時提升品格力和學習力；對有志投入教育公益的企業家或年輕人，希望這些經驗有助於你完成夢想。

誠致教育基金會的故事很長，參與的人很多，改變很快，不好說清楚。我們非常感謝吳錦勳從三年前就開始訪問我們，用他帶有哲學家的觀點、銳利的筆觸寫出我們的故事，我們對他有無比的感激。我們也感謝教育部潘文忠部長、前台東縣黃健庭縣長、雲林縣張麗善縣長、花蓮縣徐榛蔚縣長、新竹縣楊文科縣長（依學校申請順序）在百忙之中幫我們寫推薦序。潘部長長期參與實驗教育，是實驗教育三法的最大推手。幾位縣長都非常關心教育，都願意為孩子的未來排除眾議，把學校委託給我們經營。這份愛心及信任都令我們非常感動，我們不敢忘記他們的期望。

最後我要感謝感恩我的家人。我在天上的爸媽，他們的養育之恩跟身教言教我終生難忘。我父母退休後十年搬去洛杉磯住。我的兄弟及表兄弟長期就近照顧他們，還捐款支持基金會。我們回台後，常常受到于曰江跟王可夫婦的照顧，他們也是基金會的大天使。我們兩個兒子都成家立業，讓我們無後顧之憂，我們三個孫輩是我們的開心果，看到他們的天真可愛，更覺得我們在偏鄉的服務是理所當然。最後，我要感謝牽手四十多年的端宜，容忍我做我想做的事。最近整理書房，看到十年前她給我的生日卡片，上面寫著：「我真的是幸運的人，擁有你真摯的愛，由以前到現在沒有改變。願你的愛心與執著讓你往你下一階段的目標一步步走去，由小愛到大愛。」那是基金會剛開始運作時，她給我的祝福。

其實，我才是真正幸運的人。這十年公益路，若不是她的陪伴，不會走出一條小路。謝謝大家！

序章
沒有一個孩子被漏接

這是一個必須記錄下來的重要時刻！

二〇二一年五月十九日下午，中央流行疫情指揮中心宣布提升全國到三級警戒，教育部同時宣布，學校改採線上教學，學生居家遠端學習，線上教學為正式課程，暑假期間不另行補課。

才在前一年，當全世界在嚴峻疫情下，各國由小學到大學無不抓緊危機，快速突破線上學習的可能性時，台灣卻因相對平緩的疫情，正常上班上課，對於線上教學沒有迫切感，無形中錯失轉型的契機。

新的一波疫情來了，一場硬仗開打。

沒有一個孩子被漏接

ＫＩＳＴ學校一直以來積極擁抱科技，大膽將均一等數位平台融入教學，早就悄然蛻變。

台東市沿台九線一路向北，約四、五十分鐘車程，抵達鹿野溪畔的延平鄉，沿山路繞幾道彎來到布農族部落裡的桃源國小。這是一所沒有圍牆的學校，平常門窗不鎖不關，學校跟社區的關係緊密。在「停課不停學」第二天，沒有一個孩子被漏接，全校一至六年級七十九位學生百分之百達成線上學習。

疫情來了，全校老師們實踐「全村養育孩子」的信念，他們一早趕到學校，開始推進各種準備工作，備妥線上授課器材、電話聯繫、群組溝通、親自家訪……全校總動員兵分好幾路，確認每個孩子的學習現況。而家長們發揮了「教育合夥人」的精神，以各自的支援條件，配合在家照護、遠端遙控，甚至親送學校諮詢。

有六年級學生的阿嬤，為了讓孫子學習不被干擾，大太陽下帶著家裡的幼兒四處躲避炎陽，打發時間；一年級孩子的阿公，載著孫子兩次來回學校，恭敬的把隨身的手機擺在桌上，並備好了餐點讓孩子安然學習；也有孩子在家無法順利進到課堂，急急忙忙跑回學校，求助教導主任胡銘志幫他排除困難，學校那頭解決了，他還是堅持拉著主任回家確認連線狀況，但是走到一半，忽然想起同班的某位同學，一定跟他一樣沒辦法連線到數學課，要求主任先去幫她一下。

小小年紀已經急切的感受他人的需要，孩子的眼神閃亮而出的，已經不是求助的訊號，而是「努力學習」、「友善待人」的精神。

還有低年級孩子，因為家裡欠缺設備或是沒有家長協助，只能到校學習，老師手把手的一一確認孩子在哪裡卡關，直到他能熟悉行動載具操作，跟上學習腳步。

不少老師得化身為專業直播主，流暢的在筆電、觸控式電視、黑板等三板面操作，點名孩子輪流提問、回應、派發作業等，每一個都不掉隊……這些表現都是平常數位多媒體教學打下的基礎。

一次疫情，凸顯了「親、師、生」三方面的密切合作，校長鄭漢文向家長們報告的訊息裡寫道：「線上學習活動儼然成為部落共學的活動。」

總務主任林慧萍說：「KIST桃源不只是一所學校的名稱，更是與家庭、社區所共有的品牌。」她在辦公室裡，時不時聽到老師們討論如何改善線上學習，下班前聽到的也是如何採購設備增進效能，雖然身處偏鄉，然而滙聚著所有人對教育的高度期待、盡最大的努力，她說：「偏鄉不會是偏鄉。」

同樣的場景幾乎在同屬 KIST 公辦民營的學校一一上演。位於花蓮市以南，玉里鎮的三民國小，距離花蓮市有一個半小時車程，校園緊貼鐵路，當普悠瑪號劃過操場邊的草坡時，教室的窗戶會微微轟地抖動一下。小小的火車站，連站務員都省了，自行刷卡進月台，原木座椅平日空無一人。三民社區是典型的東部偏鄉，閩客移民雜居，幾乎全以務農為生，附近秀姑巒溪邊全是綿延不盡的西瓜田。

其實，疫情延燒之前，花蓮縣三民國小早有危機意識，已事先三階段演練線上課程，而孩子們在平時亦熟悉載具、學習軟體的各項操作，老師也以雙螢幕，甚至三螢幕的串連，確保了課程的流暢度和孩子們的參與狀況，每天所有課程結束以「PDCA」法則[1]，持續滾動式修正。停課第一天就全部上線學習、全員照表操課，每堂都上好上滿，就連體育課也毫不馬虎。

而與三民國小隔五百公尺的三民國中，學生大都來自山區部落。之前縣府有補助貧困學生營養午餐，疫情來了，遇到沒有餐廳的部落，學校得肩負送便當的工作。每天中午老師與校車司機開著車，從鄰近的崙山部落開始，一路前往古村、山里、山笠山，再深入到太平、中平、中興，一個一個部落給在家學習的學生送餐，隨同著餐車遞送的還有老師印給學生的作業和學習單，集中送到崙山村長家，由村長點名遞交給學生，完成後再交回村長家，送回學校老師手上批改，隔天再隨著餐車配送上山。一來一回間，努力地將疫情對學生學習的影響降到最低。三民國中老師除了要送餐、送作業外，還要把家裡無法學習的學生撈回到學校，讓他們能鍛鍊學習力、品格力的肌肉。停課兩週以來，他們每天仍有約三、四十位學生安全地待在校園裡，到校比例不但是KIST六所學校最高，也是全花蓮縣最高。

一樣溫暖，一樣有品質

場景轉換到西台灣雲林縣東南方向的古坑鄉，車子慢慢駛入雲深不知處的鄉道，分叉纏繞的山路，兩旁聳立著檳榔樹，有時連導航系統也靠不住。好不容易用力踩油門爬上海拔八百五十公尺的高山緩坡，有一座被茶園和樹林包圍的美麗學校——樟湖生態國中小。她像是從一片綠地長出來的學校，有著庇護著藍腹鷴、食蛇龜和穿山甲的大自然，二〇一六年最冷的那一個冬天還下過冰霰。

這所學校曾毀於莫拉克風災，之後由張榮發基金會捐款，另覓現址重建。學校雖然遺世獨立、雲霧繚繞，仙氣翩翩，但在校長陳清圳的積極奔忙之下，早在兩年前就開始超前部署為線上學習做準備，逐一布建硬體環境。先以教育部補助經費，將電腦教室的大桌機，全都換成了筆電，讓孩子可以隨時借回家；山間連網困難，陳校長進一步向華碩募集二十五支手機、添購網路卡，解決了學生家裡沒有網路、網路不穩的各種問題。

這波疫情一來，教務處在最短時間內，完成所有課程的配套措施；各科目教師，無一例外依照平日課表同步教學，沒有老師因為新軟體的教學困難想喊卡，只有積極一問再問，一有老師找到新的使用策略、新招式，就不斷更新分享，群組中叮叮鈴鈴訊息源源不絕；導師群主動發聲支援各科任課教師，積極補位，一再問著：「有什麼需要幫忙的？」

校長陳清圳手滑平板、一一瀏覽各班上課實況，適時登入線上教室。「校長來了喔！」老師在課堂上笑著跟同學們提醒，又繼續講課，陳清圳現身網路視窗裡，關心著每個孩子鏡頭裡的表情是否專注，他經驗老練，一見到線上學習狀態不佳的學生，或眼神過度興奮、瞳孔反射著高頻閃光的孩子，疑似緊盯線上遊戲，他熟門熟路開著車直奔學生家中關切，停課期間已經不知跑了多少戶的家訪。

每天早上八點，老師們都會一起線上檢討，彼此分享交流線上教學的心得，討論該如何做得更好。這次疫情的線上教學，對全校師生並不是增加負擔，而是以「強化學習的智能」的心態，以正向思維互相鼓舞，共同面對疫情時代。陳清圳說：「我們想的是，如何讓教學更好，讓線上教學跟現場教學一樣溫暖，一樣有品質。」

做為樟湖的師長，每一位老師本身向學生示範了：學習「熱情」、面對挑戰的「樂觀」、人和人透過網路重新連結，融合多元觀點的「社交智慧」，學校臉書跳出醒目的幾個字：「學習洞見未來、提早做好準備、應變各種可能……孩子們，我們統統努力做給你看！」

弱勢家庭受疫情衝擊最大

KIST學校師生之所以這麼努力是有原因的，一項由英國國家教育研究基金會去年底發表的研究指出：「遠距教學對弱勢學童所產生的衝擊更巨大，他們的閱讀和數學程度，比非弱勢學童落後整整七個月。」[2]

但是，KIST 公辦民營學校不僅沒有落後，反而更加超前。其他如遠在雲林縣虎尾鎮的拯民國小、新竹縣的峨眉國中都各自共同織成一張網，努力做到沒有一個孩子被漏接。他們在 KIST 的架構之下，努力達到聯合國「二〇三〇年永續發展目標」之第四項：「實現包容和公平的全民優質教育和終身學習」。

可是在 KIST 之前，情況並非如此。同樣是桃源國小所在的布農部落，多年之前情況很不同。

當年常駐桃源布農部落的老師回憶，有些學生的家裡狀況還不錯，可是有些環境，很難想像可以住人。大部分家裡沒有一張可以寫字的桌子，更別提小孩子會有自己的房間，最有可能只有一個客廳，就是晚上睡覺的地方，棉被一鋪，倒下就睡；家裡唯一一張桌子用做餐桌或工作桌，而不是書桌，而即使有了桌子，也可能沒有電燈，記得有個小朋友住在破舊的工寮，沒水沒電，小朋友放學後，必須等黑夜來襲，直到晚上爸爸打工回來以後，才能開動發電機，家裡才有照明……。

這不是貼標籤，但的確就是不少偏鄉的實況。這種樣態也不是只有近幾年，甚至更早、更早的時候就是如此。

菜鳥偏鄉老師的悔悟

二十五、六年前，三民國中校長林國源才從高雄師範大學數學系畢業，第一年實習他被分發到花蓮的某所國中教學，他記得有一個學生，每到中午吃營養午餐時就悄悄消失不見。

有一天，林國源發現他在司令台前的跑道上玩泥沙、踢小石頭、無聊地打發時間。林國源問孩子：「啊，你為什麼不吃午餐？」孩子回：「我沒有交錢（營養午餐費用）。」他說：「你就先吃啊，以後等爸爸領到錢，或有錢的時候再來繳錢。」

但學生堅持不肯，覺得自己沒繳錢，不想進教室吃，也不想讓同學們知道他繳不起營養午餐費。男孩的家有七個兄弟，住在學校附近的社區，爸爸沒有工作，只有媽媽打零工勉強貼補家用。

當時一個月營養午餐費是四百元，林國源回想自己畢業典禮當天，全家很高興，他帶父母親到當時高雄最有名的漢來大飯店，它的四十三樓一家高檔的「海港餐廳」慶祝。

餐廳主打的歐式自助餐，當年一客要價七百多塊錢，若再外加服務費就超過八百元。他們當天十二點到的時候，卻只拿到一百多號的號碼牌，因為餐廳提供二十多種海鮮、哈根達斯冰淇淋吃到飽，還有鐵板牛排、珍珠奶茶、舒芙蕾、牛肉湯……雖然貴，卻依舊很受高雄人歡迎。

林國源想到，他在海港餐廳飽餐一頓的錢，這個孩子可以吃兩個月的營養午餐，「當時我開始強烈意識到，這真的是一個台灣兩個世界。」

他又說了另一個故事：「那一年，我們班上有一個女孩，在學校功課也很好，總是穿得白白淨淨的制服，看起來完全正常。」

當年規定導師要做家庭訪問，他調查好每個人家裡最合適的時間，預排日期和動線。但是，那個女孩死都不肯讓老師做家訪。林國源很為難，「不去她家，我的資料沒有辦法填寫。」下課時，女同學一直纏著他，面有難色求情著，「老師拜託，不要到我家……。」

林國源還是要去，她的表情與其說是恐慌，不如說焦慮。記得約好的那天，中午剛好下了一陣雨，地面有點泥濘，女孩的家在部落邊緣，他走了很長一段路，已經走到看起來完全沒有人住的地方，他疑惑著到底要往前走，還是就此折返……。

怔忡之間，無意看到前方的草叢雜木旁、綠蔭暗處裡，竟是女學生的家，與其說是房子，不如說是他們隨便找個地方搭了一個工寮。甚至連工寮都不像，因為整個建物是用工地廢棄板模搭起的，板模上面還黏著一顆顆結塊的水泥。其實，他們家就是由這些廢板模拼拼湊湊，釘一些釘子，勉強搭成像房屋的樣子，上頭蓋一層舊帆布，充當屋頂。

他走進女學生的家裡，屋外是泥巴，屋內也都是泥巴，女同學的媽媽早就已經坐著等。他一走進去，那位媽媽趕緊把左邊的房門關上，因為那間正在漏水，這時他才發現，這小小的工寮裡面其實又隔成三個小房間。中間這一間是全家的活動空間，晚上再擠在右邊的房間睡覺。

這個家的狀況，其實一眼就已經可以看透，女孩的爸爸因肝癌過世，媽媽一個人養家，女同學是老大，底下還有弟妹。學生AB卡印著全國統一的制式問題，諸如：學生有沒有自己的房間？有沒有自己的書桌？家長一個月給多少零用錢？

「我以前少不更事，頭腦不是很清醒噢，沒有意識到這些是笨問題，按表操課問，媽媽，你們家共有幾個房間？孩子有沒有自己的房間？有沒有自己的書桌？大概還沒問完，她的臉就紅了。這是我這輩子做過最蠢的一件事……那位媽媽表情應該很尷尬，但是，我的表情應該比她還要尷尬。」他不無懊惱的說。

想想，女孩刻意把自己打理得那麼好，可能想在學校實現一個她心中理想的版本，如果老師沒有執意做家訪，她會一直保有她希望留給老師或同學的形象，這努力維護的形象，因為一次家訪而破滅了。

年輕的林國源有著清瘦高眺的身材，喜歡在籃球場上奔馳騰跳，當初他之所以當老師，單純因為父母親覺得這是一種「好工作」。原本他打算當老師之後，再開補習班賺錢，但就在實習第一年，見識到當時偏鄉真正的樣貌，這兩個故事留在他的內心，他也留下來，成為偏鄉教育的改革派大將，他理路清晰，深研各種心理、教育、腦科學理論，瞇著眼笑時整張臉感覺很文氣，但在很多夥伴心裡，他更像威猛的「大將軍」，指令一來，領先向前衝。

「努力論」vs.「中了人生的樂透」

教育一直是人們想像中可以促進階級流動的方式，透過公平的入學方式，只要有能力，就可以爭取到更好的教育資源，翻轉自己的人生。但是，這是一個很重大的「但是」，既有的社會結構本身並不是依循「公平、正義」原則所打造的穩固現實，而是眾多權力激烈衝擊、角力下所達到的某種暫時平衡的狀態。以階級觀點來看，一個孩子因為出身、成長的區域，能夠接收到的教育資源落差可能非常多。平常我們總說「條條大路通羅馬」，可是有人呱呱墜地就已身在羅馬。

老生常談的例子，我們只要看看台大新生的比例，很大比例來自台北市大安區，而建中北一女畢業生長踞台大新生約三成；弱勢學生占比卻不到一％。最近二〇一九研究指出，台灣家庭所得最高的五％家庭的小孩考進台大的機率，是台灣所得最低的五％家庭小孩的六倍[3]。

非營利組織「為台灣而教」（Teach for Taiwan，簡稱 TFT）教育基金會創辦人劉安婷，打從她念台中女中時，跟隨父母主持的「林業生基金會」，投入中輟生輔導計畫，她跟同學利用課餘時間，輪流排班，為一群即將要基測的中輟生課業輔導。她說：「我以前是一個非常努力論的人，覺得成績、成就可以靠自己努力得來，但是從中輟的小弟妹身上了解到，我只是中了人生的樂透而已。」

而所謂的「中輟生」，其實也不過是小她兩、三歲的弟弟妹妹們而已。這些陪伴的經驗，帶給劉安婷深深的挫折感，一方面她發現自己沒有夠強大的教學能力，可以在短時間內迅速提升他們的能力；另一方面那些少數考上的弟妹們，到了高中、高職仍因各種支持系統的缺乏、挫敗或不平而加入幫派，隨之又因各種細故、無照駕駛，甚或在械鬥過程中平白喪命。她低視著眼睛不忍推算，大約有一半他們輔導過的孩子，永遠活不到二十歲生日的那一天。日後，她赴美就讀普林斯頓大學，也持續到監獄擔任志工老師，再度見證到美國的少年囚犯的情況，那種結構如出一轍。

均一平台教育基金會董事長兼執行長呂冠緯也提出相同的反思：「某些人看似很有成就，究其實，有很大一部分原因在於他／她正好是一顆幸運的受精卵。」他在大學時期受到可汗學院的啟發，開始自己錄製教學影片放到網路上，之後棄醫從教，投入均一教育平台，以數位平台翻轉教育為使命。

他認為，文明教導我們遠離獸性，抵抗弱肉強食，因此身而為人所要思考的是：「一個人被給予最基礎的機會與價值應該是什麼？」他的眼睛掃過身邊忙碌的均一夥伴身影，提出他的答案：「我們共同的基本信念是，不論出身背景、聰明或愚笨，至少每位孩子的學習機會是公平的、均等的、一流的。」

教育是文化與文明的「傳播者」

考古學家從獵人部落尼安德塔人骨骸中，推算出他們的平均壽命大約介於二十到三十歲之間，幾乎沒有能活過四十歲的成年人，極少老人家，同時他們的嬰兒死亡率也很高，換言之，那是沒有祖父母的世界。

這個現象看在美國科技哲學家凱文・凱利（Kevin Kelly）眼裡有了另一種詮釋。他認為，在狩獵採集社會的祖父母是很重要的，因為他們是文化演進與資訊的「傳播者」（Transmitter），想像一下，每個人都只有二十到三十歲的世界，他們能學習到怎樣的程度？凱利歸結說：在一個活不過三代人的社會，生命太短，任何人一生能學的東西很少，而且所學到的又傳不下去。代代歸零，無從積累，若是這樣，人類的文明便無法演進，始終原地踏步。

現在，我們的教育系統即是普遍意義的「祖父母」，是我們的文化演進與資訊的「傳播者」，教育是關於「傳承」，只要開始有人，就開始「教育」存在，從遠古到現在，教育一直在演變，教育的方法會改變，教育的脈絡會改變，可是教育最原始、最基本的理念「人」的本質是不會變的，因為教育是對一個人生命的工程，教育更是成人之美。

我們期待教育是神聖的，帶有魔法的，可以讓頑石點頭、鐵樹開花。然而，為什麼在偏鄉，教育就顯得捉襟見肘、成效不彰呢？在台灣，許多偏鄉小校正孤軍奮戰，截至一〇八學年止台灣三千多所中學及小學中，有一千二百多所是六班以下的小校；在這些小校裡，因為地域和時間的限制，老師如同在孤島中教學；而偏鄉的孩子，因為缺少家庭及學校強而有力的教育支持，基本學力普遍待加強、學習的動機更需要提升。在多重限制與挑戰下，侷限了這些孩子對未來成功人生的想像與追求動能。

三十多年前，有一部至今仍不時重播的電影《魯冰花》，影片開頭口白：「你們現在看到的花，叫做魯冰花，農人把它種在茶樹的空隙上，春天它開出紅色的小花朵，不久花謝了，農人把它拔下來放在茶樹下，蓋上泥土，慢慢的魯冰花就會變成肥料，使茶樹長得很茂盛，魯冰花雖然死了，我們卻可以喝到，很香很甘的好茶。」

電影描述一所偏鄉的小學校，有一天來了一個新的美術老師郭雲天，各種開明先進的做法，給這所學校帶來了不一樣的衝擊，他發掘了有藝術天分的小朋友古阿明，但因為校方的趨炎附勢，討好鄉長，不惜把美術比賽的機會讓給鄉長的貴公子，孤掌難鳴的郭雲天帶著憤恨遠走他方，同時把古阿明的畫送去國外參賽，許久之後，這幅想像力噴發的作品，得到了世界第一，但消息傳來之前，古阿明卻因家貧耽誤醫治，死於肝病……。

阿明生前，得知自己的機會被鄉長兒子拿去時，故做鎮定，但不經意說了一句：「老師，有錢人的小孩子，就是什麼都比較會。」回到家後，他將自己練習的畫作和老師送的蠟筆，一口氣憤怒地撕毀，再丟到水裡，對大人世界的醜惡，表達微弱無用的抗議。

或許三十年後，像古阿明這樣，受限於家庭環境、不公的教育環境而埋沒才華的孩子，在偏鄉依然存在。這樣的遺憾，難道還要繼續發生嗎？

在偏鄉建構世界一流的教育

現實很急迫，十年前有一個人，他不相信偏鄉的宿命，聯結各路公益夥伴，成立了基金會，開啟了一場體制外的教育革命。他們堅持教育本質上具有公共性及社會正義的基本價值，強調品格是一生的資產，也是奠定成功的踏腳石；學生是學習的主體，個人是驅動學習的火車頭；知識應向普羅大眾開放，不屬於特定階層的專利；努力用科技達成高效教學；他們看重每個人身所來自的「承傳」，文化認同是一條回家的路。

他們找到更精準有力的解決方案，辦學僅僅五年，寫就偏鄉教育的多項奇蹟：學生的學力大幅提升、原本幾近廢校邊緣的小學，入學人數攀升數倍，甚至要抽籤排隊；孩子的品格受到高度的重視，鍛造出人生未來發展的內在信念；偏鄉社區由好山好水好無聊，轉變為敢於面向挑戰的精神原鄉。

這次疫情，他們的表現，置放在全國教育界，都可以毫無愧色，他們實踐了「所有老師，以全校所有可能力量，教育每一個孩子。」之理念，誓言在偏鄉建構「世界一流的教育」。

1. PDCA 法則：Plan-Do-Check-Act 最早由美國的愛德華・戴明（Edwards Deming）提出，凡事都要事先計畫、執行，經過檢查後再改善，以改善後的成效，再度做為計畫的起始點，繼續執行、檢查、改良等無限循環。此法旨在提高產品品質和改善生產過程，並以螺旋上升的無限成長模式，達成卓越目標。PDCA 法則於一九六〇年代的日本被企業界奉為圭臬，成為豐田奇蹟背後的理念，之後由美國企業界發揚光大。KIST 以此實踐「沒有最好、只有更好」的精神，在一次一次設定目標與執行過程中，練就凡事精確到位、按部就班的功夫，以滾動式修正，提升辦學與個人學習成效。

2. 見《報導者》，二〇二一年五月二十七日出刊，記者洪雅芳：「當學生消失不見、心理健康惡化，英國如何因應疫情對教育的長期衝擊」，去年英國疫情延燒一整年間，公立中小學學生到校上課僅約四個月，但在遠距教學中部分孩子整整放棄了大半年的學習時光。英國國家教育研究基金會在二〇二〇年十一月，針對來自一六八個學校、近五千九百名六～七歲的學生做了測驗，結果相比二〇一七年的同齡學生，疫情之下的學生，閱讀和數學程度平均落後了二個月。甚至有為數不少的學生根本無法完成測驗。同年的學童中，弱勢學童的閱讀和數學程度，比非弱勢學童落後整整七個月，他們除了軟硬體上的匱乏，父母無能為力的監督和協助，結論是：「疫情下的遠距學習，往往最大的受害者是弱勢學童」。

3. 參考教育部高等教育深耕計劃研究助理沈暉智與台灣大學經濟學系主任林明仁之研究〈論家戶所得與資產對子女教育之影響——以一九九三～一九九五出生世代及其父母稅務資料為例〉，二〇一九，揭露台灣高等教育反向重分配的事實：愈有錢的人，子女進入台大的機率也愈高，而台大花在每位學生的支出明顯也高於其他私立學校，造成有錢人子女得到政府的資源相對多，卻付出比較低的學費，顯示政府的經費補貼造成反向重分配。

第一部

比我更大的事

第一章

公益的原點

序章的這幾所KIST公辦民營學校，可說是偏鄉教育的異數，或許偏鄉的現實結構沒有改變多少，但是家長的「心」變了，「氣氛」變了，「孩子」變了。而強大的力量絕非一朝一夕、單一學校就能辦到，這些學校都有一個共同的支援後台——「誠致教育基金會」。

而啟動這項計畫的，卻是一個從來沒有辦過教育的科技界人士——方新舟，人稱「方大哥」或「方董事長」。二〇一一年五月，五十九歲的方新舟離開高科技行業，全心投入「誠致教育基金會」，圓了醞釀了十年的「夢想」。

為社會做出一點貢獻

他的夢想是什麼？

二〇一九年年底，他參加台大EMBA同窗聚會，當晚重點是陳明哲教授與方新舟對談，陳老師當著全班同學面前，問他：「如果用一句話來定位你的人生，那是什麼？」方新舟在台上，有點羞赧說，希望自己是個「有用」的人，他轉頭環視會場一圈，頓了一下說：「我希望能對國家社會做出一點貢獻。」

他的一生是這句話的寫照。方新舟成長在大稻埕，父母都是老師。一九五二年生的他，一方面經歷著台灣每年兩位數的經濟騰飛成長；另一方面又體嘗著國際政治的無情，接二連三的斷交潮，把台灣推向孤兒之境，方新舟總有靠人不如靠己的骨氣，想為國家做點什麼的用心。交大電子系畢業那一年，方新舟抽籤分派到金門服役十八個月，期間遭逢蔣中正總統過世，台海風雲變色，氣氛緊繃，傳言中共隨時會打過來。在那個禮拜裡，他特別警覺而激昂，荷槍實彈，抱著隨時可以為國犧牲的決心。

然而「為國犧牲」的悲壯感，隨著日後出國留學，在矽谷的科技浪潮裡，一頭栽入創業，被務實的商場競爭暫時遮蓋，但他想對國家社會「做出一點貢獻」的初心，並沒有隨著年紀增長而改變，「火苗有點微弱，但是一直沒有熄滅。」在國外奮鬥二十年，即使他在矽谷創業很成功、家庭圓滿幸福、兩個兒子都長成青少年，可是他心心念念，還是覺得應該回到自己的家鄉、國家貢獻自己的生命。

合勤科技創辦人朱順一博士是方新舟的交大同學，一向非常支持他。朱博士先是參與投資方新舟的矽谷公司，後來更在一九九五年底收購，讓方新舟成為合勤的總經理。一九九六年三月，方新舟在歐洲主持代理商大會時，中國為了影響台灣第一次總統直選，發射飛彈，造成台灣人心惶惶。合勤的歐洲代理商也很擔心，紛紛要合勤提出應變方案。這是方新舟旅美二十年回台後，第一次重新喚起「保家衛國」的經驗。

一九九七年底方新舟全家遷回台灣，兩個兒子一個十五歲一個十四歲，適應得非常辛苦，除了語言不流暢、生活不習慣外，小孩子特別思念朋友。過了許多年才聽二兒子說他剛回國時，會躲在被窩裡偷偷掉眼淚；在抽屜裡也有一疊用過的厚厚的電話卡，是他當年存下零用錢買的，用來打電話給美國的好朋友。而九〇年末開始台灣政治惡鬥、激烈的言論、對立的社會，更令他們家難以消受。三年之後，方新舟協助合勤成功上市，建立起「Zyxel」品牌識別度。他思考著，既然全家連根拔起，應該不只做一名專業經理人而已，他提出辭呈，想要為台灣產業升級盡一份心力，「做點不一樣的事」。

誠致科技：科學救國

二〇〇一年五月，四十九歲的方新舟創立「誠致科技」。他花了三、四個月想好當年台灣最缺的「寬頻 IC」這項題目，沒有從合勤帶走任何一人，打造自己全新的團隊。長久以來，ADSL晶片一直是國外 IC 設計公司爭霸的市場，台灣曾有近十家 IC 公司投入 ADSL 晶片研發，但沒有一家成功，就連韓國三星電子都鎩羽而歸。當其他公司擔心技術困難，趨於保守而不願投入之際，方新舟卻逆勢操作，用「後進者優勢策略」，一口氣召募比同業多十倍的研發工程師，「以十打一」，急起直追，後發先至，超越國外競爭對手，終於開發出台灣第一個真正能夠量產的 ADSL 終端晶片，不僅打破長久以來由歐美壟斷的局面，成為國內 ADSL 通訊科技第一把交椅，最高峰的全盛時期，誠致科技的通訊晶片擁有全球市占率超過十七%，世界前三、四大，可謂揚眉吐氣，讓世界看得見台灣。

但是，他內心一直有一個聲音，希望自己能夠在六十歲左右退休，可以全無後顧之憂地為國家社會做一些事情。二〇〇九年誠致科技順利上市，隔年二〇一〇年三月，誠致與雷凌合併成為「雷凌科技」（Ralink Technology, Corp.），這是他大學同學高榮智創辦的無線網路晶片大廠。一年之後，雷凌又被聯發科技公司以逾一百八十二億新台幣購併，創下當時國內 I C 設計業史上最大的購併案，成為台灣最大、全球前五強 I C 設計公司。

方新舟說：「謝謝高榮智、蔡明介先後併購誠致，感覺老天爺正應許我一個機會。」機會來了，「誠致」之名並沒有因合併而消失，反而轉換到另一個公益領域。

早在不知道公司即將被收購之前，方新舟夫婦就在二〇一〇年底成立了「誠致教育基金會」，隔年五月開始運作。這段時間裡，他不斷盤點各種切入點，思索可以發揮的題目。他首先為誠致教育基金會定下「關懷弱勢、科學救國」的兩項大目標，同時定下了基金會的「三不原則」：不難的事不做；不能擴大規模的事不做；不能有長遠影響的事不做。

基金會之所以成立的背後還有重要的推手——前台大管理學院副院長、EMBA執行長，被譽為策略管理大師的李吉仁。當初方新舟將誠致科技成功上市以後，準備要在六十歲前退休。為了強迫年輕班底「獨當一面、快速成長」，刻意來台大念EMBA，每週至少有兩、三天名正言順不在新竹辦公室，「其實我當初為了培養接班人，來念EMBA根本是個幌子！」幌子之外，方新舟還找李吉仁擔任碩士論文的指導教授，話說是「指導」，但他極為斗膽，打定主意事先向老師聲明：「不寫論文、不要學位、也不研究企業」（也是另一種三不政策），而是想探究「非營利事業的運營」，特別是偏鄉議題研究。

李吉仁站在論文指導教授的立場，鼓勵方新舟「乾脆自己辦一個非營利組織，把創業的過程寫下來，就是論文了。」但方新舟不僅沒有寫論文，還把老師拉下水，十多年來，李吉仁義務擔任基金會董事，提供各種組織謀略、管理方式以及營運建議，更從良師益友變成緊密與共的革命夥伴。二〇二〇年初退休後，他更直接跳下來，接任誠致教育基金會副董事長，準備明年接班。

誠致教育基金會：關懷弱勢

「關懷弱勢、科學救國」這個乍聽起來像是民初五四時代救亡圖存的語境，感覺有一種老派的愛國主義氛圍。如果說誠致科技做了一點「科學救國」，那麼誠致教育基金會的使命無疑在用科學精神、科學方法來「關懷弱勢」。

基金會成立的前八年，辦公室設在青島東路一棟老建築裡。當時方新舟夫婦請設計師拆掉原先黑暗的隔間，露出屋子背後大片的自然採光，重新規劃裝潢，採用溫暖的木質色調，希望給基金會的同仁有家的感覺，辦公室最有色彩的物件是進門右手牆上自閉症兒童畫的三個音樂家，色彩活潑天真爛漫，其他便是幾張方太太水彩作品。在屋子隔間時也設法讓使用空間極大化，所以這小小辦公室曾經多達二、三十位夥伴同時在這裡上班。直到人數實在太多，才在附近另找辦公室。二〇一七年負責均一教育平台的夥伴全部搬到隔壁棟的大樓。二〇一八年誠致教育基金會專注做公辦民營學校，決定讓均一教育平台成立另外一個基金會，之後這辦公室僅餘下四、五位夥伴在此上班。一個如此簡樸低調的基金會，立志做的卻是一般人想都不敢想的「大事」，這氣魄不得不說是「使命感」驅動的大願。

方新舟早在大二時就創辦了「幼幼社」，當別人去交友玩樂時，他和社友們總在假日課餘，輪流到育幼院，帶點好吃好玩，陪伴院童們度過一段輕鬆快樂的時光，他淡淡的說：「這也沒有特別的原因，我只是覺得自己已經是大學生了，應該要做點不一樣的事情。」這種文青式對台灣社會的關注與善心的念頭，到他中年之後已經格局放大到國家社會的層次了，這十年間他更傾注所有心力在KIST學校上。

躬身入局，挺膺負責

與方新舟談話，總給人一種「和風吹來」的精神感受，完全沒有炙人的霸氣，面對嚴重的事故，大風狂浪，也很少看到他整個人「憂頭結面」，他有一種沉著而淡定的氣量，唯有教育進展的遲滯、延宕，才令他憂慮神傷。

過去「方新舟」這個名字除了偶爾會出現在科技、財經和上市公司報導中，可說是與教育領域完全絕緣，即使後來他辦了學校，仍十分低調自謙，總說自己是「門外漢」、「什麼都不懂」。但是，他就像南海取經的故事中，那個托一只鉢、穿著一雙僧鞋，腳步邁開就往前走的窮和尚一樣，一心朝著內心的教育理想前進。

這十多年間，他和誠致夥伴勤跑台灣各地偏鄉，老套的說法是「可以環島五十圈」之類的，但很多事情無法計量，身體也不是鐵打的。方新舟年輕時受過嚴重的腰傷，已成無法治癒的宿疾，如今走路仍一跛一跛的，車舟奔走對他身體負擔不輕。

而每次出門看學校、參加各種研習之前，方新舟總要打開手機，預查活動範圍內的空氣品質。二〇一三年秋，他因肺腺癌切除一部分的肺葉，因此外出必須認真和 PM2.5「搏感情」。手機螢幕紅藍綠大小圓點，於他眼裡只是灰黑壁紙，因為他還有天生的紅綠色盲，只能讀數字標示。

肺腺癌之後不到五年，三年多前他又檢查出胰臟癌，幸運的是早期發現開刀切除，但是體力不如從前，人也消瘦，體重始終加不上去。一般人憧憬的退休生活，不是應該好好照顧好身體，「安養天年」、「含飴弄孫」，享受恬適悠閒的生活樂趣……？但是，他一點都沒有要停下腳步的意思，反而涉入原本外行的教育深水區，而且走得更遠、更急、更心焦。

尤其，當他看到中國的崛起、台灣民主充斥民粹與亂象，甚至失去活力、年輕人低薪低成就，對未來喪失信心、整個國家面臨少子化與高齡化的雙重國安危機，台灣整個教育環境、未來競爭力走向滑坡……這種焦灼的憂患意識之下，方新舟更希望能在有生之年，「對國家社會做出一點貢獻」。

經由弟子記述，晚清名臣曾國藩曾多次說道：「凡天下事，在局外吶喊議論，總是無益；必須躬身入局，挺膺負責，方有成事之可冀。」方新舟面對台灣教育的問題不是置身事外、而是參與其中，這幾年間，他和基金會執行長吳明柱、基金會副董事長李吉仁，經常風塵僕僕勤跑KIST各校，不論研習、座談、關注各校狀況……他們幾個人的身影已成為偏鄉教育的一道風景線。

即便動了兩次手術，有些事情進展不順，方新舟依然全神投入，不求利益名聲，不搏社會威望……這些反挫中的任何一項，都可以教人理直氣壯地放棄，但是方新舟坦承自己「入局」之深，甚至多次感嘆，「要是能再早個十年，不做科技公司，更早投入教育，今天的局面會更加不同。」

缺乏耐心的樂觀主義者

方新舟跟比爾・蓋茲（Bill Gates）、史蒂夫・賈伯斯（Steve Jobs）是同一世代的人，他認為蓋茲跟賈伯斯是難得一見的「英雄造時勢」的榜樣。他覺得自己很幸運，能夠在他們帶動起來的高科技行業上創業成功。比較起來，他更敬佩蓋茲，因為蓋茲在二〇〇八年五十三歲時離開微軟，夫妻倆捐出五百八十億美元成立基金會，用企業經營的精神全職投入全球公益，無論是拯救極端氣候、鼓吹兩性平等、促進美國國民基本教育、減少非洲嬰兒幼童早夭人數、甚至這兩年的加速新冠疫苗研發及公平分配，都是他們大力投資的項目。方新舟自知自己的能力、財力都萬萬不能及蓋茲，仍然努力向他們學習，試圖了解他們重大投資背後的價值觀及策略。蓋茲夫妻以「缺乏耐心的樂觀主義者」自許，迫切希望世界變得更好，堅定相信它會發生。方新舟也期許自己亦如是。

這種急迫感＋樂觀主義，對於遠在台灣的方新舟來說，無異於是一種移情換景的鼓舞。特別是當他知道自己的身體屬於好發癌症的體質，他一邊冀望能把體重拉回來、把覺睡好、體力弄好，做好準備打下一次仗，一邊又不帶感情地說：「我的個性裡面不想有退路，也沒有放棄這個事情，但我總是把最壞的狀況都想過。」

在KIST學校成立之前，方新舟其實歷經一大段「摸石頭過河」的探索，才逐漸爬梳出他對教育的完整思路，而行遠自邇的第一步便是「外婆橋」計畫。

「外婆橋」計畫

基金會成立之初，方新舟就立下第一條原則「不難的事不做」，為要找困難的題目，方新舟幾乎跑遍全台，以科技創業家的視角，重新理解台灣社會、經濟、家庭的狀況等，沉浸於社會深層問題結構，形成方新舟之後翻轉教育的出發點。

他的公益目光，落定於各種社會發展過程中的缺陷與不足，一心想要「縫補裂痕」，他觀察到，台灣新住民的人數一直增加，已達六十五萬人，超越原住民的五十七萬人，成為台灣第五大族群。但是，他們卻受到了一些不太公平的對待，所以基金會首先從「新住民議題」切入。

初入一個新領域，方新舟總是一邊「打仗」，一邊找夥伴，當時誠致教育基金會與世新大學社會發展所夏曉鵑教授合作，與新住民的團體建立信任關係。夏曉鵑教授自一九九四年就開始研究「外籍配偶」的相關議題，且於美濃創立「外籍新娘識字班」，經過多年的培力發展，於二〇〇三年成立「南洋台灣姊妹會」，同時推動相關人權修法等。透過夏曉鵑，他先邀請越南來的洪金枝加入基金會。接著他又與張正、廖雲章夫婦熟識。他們關注島內東南亞移民移工議題，朋友暱稱他們是「神鵰俠侶」，二〇一一年，他們首先推動「外婆橋」計畫，請國小老師帶著新住民和他們的孩子回到家鄉住二十天，從而更了解母親的故鄉與風土，以母親為榮。誠致教育基金會在整個過程擔任破冰、創新的角色，得到正面迴響，持續推動了五年之久，之後由「移民署」接力舉辦。

社會創業家成長營

「外婆橋」是一個起頭，在探訪新住民的過程裡面，方新舟跑了非常多以前沒去過的台灣角落，他注意到許許多多愛心人士在偏鄉蹲點、做課輔，有規模較小家庭式的，也有兩、三百個人的超大單位。雖然大家都關心「教育」，有非常強烈的使命感，但是不少主事者對教育不熟，最大的功能在於提供孩子一個溫暖的家，吃一頓好飯，雖然說，能做到這樣已經非常不容易，但教育畢竟不是他們的強項，也欠缺方法提升。

同樣看到偏鄉發展困局的還有公益平台文化基金會董事長嚴長壽，他長年關心台灣年輕人的未來發展以及教育問題，二〇一一年八月，嚴長壽出版了《教育應該不一樣》這本重磅之作，以油煎火燎之心，對家長、學校、執政者、媒體與民意代表提出種種沉痛批評。「國家要為未來準備人才，學校也必須為青年發展天賦，我們的教育必須適時扮演這個急如星火、救亡圖存的扎根角色。」全書嚴厲卻懇切批判台灣各種教育之弊，獲得極大迴響。

此時，方新舟剛從科技業界退休不過三個月左右，經由金石堂董事長周傳芳介紹，他得以拜見景仰很久的嚴長壽先生。兩個人因為理念相同，很快互相吸引，方新舟受邀成為公益平台基金會顧問，各自以基金會的能量，串起公益的火光。

嚴長壽看到，這些團體各自單打獨鬥，非常的辛苦，希望把大家的力量整合起來。二〇一三年開始，誠致教育基金會和公益平台合作，請李吉仁規劃主持「社會創業家成長營（偏鄉課輔）」。營隊辦完後，陳一強、談玉貞、尹立伯、黃仲豪、蔡慈懿等幾位志工每個星期在誠致教育基金會開會，推動為期一年的課輔執行團隊成長計畫。這個計畫聚集了當時全台十四個課輔單位創辦人及核心幹部，主要目的在提升執行團隊的領導能力，讓他們更有效率的運作，進而使被輔導的學生們得以接受更好的照顧。

而成長營兩年以後，原本這些蹲點各地默默做事、互不相識的小團體，開啟更多交流對話，其中四個課輔單位：台北「夢想之家」、台中「林業生基金會」、高雄「飛揚協會」、台東「孩子的書屋」，聯手發起成立「逆轉聯盟」，持續協助弱勢孩童走向卓越人生。誠致教育基金會和公益平台聯手，提供一個平台，連接各方的力量，發揮一加一大於二的綜效。也是在這個成長營的歷程中，與會的夥伴們思考到長期發展的「人才議題」，其中林業生基金會執行長劉宜中的女兒劉安婷，二〇一四年離開了前途看好的管理顧問公司，回來台灣成立了「為台灣而教」，致力於解決「教育不平等」問題，期望為每一個孩子創造平等的教育機會。同年九月，TFT送出第一屆老師，進入台東與台南的八所學校服務，成為改變的起點。累計至今，TFT已送出超過兩百位優質人才，足跡遍布台南、屏東、雲林、花蓮、南投等縣市，影響超過五千位學童[1]。

輔導初任教師

二〇一七年起，公益平台基金會因方新舟的建議，乘著翻轉教育風潮，與彰化師範大學師培中心合作，集結台灣最活躍的教學社群齊力合作，舉辦四場三天兩夜的初任教師研習，也就希望新老師能夠落實「以學生學習為中心」的教育理念。

台灣每年有二千五百位到三千位初任教師（幼教至高中職教育階段，錄取公立學校教職之教師），分散在全國各地，以往教育部官辦的研習，費時前後好幾個星期，動員了幾百位講師，工程浩大但因用傳統方法講述，成效卻有限。

得力於嚴長壽董事長無條件支持，公益平台夥伴們在執行長蔡慈懿帶領下，運用超強的執行力，從初任教師的需求出發，邀請教學現場傑出教師規劃課程，每年邀請超過一百位以上的創新教學講師，開設四百多場教師實務工作坊，除了直接促成課程內涵和研習型態的轉變之外，另一方面也藉此引導初任教師，認識各個創新教學社群，期待他們在研習結束後，能持續參與社群活動，增進教學專業成長。

方新舟自認這是個「異想天開」的超級大案子，龐大的工作量，對實力堅強的公益平台是沉重負荷，有一年暑假，有好幾位公益平台夥伴在辦完初任教師研習後，都病倒了，方新舟既感激又愧對他們。

線上學習風潮

從陪伴新住民（外婆橋計畫）、支持課輔單位（社會創業家成長營）的過程中，方新舟深深感受到，「城鄉落差」與「貧富懸殊」兩大問題逐漸分裂台灣社會，只有從下一代的「教育」切入，才能解決這錯綜複雜的問題。

他深究來看，學校這一端的問題是，當孩子在教室裡面沒辦法好好學習，被迫成為晾在一旁的「客人」而被忽略，即使下了課花再多的力氣補救，期待孩子能追上進度，「可是這些都在補破網，你這裡補、那裡補，永遠都補不完，因為『手順』（按事情的難易輕重安排時間順序）根本就錯了！方新舟不得不直言。

那麼答案很明白，就是正本清源，無法迴避「教育」這座如聖母峰巨大的核心議題……方新舟思忖：何不用一套不一樣的教育方法，讓孩子直接在課堂就好好完整的學會，從源頭解決問題。脈絡開始清楚地浮現：他和誠致的夥伴們準備籌辦一所真正有「教學效力」的學校。而在實質辦學之前，因嚴長壽的推薦，他又注意到一個現象——「線上學習風潮」。

1. 二〇二〇年，TFT與均一教育平台、誠致教育基金會（KIST學校）共同成立「教育創新合作社」（Education Colab），以回應聯合國二〇三〇永續發展目標之四「優質、均等、終身的教育」為核心主軸，期盼透過此實體空間，匯集更多跨域能量，從「人才」、「工具」、「學校」等不同拼圖著手，催化生態系的改變。

第二章

打造更好的工具——均一教育平台

在這一波新冠肺炎的疫情之後，線上教學已經是顯學，各國都投入更多資源急起直追、積極發展，數位學習已經是大勢所趨[1]。這些轉型今天看來理所當然，但是時間若往前調撥到十幾年前的時空，線上學習平台還是新奇的創舉，沒有受到應有的重視，那麼為什麼方新舟當時要創立均一教育平台？

誠致教育基金會從成立第一天開始堅持以「關懷弱勢，科學救國」為使命，關懷弱勢要「扶弱」，而科學救國又要「拔尖」。不論是「扶弱 vs. 拔尖」或是另一種「均等 vs. 一流」的講法，兩者正巧是南轅北轍的目標，不但難以兼得、甚至有所衝突，就連光是要做到其中個別的一項，都已經很不容易。況且這般宏偉的理念，對一個經費、人力都十分有限的小基金會，挑戰非常之大，方新舟也坦言：「我畫了一個幾乎不可能的大餅。」

但他的堅持，不是沒有道理，這兩者對一個國家健全的發展都是必須的。一個社會如果沒有精英，可能做不到某些領域的專業強項，也就更難以達到突破性創新，無法創造額外的利潤，也就沒有能力扶弱。但是難道為了拔尖，把所有最好的資源都留給精英？對此，他當然無法認同，「評估一個社會有多文明，就看這個社會如何對待弱勢的人；而能不能同時扶弱、拔尖，就看能不能掌握學習、競爭的本質[2]。」

線上學習的世界性風潮

上個世紀末科技業以摩爾定律帶領全球化的腳步馳騁飛躍，但是，「教育」大概是在所有產業裡，科技發展比較緩慢的領域。教育一直是帶著手工藝特質的行業，像古希臘的陶匠在工坊捏土製器，緩慢、易碎、講究火候，偶爾在成品上留下自己的指紋，做為一項獨特的印記而已。人才的培育也充滿了各種變數。

大約二十年前，美國麻省理工學院推出革命性的「MIT Open Course」計畫，將麻省理工一流的教育內容、課程錄影實況、課後問題、考試及解答以及演講筆記等，無償上網供人學習，這項計畫更激勵了不少機構將他們的教材轉變為開放教育資源，引起全世界大學紛紛仿效，也吸引台灣一批熱心志工接力賽地將上課內容譯成中文。

二〇〇七年有一位麻省理工學院畢業的薩爾曼・可汗（Salman Khan），為了幫助他的表妹學數學，自己錄製教學課程影片上傳 YouTube，並寫了一些題型供表妹上網練習，殊不知，可汗意外大受歡迎，教學影片觀看人次很快超過一百萬，他決定辭掉華爾街的工作，建立「可汗學院」（Khan Academy），用自己的錢做線上教育平台。

二〇一二年史丹佛幾位教授也如法炮製成立 Coursera，而在這個差不多時間裡，Udacity、edX 先後成立，線上學習一時蔚為風潮。紐約時報甚至將二〇一二年稱為「MOOC 元年」（Massive Open Online Courses 大規模線上開放課程）。在這一波教育改革中，台灣也沒有缺席，教育部在二〇一三年推動「磨課師」計畫，台大、清大及交大等校以各自平台在 MOOC 潮流的浪尖上闖出一小片天地。

方新舟很早就注意到「可汗學院」，甚至申請帳號，登入站內學習，以取得第一手的使用者的體驗，同時積極思考將可汗學院導入台灣的可能性。

而正好在這個時間點上，公益平台董事長嚴長壽剛由佛光山星雲大師手中接辦了「台東均一中小學」，成為學校董事長，同時邀請方新舟擔任均一中小學的董事[3]。方新舟非常敬佩星雲法師創校當時「均等、一流」的願景，恰恰切合誠致「扶弱、拔尖」的雙重理想。方新舟向嚴長壽提及，誠致正計畫要成立一個革命性的線上教育平台，可不可以也用「均一」這兩個字為這個線上平台命名？嚴長壽一聽欣然答應，於是「均一」由實體學校連結到虛擬學校，兩者理念一致，但是所有人事、營運、財務等互相獨立。

方新舟早在一九九八年看了嚴長壽的《總裁獅子心》一書之後，就非常景仰他。從事公益後，他跟在嚴先生旁邊近身觀察，學習他的為人處事，更是對他佩服不已。嚴長壽對方新舟也特別照顧，從慷慨借用「均一」名字，到主動積極動用公益平台夥伴推廣均一教育平台、社會創業家成長營、翻轉教室工作坊、初任教師研習營等等。方新舟常常感恩，若不是有嚴先生與公益平台夥伴的全力支持，誠致這麼小的基金會絕對無法在過去幾年做這麼多事。其實，兩個基金會加起來的資源都不到教育部的百分之一，但所做的都是大膽的創新跟突破，如果沒有「打群架」的方法跟價值觀在背後推動，根本完全不可能。至今兩個基金會在很多議題依然比肩同行、互相學習、彼此成就，可說是極有戰鬥力的兩相互挺的友伴組織。

勇闖教育叢林的小醫生——呂冠緯

方新舟一邊摸索可汗學院實際應用的同時，一邊拜訪台灣各縣市的課輔班和家教班，明察暗訪，延攬可以合作的人才。

不得不提及當時正在台大醫學系擔任見習醫師的呂冠緯，在一個秋高氣爽的夜晚，他才剛在醫院筋疲力竭忙到半夜，回家路上挨不過轆轆飢腸，衝進一家豆漿店。當他剛吞下幾顆蒸餃、喝了熱豆漿之後，元氣恢復，心情舒坦起來，正在隨興翻著報紙，忽然一個標題牢牢抓住他的視線——「比爾・蓋茲最喜歡的家教老師」，他豁然驚起，這幾年他一邊念醫學院，一邊在一家文教機構擔任老師，教學原本就是興趣，他也享受知識傳遞的快樂。可是他萬萬沒想到，絕頂聰明的富豪居然需要家教?!

原來比爾・蓋茲發現女兒正透過一個叫做「可汗學院」的網站學數學，而內容正是他不久前才教過女兒，但她始終沒能領會的觀念。蓋茲重新問了女兒同樣的問題，赫然驚覺那些女兒原本卡關的數學觀念，現在居然全弄懂了。

蓋茲很開心，但同時又有點好奇，這個遠距離講解的可汗，居然強過近在眼前的天才老爸。之後比爾・蓋茲更加注意這個網站，很快決定透過自己的基金會大力支持，他相信這個線上平台能帶來學習上的革命——「Learn almost anything at anytime anywhere, at your own pace.」（一個學生可以按自己的步調節奏，幾乎在任何地方，任何時間，學到任何事物。）

受可汗學院的啟發，呂冠緯開始用零碎時間，有時在自己家裡，有時在醫學院圖書館小隔間內，用自己添購的陽春器材、土法煉鋼的方法，憑著一股教育傳播的信念，竟然一口氣錄製了高中英文、數學、物理、化學、地球科學等科目單元教學影片。

在他狂熱的努力之下，很快的在 YouTube 上傳數百集教學影片，因為內容扎實、講解精湛、提綱挈領，很快受到高中學生的喜愛，他收到很多正向迴響，在滿滿的意義感與自我滿足之下，呂冠緯頗為自得，「（當時）我以為靠這些短片可以拯救台灣教育。」

求才若渴的方新舟，當然不會錯過這樣的年輕人。兩人經朋友介紹見面之後，呂冠緯播放這些上傳的教學影片，播影片那個當下，呂冠緯打量這位初次見面的科技業退休的老闆，感覺他的眼神「既慈祥又銳利」，重點在觀看影片的當下，這位陌生的長者有著跟其他人不一樣的專注及帶入感。

在這之前，呂冠緯也不乏分享自己影片的經驗，對方總是善意稱讚「好棒」、「解釋很清楚」、「有幫助」之類淡漠的反應，但從來沒有方新舟臉上那種熾烈的、閃現希望的神色。

方新舟極為認真的觀看著，看完之後馬上反問：「怎麼做可以讓這個更快速的發展？更廣的分享出去？」呂冠緯隨即感覺到，其實方新舟已經不是在找問題的「解方」，而是某種程度相信這是個解方，進一步思考如何快速展現更大的效益。

只是那時他才剛開始實習，未來還得服兵役一年，他不確定兩年之後，自己到底從醫還是投身於教育？雖然他第一時間婉拒，但在接下來的一年裡面，方新舟仍三不五時寫信給他，鍥而不捨地分享他的教育願景，呂冠緯慢慢地被他的熱情所感染，他也在服役時期，開始思索自己跟方新舟跨世代、跨專業的合作可能。這段掙扎過程已經寫入了他的《在白天做夢的人》一書裡，總之，經歷來來回回七次的長考，二〇一三年初，還在海軍服役的呂冠緯，經過信仰的反思與靈魂深處的扣問，再加上和父母親共同審慎地討論之後，決定加入誠致的大家庭。

而最令他驚訝的是，就在他服兵役的時間裡，方新舟已經劍及履及，號召五十位志工，在很短時間內讓台灣版的可汗學院正式上線。

均一教育平台正式上線

萬事起頭難，當初誠致教育基金會只有洪金枝及賴天恩兩位全職夥伴，基金會尚無一位軟體工程師，在矽谷老朋友陳榕生的幫忙下，先取得美國可汗學院的軟體授權。又靠著前誠致科技軟體一哥羅中奇以及網路召募來的四、五十位志工，在可汗學院開放原始碼的基礎之上，將平台內容翻譯，重新上架，等於借力使力，在很短時間內將可汗，強制變身為均一。

其間誠致教育基金會的董事李吉仁的兒子李恆，剛由美國杜克大學畢業，便帶領這批志工，將課程內容解說描述與習題全部翻成中文，二〇一二年十月，在公益平台嚴長壽董事長主持第一次記者招待會上，「均一教育平台」正式上線。

即便當時很多環節不成熟，方新舟從不等條件具足才啟動，而是主動創造條件，展現了他的「創業家性格」，這是「三不原則」的體現，也是「關懷弱勢，科學救國」的實踐。呂冠緯二〇一三年七月退伍後便加入了誠致負責製作教學影片，從準醫生到翻轉教育，他的人生也有了一百八十度大轉變。日後方新舟也總是說：「我等冠緯，等了兩年。」這個「等」大有深意，其實二〇一三年大年初二，方新舟偕同太太一起到呂冠緯家登門致謝，呂爸爸直接問，到底他希望呂冠緯做什麼？方新舟二話不說直接回答：「我希望冠緯能成為未來的執行長。」

呂冠緯一聽大感驚訝，當時他才二十二歲，聽著眼前大他三十五歲的大哥，如此堅定地說出這樣的話，他感到「原來，在方大哥眼中我不只是一個很會錄製影片的專案教師，而是一個有發展潛力的年輕人，這樣的信任是我幾乎未從其他長輩身上遇過的。」事實證明，方新舟眼光遠大，呂醫師後來真的成為呂執行長，持續為均一擘劃新局。

均一初上線不過兩年，組織不斷茁壯，「誠致」也成為吸引一群重視意義感及影響力大於薪資的年輕人的社會新創組織。除了呂冠緯棄醫從教外，又如其他夥伴從台積電、Garmin、群暉、摩根大通等公司投入，組成跨軟體、教育、推廣與營運的高度分工的精兵團隊。方新舟從企業經營裡深深體會到「得人者昌，同行致遠」的信念，若組織內部沒有培養人才，均一難以長期發展。因此，他刻意地把大量挑戰機會，轉化成給年輕人實踐理想、發揮影響力的舞台。

走進均一辦公室，牆面貼滿了各種標語、目標、或重要的提醒，各種心智圖、新架構、研修取經回來的法寶。一大早不同分組的人員，各自圍聚成小圈圈，熱烈討論待解的難題，從平台軟體到內容如何深化、從工程問題到現場教學運用瓶頸、到如何連結各校老師推廣……嘈雜聲裡，迴盪著年輕人快節奏的熱血與光采。

自製影片，初期推廣

早期均一的一大困難是，由可汗轉借來的教學影片多為英語發音，就算譯成中文，傳達上仍有困難，特別是小學生不太能適應一面聽著英文，一面看中文字幕，還要一面吸收課程內容，尤其對偏鄉孩子，構成不易跨過的門檻。於是均一平台自二〇一三年找了鍾敏豪、曲智鑛，開始自製本土化的教學內容。另外有幾位老師，像呂恩佑老師錄製近千部國小數學影片，朱哲民老師、曾億倩老師夫婦錄製完整的國中生物課程、林國源校長也提供自己錄製的國中數學影片，他們像從天而降的天使，幫均一突破教學影片的困境。同時，為了改善軟體，找了蘇倚恩、黃俊諺等軟體工程師進來，團隊逐漸形成。

但是均一使用人數的爬升似乎比預期的緩慢，原因是，一般老師對於使用線上教學，沒有急迫感，呂冠緯也指出，線上資源如果沒有順利「嵌入」現場教學，很多時候只能幫助到資源優勢者，或是自學能力原本就強的孩子，偏鄉的孩子很難自己使用，無法真正幫助最弱勢孩子。

對比之下，宜蘭縣的課程督學吳明柱就是個十分有遠見的早期使用者，人稱「柱督」的他，還是生物老師的時候，就一直苦於找不到一種好的工具、策略，能協助弱勢學生。均一教育平台中文化之後，他眼睛一亮，更加躍躍欲試。他刻意每週回學校教一堂課，以保有現場手感，同時一邊摸索如何運用均一平台。

與此同時，縣內有一位公民老師詹青蓉，連續幾年寫信給嚴長壽，邀請他去礁溪國中演講，但嚴長壽實在忙不過來，就商請方新舟幫忙。方新舟去分享均一教育平台給全校老師，教公民的青蓉老師非常興奮，因為她班上孩子在數學有待提升，因而即知即行在班上運用均一幫孩子複習數學，結果成績有不少改善。她分享班上應用均一的成效給柱督。有了青蓉老師在班級的成功經驗，再加上吳明柱自身的驗證，後來很快就決定要跟均一合作，吳明柱找到宜蘭縣教網中心陳一鳴祕書的教網團隊，商討如何在學生載具、公部門與基金會間數據交換、學生與老師帳號資料串接等基礎工作上，進行軟硬體設備規劃方向調整，以支持數位學習，為全縣性推廣做好準備。吳明柱說：「平台再好，沒有人利用，效果等於零。一定要有推廣者，落實到現場接地氣，之後回頭調整平台介面。而且要擴大規模，一定要跟縣市政府合作，否則一所學校一所學校推，步調太慢。」

在「柱督」的積極推動之下，宜蘭縣政府與均一平台於二〇一四年開始合作，隔年簽署第一個合作備忘錄——均一正式得到公部門認可，宜蘭也成為全台使用均一最密集的地區。同時均一也與台大合作，針對宜蘭縣六年級的學生學習成績與成效進行了長達兩年的研究，結果指出每天穩定使用均一學習十五分鐘，累積習得愈多知識與單元，學習成就也就愈能提升。而精熟十個以上的知識點，在兩年之內就可以有將近十個PR值的進步，顯示均一平台的學習跟學業的進步呈現正相關。

二〇一六年年底，教育部林騰蛟次長及前宜蘭縣林聰賢縣長共同主持記者會，宣布宜蘭二千位學生使用均一平台兩年後，成績大幅提升。

有了宜蘭的先例，誠致再與國教署跟苗栗縣、屏東縣合作，以三年的時間深入的協助二十個學校合作「課中補救教學」專案，研究的重點包括：老師如何使用？行政團隊如何支持？最終成效為何？成效包括了學生態度、學習意願、學習動機、自我效能感、學習成績、家長理解與支持、老師認同的程度……幾乎將所有重要指標全都一次統包，希望更能優化均一平台，從根本改善學生的基本學力。

強化學習力：破除對原住民學校成見，首開先例用均一

二〇一二年均一教育平台上線之初，沒有名氣，更別提普及率，回應最熱烈的不是都會學校，令人意外的是，遠在台東布農族部落的桃源國小卻開風氣之先，成為國內第一個使用「均一教育平台」的學校。

在方新舟的引介下，鄭漢文校長很早就看出「可汗學院」的教學潛能，根據他長年的觀察，偏鄉孩子到了小學六年級就有三分之一完全放棄數學。在方新舟的推薦之下，他與楊貽雯、林幸慧等幾位熱心的老師，積極將均一導入教學現場，三至

六年級的學生人手一平板，在老師協助下，進行線上學習平台的教與學。

很快的，桃源國小在個人化學習上就展現了初步的成果，原本懼怕數學的孩子，一到數學課竟然迫不及待挑戰新進度，平台可重複與詳解特性，讓學生可以在遊戲式的系統中，用自己的步調上課，贏得成就感，鄭漢文說：「幸好透過網路平台，縮短學習的城鄉差距。」這三位在偏鄉勇於擁抱科技、大膽求變的教育工作者，在第一屆翻轉教育工作坊，帶三個布農孩子到工作坊現場示範，開心印證均一教育平台的神奇。

二〇一四「翻轉元年」

一個數位平台的建立是工具的創新，緊接著是教學方法的創新。二〇一四年開始，誠致教育基金會的核心議題便落在「怎麼幫老師增能」，於是有了日後「翻轉」教室的熱潮。「翻轉」最早由台大電機系教授葉丙成提出實踐。二〇一三年八月，葉丙成在台大舉辦「翻轉教室工作坊」，強調「以學生學習為中心」的教學方法，讓人驚豔，方新舟特別冒昧登門拜訪，邀請他擔任誠致教育基金會的董事，共同推動翻轉教學。

有了「翻轉教室」的觀念後，誠致串連更多有遠見的先行實踐者，他們發現北一女孫譽真老師、中山女中張輝誠老師、台中市立光榮國中的鍾昌宏老師都已經用自己不同方法「翻轉」，其中孫譽真老師使用均一的高中生物課程。在公益平台的大力支援下，基金會邀集這四位剛認識的先鋒，加上最早用均一教育平台的台東縣桃源國小師生團隊，於二〇一四年一月開始舉辦了全國五場的「翻轉教室工作坊」。

這個工作坊跟台灣老師以前參加的研習「大異其趣」，不是坐著聽講，中午領便當，下午交心得這般輕鬆寫意，老師報名時得先看書，交心得報告；即便看了書、交了報告也不保證錄取，還要通過考核才行；篩選來工作坊的老師，早上聽演講，下午練習實作。第一場真正開始之前，方新舟很擔心報名人數太少，因為翻轉的觀念太新，報名條件要求很高很另類，而誠致又毫無名氣，種種要求，看來都令人卻步。

幸好有公益平台基金會的夥伴全力支持，結果大出意外，在台大的第一場有六百多人報名，一下子超過原先借來的會議室容量的三倍人數。後來的四場也都非常成功，得到媒體大量的報導，每場分享的方法都做一些改變，需自習的功課也愈來愈多，卻仍場場爆滿。

經過全國六場大型分享，翻轉教育很快地被全國老師、家長、媒體接受，同一年教師節，葉丙成老師及張輝誠老師在台中舉辦「翻轉教育」演講，推廣他們研發的BTS教學法及學思達，二千多位老師參加。南投爽文國中的王政忠老師也在同年推出MAPS翻轉教學法，之後又辦了「夢一」、「夢二」工作坊，吸引兩千七百位來自台灣、大陸、新加坡、香港、馬來西亞的老師熱烈參與。

這些由下而上的自主活動，顯示翻轉的強烈動能。老師先翻轉，學生才能翻轉。「翻轉」變成當年流行詞，掀起台灣翻轉教育的熱潮，成為台灣教育史上的「翻轉元年」。不只是教育圈用它，連其他行業也用翻轉來表達進步、創新的概念。七年過去，翻轉教育風潮沒有煙消雲散，反而在全國各地遍地開花。王政忠老師的「夢的N次方」在過去六年已經培訓三萬位教師，占全國中小學教師的五分之一。張輝誠老師持續不斷推廣「學思達教學法」，除了台灣，還去香港、大陸、新加坡、馬來西亞、美國。他甚至在二〇一八年六月辭去教職，放棄退休金，離開他服務十八年的中山女中，全心全意推動學思達。在公益平台、方慶榮董事長及其他貴人的支持下，張輝誠在二〇二〇年成立「學思達教育基金會」，專心推廣學思達，也跟李崇建老師一起協助 KIST 老師。這波翻轉風潮是台灣教育史上難得一見、由下而上、由點到線到面非常成功的教育變革。

做學習的主人

呂冠緯指出，如何把螢幕上的東西，變成教學上可以落實現場經驗值，這才是最關鍵的最後一哩路。甚至有時候最後一哩路還不夠，必須落實到最後一公分。這個落實的方方面面，最為複雜、最具人性，也最需要介入，才能直達孩子心裡面。

不少新手老師在導入影片時，會以失敗收場，第一、教學影片的閱聽模式與單純看娛樂消遣的影片不一樣，孩子有很多看卡通的娛樂經驗，但是卻不一定有用影片學習算數學的經驗；第二、對於學習者而言，中間這段紙筆運算的過程，對於習得一項能力來說，有時是完全無法省略。除非是自律性極強的孩子，可以克服 3C 的誘惑，一般孩子容易因為上癮而由平台逸出去找其他娛樂；也有少數老師誤解了翻轉教學的意涵，誤以為將均一丟給學生就是「自學」，反而讓學生在學習上更加迷惘無助，造成反效果。

但是另一方面，也有的老師很有一套方法，配合均一發揮出穩定的效果。成功的案例，吸引了均一平台的目光，他們趕快主動請益、觀摩現場，理出現場成功的模式。他們看到這些高效的老師，在導入平台教學的同時，也針對班上孩子設計出紙本「學習單」，以此當「鷹架」，協助學生進入主題，當孩子眼前有「紙本」，一比較容易切入學習的狀態。孩子看影片的時候，知道接下來有「任務」待解決，一直專心緊扣在學習。在這個歷程中他可以由簡入難，依序完成：掌握基礎訊息（記憶事實性知識）、擷取訊息（理解概念性知識）、推論與整合（應用程序性知識）、省思與回饋（創造）等整套學習歷程。

最重要的是，學生一直動用的是大腦的學習區塊，也做了紙筆運算，經歷了記憶、理解、應用與創造的整套過程的「多層次的學習動機」。由科技去執行重複性高的東西，把學習自主權還給學生，老師有餘裕把精力集中在「堆疊比較細緻的學習鷹架」，專注操作更好的學習策略。均一的夥伴走訪現場觀摩學習，回去討論建模之後，便可以向其他老師推廣類似的方法論，加速大家的提升。

呂冠緯秀出一段現場影片，宜蘭偏鄉某國小教室裡，在導入均一之前，老師講課，學生眼神放空。如今，教室內九個孩子，毫無例外，每一位都專心對著螢幕與學習單寫作。曾有偏鄉五年級的孩子，數學程度只有一、二年級程度，但透過做均一習題練習快速地進步；而原本對數學提不起興趣的小朋友，也完全沉浸於其中。中間某段，一個孩子筆不小心掉下去，他可以先暫停影片、撿起筆、再繼續播放，完全能按照自己的進程往下走。

雖然學的內容和之前差不多，但孩子內心的感覺完全不同，呂冠緯說：「他會覺得有掌握感，自己是學習主人。」表面上來看，均一提倡一種新的教學方法，但本質上，它卻是在翻轉「學」與「教」的角色：學生才是教育的中心，而不是老師，他們對學習擁有自主權。這個學習的核心價值，也成為日後 KIST 學校每日操練的學習方法。（請見第十章「學習力」）

陪伴老師一起「換腦袋」

均一教育平台運作的前幾年，為了集中火力，只專注在「扶弱」先做出效果，基金會聚焦在偏鄉推廣、宣傳，從來不在六都演講；平台上的課程定位在中間偏易的基本觀念，而不談較難的原理原則。但是方新舟從頭到尾都知道，他們要推動的「個人化學習」，勢必也得對前後段學生都有幫助，也陸續將相關功能放進均一平台裡。等均一教育平台在偏鄉建立品牌後，這幾年才開始去六都推廣。當基金會在新竹科學園區演講推廣時，很多朋友都說他們的小孩都在用均一教育平台。基金會努力朝向「扶弱vs.拔尖」、「均等vs.一流」的初衷邁進。

現任三民國小校長劉冠暐，在清大資應所畢業後，原本在均一教育平台參與影片錄製，轉任專案經理之際，平台也逐漸轉型，加強跟外部專業老師合作充實內容。畢竟現場老師緊貼教學第一線，可以提供最切合學生需求的學習內容，平台可以借重他們的專長，專注改善平台功能，協助老師們，增加使用靈活度；之後又陸續跟政府及其他單位合作，加入現場老師以外的能量，「對我來說，這個工作結合教育與科技，第一次深刻的覺得自己在成長。尤其是在冠緯團隊（兩人名字同音），大家都非常有批判性思維，眼界跟視野真的是完全不一樣，讓我學習很多。」

這幾年，平台找來有教學經驗的識途老馬，深入教學現場做更到位的推廣服務，同時發展出整套的「課程教學模式模組化」，推廣將平台嵌進教學的全新策略，以及傳授新的教學技巧，陪伴老師們一起「換腦袋」，將數位平台當作有效的教學工具，而不是取代老師的競爭對手。

「均一」是誠致的教育願景，也是一切的初衷：從基金會到平台運作皆致力於提供「均等」的教育機會，讓每位孩子擁有「一流」的學習體驗，努力實現全世界的教育理想，實現聯合國「永續發展目標」（Sustainable Development Goals，簡稱 SDGs），第四項之「實現包容和公平的全民優質教育和終身學習」（Equitable Excellent Education）之理想。

堅持免費

均一教育平台如今發展十年之後，已是目前台灣最大的免費線上學習平台，累積超過兩百多萬的孩子與老師註冊，每個月有三、四十萬的孩子使用。平台提供超過一萬兩千部涵蓋國小到高中課程的教學影片，超過四萬四千道互動練習題。以數學、自然、科學、電腦為大宗，甚至連最新的一〇八課綱強調素養能力也一個不漏，同時將理財消費編入課程，不論貧富，機會均等，用科技和愛，實踐了有教無類，因材施教的教育願景。

二〇一九年均一教育平台還獲得 Google.org 挹注百萬美元，讓平台能夠延伸到學校體制外，與二十家非營利課輔機構合作、培訓百位非營利組織教師，也預計透過平台影響台灣一百萬名國中小學生。很難想像，如果沒有這十年的耕耘，讓全國中小學的孩子，熟悉數位工具與平台的運用，補強學習，那麼今天疫情來襲之下，遠距教學將更沒有準備，也更加手足無措。

到目前為止，均一教育平台一直都是免費的，因此募款成為非常大的壓力。不少人疑惑為什麼不採取部分收費或分級付費的方式，挹注資金以維持營運？

「收費」的議題經常有人提起，也曾在誠致的董事會內部討論，但是方新舟一直不贊成。他的理由是，「一旦均一教育平台開始收費，這個有限的資源就會開始往付費的地方偏移，一旦偏移以後，就脫離誠致原先『關懷弱勢』的使命，因為不管收費多低，弱勢家庭將付不起學費。」

若要堅守「關懷弱勢」的使命，免費便是唯一的一條路。至於財務的壓力，方新舟笑笑說：「那就努力的募款嘛。」募款時難道不會覺得挫折很多、壓力特別大？

方新舟先笑後答：「會有壓力啊，但最大的壓力是覺得自己那時候錢沒有賺夠。」

所幸，世界是一個回音谷，念念不忘，必有迴響。誠致的教育理念以及所投入的事情有點複雜，不容易說明白，短期內更看不出成果。對於一路上所有相助義挺的貴人，方新舟總是心懷感激，尤其感謝幾位天使——于日江、梁立省、程有威先生等的長期捐贈，讓誠致無後顧之憂。還有個值得分享的小故事：譚璧輝女士胞兄於一九九七年成立「譚氏文教基金會」，多年贊助教育、醫療、環保。二〇一六年，譚女士考量年事已高，為了讓資源做更有效、更有影響力的發揮，透過胞弟介紹而認識方新舟，對其教育熱忱與遠見印象深刻，就決定把譚氏基金會所有財產二千多萬，全數捐贈予誠致教育基金會。譚女士是虔誠天主教徒，生活節儉，她做這事很喜樂，因為「天主給的回饋天主」。

這些點點滴滴來自社會各個角落的支持與鼓勵，都讓方新舟苦澀的微笑裡多了更多的光亮。

1. 例如鄰國新加坡從疫情學到功課，即使疫情緩和，仍硬性規定學校每兩個星期安排一天居家學習，不但避免疫情干擾，更可加速學生培養終身學習的能力；其次，所有中學生在二〇二一年時都必須擁有筆電，這不單單是硬體的改變，連帶的老師的教學、教材都需要一併調整，這需要時間，也要經由操兵練習來達標。參見《聯合報》二〇二〇年七月八日〈看星國，想台灣：教育快魚吃掉慢魚〉賀陳旦／交通部前部長、方新舟／誠致教育基金會董事長

2. 民初著名學者胡適曾說：「你看一個國家的文明，只需考察三件事：第一看他們怎樣待小孩子；第二看他們怎樣待女人；第三看他們怎樣利用閒暇的時間。」這句話確實讓人回味無窮。傳統中國社會女人和小孩的確是弱勢者，經常受男主人的大家長意識任意編派、決斷人生，而今弱勢者則指社經地位居下層，而力單力薄之人，但這種「強淩弱」的不對等關係皆是站在了文明的對立面。

3. 二〇〇九年莫拉克風災重創台灣，尤其東部百業蕭條，嚴長壽以促進花東永續發展為目標，創辦「公益平台文化基金會」，深入觀察花東的每一個角落，發現唯有從教育扎根著手，才能結構性改變花東的未來。二〇一一年在一場會晤中，嚴長壽向星雲大師分享教育理念，以連結台東在地優勢的「原住民文化」與「大自然生態」為學習主軸，提供偏鄉孩子均等的教育機會及資源公正分配的期待，啟發孩子的潛能天賦。獲得大師全力支持，之後被委請全權接任均一中小學董事長。

第三章

困難的事才有真正的影響力——誠致教育基金會

誠致教育基金會於二〇一〇年底成立，至今已經邁入第十一年，從關懷新住民的「外婆橋」計畫、均一教育平台、社會創業家成長營，到之後的翻轉教室工作坊、KIST公辦民營學校……這個公益組織成為關懷弱勢、推動教育翻轉的火車頭。此外很多計畫的推動時間互相交疊，而且持續多年，確實令人好奇一個小小的基金會，為什麼可以這麼高效？短短幾年做到這麼多事情？

關鍵的「原力」錨定在他們怎麼想的哲學以及怎麼做事情的方法論。（請見下頁圖）

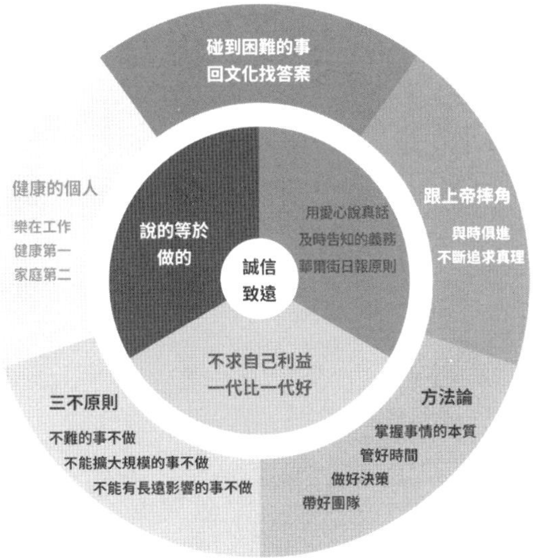

誠信、致遠

從方新舟「誠致」科技開始計算，這個名字已經整整問世二十年了。二十年間，「誠致」的深意處處貫穿在組織的文化和精神裡。如果說「誠致科技」是他「科學救國」的召喚，那麼「誠致教育基金會」便是「關懷弱勢」的實踐。方新舟為何特別高舉「誠致」二字做為其處世的終極信念及價值？

「名字」是一種自我標誌與指涉，它形塑了自我認知、自我的存在與價值，更展現於自我信念的主導性，以及在混濛的困境中找到自己方向的指北針。

首先，誠致濃縮了「誠信、致遠」兩項願景（請看上頁圖的最中心位置）。無論是企業界或是從事公益，方新舟始終堅持一個理念：「誠信、致遠」，他希望基於「誠信」原則建立一個團隊，實現遠大的目標——「致遠」。

「誠」、「致」定調這個公益團體的文化，同時也錨定住他們「怎麼想？怎麼做？」的基礎原則。

方新舟對於「誠信」的要求很簡單：「說的等於做的」跟「及時告知的義務」。

「說的等於做的」，所謂的誠於中、形於外，方新舟和誠致的夥伴們崇尚表裡如一、言行一致、名實相符的準則，不說冠冕堂皇的假話，更不會有兩套處世標準。無形間更呼應中庸所說的，「誠者，物之終始，不誠無物，是故君子誠之為貴。」方新舟對「誠」的重視，也展現在他的三個孫子女，他們無一例外全都是「誠」字輩：方誠至、方誠光、方誠星。

「及時告知的義務」指的是，開誠布公，沒有隱瞞，重要的訊息溝通無礙暢達，如果有任何事會出現在明天的主管會議（或報紙媒體），我們需要提早做準備

（「華爾街日報原則」）。每個人都不希望成為最後被告知的人，暢通溝通管道，「及早知情」也讓團隊比較有餘裕思考，做出最適宜的反應，積極防範，做到「損害控管」。

方新舟援引股神巴菲特的名言，巴菲特投資很多公司，不可能事必躬親，但是他要求公司負責人在第一時間回報狀況，他曾說：「我不希望在明天的《華爾街日報》才讀到公司發生哪些壞事。」

當事人原則

他們尊重相關夥伴的意見，如果在開會時，有一個人的名字被提三次，就要立刻暫停，等他本人加入後再繼續；不會在當事人不在場的情況下說三道四（「當事人原則」），不做「缺席審判」，讓對方有公平、充分的機會表述己見，解釋緣由。

往往台灣人比較客氣、委婉，有時候考慮到別人會難堪，表面上大家互相尊重，沒有異見，沒有在第一時間表達真實看法，坐令事態惡化，種下不信任及分裂的種子。方新舟過去看到很多公司最後走向衰亡，正是因為組織過度重視科層官僚體制，阻礙真誠溝通。

用愛心說真話

誠實之外，面對團隊內部有不一致的看法時，一切探索、辯證、檢討及究責，都必須回到一個原點「用愛心說真話」。面對事況直話直說的同時，他期望大家體貼當事人感受與反應，「用愛心說真話」。知名作家安・史奈德（Anne Snyder）指出：「當事實與愛同時存在，人與人的連結就會發生。沒有愛的事實是苛刻；沒有事實的愛是濫情。但如果你能以愛為前提，對某人直言不諱，那麼你們就能建立互信關係。」[1]

致遠、大事、三不原則

有了誠信原則，以愛為前提，目的在凝聚眾人的力量實現「遠大的目標」。這個遠大不在於此生的名利、身段或光榮，方新舟希望能夠不求自己的利益，一代比一代好（「致遠」）。

方新舟成立基金會並不是為滿足自己，它要追求的是靜水流深的長遠影響力。所謂「大事」，方新舟的定義很簡單：困難的＋可以擴大規模的＋可以有長遠影響的事。這三項條件定義了誠致教育基金會的「三不原則」：不難的事不做；不能擴大規模的事不做；不能有長遠影響的事不做。

這三點完全顛覆了一般人的想像，「三不原則」源自方新舟長年在高科技業界得來的策略思考方法：如果一項題目的技術需求太低，即便一開始取得成功，不要多久很快就會被追上，必須攻克一定難度的題目，才能樹立一道防守的門檻，而且要快速以市場規模，取得主導力量。

誠致教育基金會高舉這項「三不原則」，樹立起所有公益組織中一面最鮮明的精神旗幟，也同時決定過去十年以來，方新舟以及所有誠致夥伴們的策略選擇，為與不為的抉擇基準。

在「誠信、致遠」的大方向下，一個小小的基金會想做的事很多，人才、資源永遠不夠，因此方法論就很重要，方新舟列舉了「管好時間，做好決策、帶好團隊」做為他自己及每一位夥伴都要持續精進的功課。

跟上帝摔角

他們深刻了解，每一個困難的問題都不是孤立而生，它有脈絡可循。眼前一塊冰山砰然倒下之前，背後是全球暖化的惡因。因此不能只解決表象，要看更根本的生態問題。因此，釐清現象的纏雜紐結，「掌握事情的本質」的能力非常重要。

而要培養掌握事情本質的能力，就需要有洞見，有穿透力的洞見常常需要反覆辯證，「跟上帝摔角」[2]，做證據本位的決策。方新舟本身沒有宗教信仰，「跟上帝摔角」是他在矽谷向以色列同事學來的心法。

過去在矽谷工作時，他有個以色列的團隊，他們雖是員工，每次開會他們往往不斷質疑、挑戰、激辯……方新舟總是被他們「修理」得招架不住，好像他們才是老闆！

「跟上帝摔角」是猶太人歷史上非常重要的故事。雅各跟上帝摔角後改名為以色列（以色列，這個字希伯來文的字義是「跟上帝摔角」），後代子孫成為以色列人。《創世記 32:22-32》經文記述這樣的故事：他夜間起來，帶著兩個妻子，兩個使女，並十一個兒子，都過了雅博渡口，先打發他們過河，又打發所有的都過去，只剩下雅各一人。有一個人來和他摔角，直到黎明。

那人見自己勝不過他，就在他的大腿窩摸了一把，雅各的大腿窩正在摔角的時候就扭了。那人說：「天黎明了，容我去吧！」雅各說：「祢不給我祝福，我就不容祢去。」那人說：「你名叫什麼？」他說：「我名叫雅各。」那人說：「你的名不要再叫雅各，要叫以色列；因為你與神與人較力，都得了勝。」雅各問祂說：「請將祢的名告訴我。」那人說：「何必問我的名？」於是在那裡給雅各祝福。雅各便給那地方起名叫毘努伊勒（就是神之面的意思），意思說：「我面對面見了神，我的性命仍得保全。」日頭剛出來的時候，雅各經過毘努伊勒，他的大腿就瘸了。故此，以色列人不吃大腿窩的筋，直到今日，因為那人摸了雅各大腿窩的筋。

上帝安排了雅博渡口的際遇，讓雅各明白並面對他生命必須處理的問題。在雅博渡口，上帝安排了一場摔角比賽，為的是要教導雅各、改變雅各，使他面對並勝過生命中的三個敵人。這個故事如今已經內化成每個以色列人的靈魂根柢，而與上帝近身互搏、摔角更成為一種民族性。

因此，方新舟從這批年輕同事身上，見證到那種不懼任何權威，挑戰老闆決策的精神，於是花不少時間了解猶太文化，對他們的教育方式尤其佩服。

高科技行業本身便是後浪推前浪，不斷「跟上帝摔角」的產業，這種打破砂鍋質問到底的文化性格，可能會嚇到其他國家的人，但在以色列絕對誠實、「清楚而明確地表達」是廣泛被要求與被接受的共識，即便是公司裡位階低的菜鳥也可以自由坦率地提出問題，準確無誤地陳述自己的觀點，好處是可以迅速找到解決方案，有效對症下藥，讓以色列得以常保新創活力。

「虎剌巴」精神

多年前中國記者周軼君製作了一系列探討各國教育精神與方法的紀錄片，其中一篇《他鄉童年——以色列篇》提到以色列文化中有其獨特的、外語難以轉譯的——「虎剌巴」（Chutzpah）精神，它的意涵包括大膽、誠實、直率，不閃躲問題、不畏權威直球對決，鼓勵互相挑戰、質疑及論辯。

當然在「虎剌巴」精神之下，以色列人對所謂的失敗，也有不同的意義，周軼君走訪了以色列著名的臺拉維夫大學訪問，她向其管理學院院長烏迪・阿哈羅尼（Udi Aharoni）詢問道：「為什麼以色列那麼包容失敗？」

阿哈羅尼回答說：「我們不是包容失敗，而是包容不斷試誤。我們不把失敗視為失敗，而是將失敗當成一次行不通的經驗，所以可以再試一次。」

他指出，猶太人經過各種苦難，大屠殺，流離失所，最後他們養成了一種剛性的文化體質，以色列是以「生存模式」思考自身——永遠對明天戒慎恐懼，永遠覺得沒有安全與把握，所以質疑一切，不會把一切視為理所當然。他們不只提出質疑、追問問題，還思索解決方案，於是有了源源不絕的創新，猶太人的「虎刺巴」是「跟上帝摔角」的一種體現。

反觀在亞洲文化裡，強調禮貌和規訓，規避各種衝突，真心話必須經過層層包裝，尤其是面對長官或上司的情況，無形中壓抑個性以及真誠表達的空間，最後在「一團和氣」之下把問題掩蓋了。這種表面和諧不但阻礙個人的成長，而且影響整個團隊的競爭力。

因此「跟上帝摔角」也變成方新舟的人生觀，「上帝」指的是未知、難題、權威、老師⋯⋯其表現出來就是「虎刺巴」這種挑戰權威、不畏困難、直接越級打怪的動態人生觀，甚至打破「我執」，自己跟自己摔角，謀求自我的更新與超越。既然大家都能跟上帝摔角，沒有誰比較偉大，就不會有官大學問大的情況。

PDCA，壞事變好事

為了確保不讓錯誤鑄成失敗，誠致的夥伴已經將 PDCA（Plan-Do-Check-Act）內化了。在科技業凡事都要事先計畫、執行，經過檢查後再改善，不斷重複執行這套法則，可以大幅提高產品品質和改善生產過程，並以螺旋上升的無限成長模式，達成卓越目標。

如今在 KIST 運作中，無論是辦完活動、開完外部會議、專案結束、危機處理完，甚至在教學活動及孩童學習成效等，誠致的夥伴們都會做 PDCA。有好幾次方新舟跟外部夥伴開會或上課，結束後誠致夥伴立即圍圈做 PDCA 回顧，外部夥伴看了都很訝異。

他們一定會想方設法「把壞事變好事」。方新舟的人生經歷過很多失敗，尤其像科技這種「快魚吃慢魚」高速度競爭下，他也犯過錯。之前誠致科技的辦公室牆上掛著一個畫框，框裡裱著的不是一幅畫，而是一個全世界最小的 ADSL 晶片。當初他看好市場發展的方向，投資三千萬研發出的晶片組，不過還來不及上市，卻發現產品規格已經轉向，只好緊急喊停。他把這塊價值不菲的晶片高掛，就要提醒他自己、也提醒大家「方新舟也會犯錯」。

他自嘲，自己犯了這麼大的錯而且沒有被開除，這個事實告訴大家，犯錯在這公司是可以被允許的。容許員工有犯錯的空間，並且幽默地承認錯誤，從錯誤中重新學習到新的東西，讓夥伴有更多創新的因子。因為有這種信念，所以誠致科技可以打破國外廠商壟斷的局面，拿下全球超過三十家電信業者的訂單，成為台灣第一、全球第四大 ADSL 晶片組設計公司。

「把壞事變好事」扣回到 KIST 的一種重要的「慶賀錯誤」文化。既然是「錯誤」的，為什麼要慶賀？停步於錯誤，固化失敗的錯誤不值得慶賀，因此所慶賀的並不在於錯誤本身，而在鼓勵「不畏懼失敗，不斷嘗試」，實踐成長心態[3]。

方新舟強調「科學救國」，所有的問題都可以用科學精神、科學方法找到解決的方法。「我覺得人生或是教育哲學，沒有一個最後的答案，只能一直持續不斷探索，持續不斷追求。」方新舟說，今天的現狀到底是不是一百分，永遠不知道也不重要，唯一能夠確定的是，從各種不同角度，提升到另外更高的層次，也就是不斷地「跟上帝摔角」。

日後這項精神也運用在 KIST 學校，如果一個孩子有「跟上帝摔角」的想法，他的自卑、家庭缺陷、一切逆境，都成為他的上帝，他都可以去鬥爭摔角。在七大品格的操練下，KIST 的孩子也有本事扭轉生命逆境，「把壞事變好事」。

健康的個人、圓滿的家庭

方新舟發了如此艱深的宏願，加上想解決的問題太困難，時間永遠不夠，偶爾會踢到鐵板，而一個圓滿的家，便是最溫暖的守護力量，支撐他們發大願、做大事的靠山。因此方新舟期許大家要做「健康的個人」：「樂在工作，健康第一，家庭第二」。

「健康」是每個人一切發展的起點，也是方新舟多年和病魔纏鬥的警語；而人之所以能「樂」在工作的原因，最重要在於「意義感」的回饋，擇你所愛，愛你所擇，而不是像隻推著石磨打轉的騾子，日日夜夜輪迴著百無聊賴的苦力活。

打從矽谷創業時期，他就要求夥伴「不管怎樣，絕對不能離婚。」他見識到在科技界，不少賺錢的新貴，最後因疏於經營家庭、財務問題、甚至不忠出軌，終以離婚收場，而這與他的個人價值觀相違背，所以他不斷提醒同事夥伴「家庭優先」，甚至創業時期，有夥伴太過樂觀，傾自己所有家當全拿出來投資，基於同樣的風險意識，他一定勸阻，家庭優先，不可冒險投資。

回到文化找答案

文化跟價值觀是一個企業或組織的DNA，「誠信、致遠」可能很無形、很抽象，方新舟把它收納進「名字」的容器裡，讓它經過窯燒烈火定型，蘊采含光，散發動人的色澤。過去十年下來，他們刻意練習這些文化肌肉，「誠信、致遠」不再是高不可攀的口號，而是可以實現的理想。也只有自己身體力行，才能對組織及夥伴產生深沉的影響力，讓誠致文化真正扎根和落實。

無論是企業家或公益領導人，方新舟認為一個團隊的成功，最重要的一個條件是「得人者昌，同行致遠」。沒有團隊，沒有共同的使命，就不可能做出事業。方新舟說：「當我們碰到困難的事時，回到文化找答案，重新釐清事情的前因後果，思考再思考。因為相信，我們便可以看見。」

名字標誌著一個人或團體組織的過去與未來，名字是追尋，也是喚醒，守護自己的名字，就是守護最根本的自己。有了誠致的實踐，方新舟及誠致的夥伴們將可以更加無畏。

1. 引自《第二座山》（The Second Mountain: The Quest for a Moral Life）作者：大衛・布魯克斯（David Brooks），天下文化出版，第一二七頁。
2. 編注：根據中文版本的聖經內容，為「跟上帝摔跤」。然根據教育部重編國語辭典修訂本，此種角力比賽應寫作「摔角」。本書採用後者。
3. 成長心態為 KIST 夥伴特質之一，概念來自美國史丹佛大學心理學教授卡蘿・德威克（Carol S. Dweck）提出的「成長心態」（Growth Mindset）理論，請見第八章「只是還沒學會」，第一九二頁。

第二部

直面偏鄉小校現實

第四章

從線上到實體

從偏鄉現場長出來的問題意識

在短短幾年之間，方新舟跟夥伴也因為推動「外婆橋」、均一教育平台計畫，幾乎跑遍本島所有偏鄉，外加澎湖、金門、馬祖等離島，一方面感嘆著少數幾位熱血老師在孤立無援的環境裡無私奉獻，但也同時見證各地邊緣地帶、日漸凋零的社區與部落，面對更多「一個台灣，兩個世界」的衝擊現場。

雖然均一教育平台、個人化教學在不少學校初步獲得一些成果，但在偏鄉角落的教育現場中，有好的工具、缺乏學校與家庭的支持，對弱勢孩子的幫助仍然非常有限。長遠而言，偏鄉的孩子們需要的是一個能支撐他們品格、知識與文化認同一致健全發展的完整教育生態系。

實驗教育三法通過，向美國ＫＩＰＰ取經

二〇一四年十一月發生兩件大事：一是立法院通過「實驗教育三法」[1]；二是教育部通過「一〇八課綱」總綱。台灣的實驗教育走來一路艱辛，從一九九四年的「四一〇教改」開始發芽成長，經過多位教育前輩（例如慈心華德福創辦人張純淑）長達二十年的低頭播種，終於有合法身分定位。

早在三法通過之前，方新舟應嚴長壽董事長之邀成為均一中小學的董事，隔年又加入慈心華德福的董事會，因而他得以近身觀察不同教育系統，沉思默想其背後的哲學觀點、方法論等，同時尋找各國可以參考的教育藍圖。他的目光逐漸聚焦到全美最大、最成功的公辦民營學校系統ＫＩＰＰ。而實驗三法通過，給了誠致教育基金會一個全新的契機，綠燈亮起，他們抓住這個機會，走向實踐場域——「自己辦學」。

ＫＩＰＰ的全名是「Knowledge Is Power Program」，亦即「知識就是力量計

畫」英文字母頭一個字的縮寫，一九九四年由兩位出身美國長春藤名校的老師麥可・范柏格（Mike Feinberg）與戴夫・李文（Dave Levin）創立，隔年在休士頓設立第一所 KIPP 理念中學（KIPP Academy Houston），他們刻意選用英國古典經驗主義哲學家法蘭西斯・培根（Francis Bacon）的名言：「知識就是力量」（Knowledge is Power）作為申請學校計畫的名稱，並以「努力學習、友善待人」（Work Hard. Be Nice.）作為共同校訓。

他們大學剛畢業因為參與「為美國而教」（Teach for America）計畫，來到休斯頓兩所以非裔和墨西哥裔學生為主的公立學校，那兩年身處於社會底層社區的教學經驗，徹底搖撼了他們白人中產的世界觀，給他們一次反思教育平等性的機會。在美國近三萬所公立高中裡，有高達二千多所是超過四十%學生無法畢業的「輟學工廠」，這種學校九年級高中生的閱讀水平只相當於名校的一到三年級。李文與范柏格這兩位不到三十歲的創辦人，深受美國黑人民權領袖「金恩博士」的影響，其價值信念基礎在於追求「公平正義」，以教育做為社會運動之一環，辦學目標在幫助社經地位低落之弱勢學生，透過高品質的教育，全面提升學生品格及基本能力，促進個人才智與天賦的發展，進而能夠翻轉人生。

二〇一四年初，KIPP的共同創辦人麥可・范柏格來台發表新書。當時，長期支持KIPP的辜懷箴女士也正好在台灣，她透過嚴長壽邀請方新舟共同與會，並在會後慷慨允諾支持誠致教育基金會赴美參加KIPP年會。

於是誠致自二〇一五年開始，連續三年率團去美國參與KIPP年會，雙方進一步建立合作關係。之後幾年，誠致夥伴們持續多年分批赴美參訪，除了觀摩每年盛大如布道大會的年會之外，因為贊助人辜懷箴的關係，他們得以深入各種小組研究，學習KIPP體系的課程、教學、輔導、經營管理等具體做法。同團的校長與老師們進行不同的任務分組，每天經歷的都是高速運轉的爆肝行程，晚上回到旅館，還捨不得休息，一邊填肚子，一邊分享及討論白天的觀察所得、反思或啟發，討論到欲罷不能，直到凌晨不得不稍事休息，因為明天還有新東西要看要學。這幾年來，光是參訪人次就超過百人，花費逾一千萬元。

KIPP的「知識就是力量」，其教育理念建立在以下五大支柱[2]：高期待（High Expectations）、選擇與承諾（Choice & Commitment）、更多的時間（More Time）、強而有力的領導（Power to Lead）、專注結果（Focus on Results），更重要的是KIPP承諾要幫助弱勢孩子上大學。二〇〇〇年，KIPP得到來自知名服飾品牌蓋普（GAP）公司創始人多瑞斯（Doris）和唐・費瑟（Don Fisher）挹注的資金，成立了永續發展的基金會，學校體系開始規模化，十年之後再度獲得了美國聯邦教育部「創新投資」（The Investing in Innovation）高達五千萬美元的獎金。

總計成立二十六年以來，KIPP已發展到兩百七十所學校（一百一十一所小學、一百一十八所國中、四十一所高中，分布全美二十州），學生總數達到十一萬人以上，其中九十五%學生為非裔、拉丁裔弱勢家庭的孩子，八十八%學生符合免費早午餐標準的低收入戶[3]。平均來說，KIPP畢業生有八成以上能夠上大學，超過四成可以順利取得大學文憑。二十多年前，美國大學畢業生收入遠高於KIPP學校所在社區的弱勢學生（非裔與拉丁裔移民為主），因此，能夠上大學並順利畢業，對於學生個人、家庭及社區來說，是改變人生軌跡，翻轉貧困生活的重要關鍵[4]。

二〇一七年 KIST 元年

經過幾年的準備，從來沒有辦學經驗的誠致教育基金會，決定踏進偏鄉教育的深水區，二〇一七年，誠致教育基金會一口氣申請三所公辦民營學校，這三所學校分散在花蓮（三民國小）、台東（桃源國小）、雲林（拯民國小）。由於 KIPP 並沒有海外授權，在一次籌備會議中，大家同意劉安婷的建議稱之為 KIST（**KIPP-Inspired School in Taiwan**）——「受 KIPP 啟發的台灣公辦民營學校」，同樣聚焦在「勤奮、友善」——要求自己「勤奮」，同時對他人「友善」。方新舟早年幼幼社的關懷陪伴，自今而後，得以轉化為永續的教育生態系。

美國的 KIPP 在共同核心價值下已經多元發展二十多年，有二百多所學校，超過十萬名學生。台灣的 KIST 從零開始則必須因地制宜，發展各具特色的多元型態，這些在地差異化的調整，一方面是對美國 KIPP 的補足，另一方面是對台灣教育主體性的實踐。方新舟所說：「一方面我們看到美國的一個典範，二方面希望在搬遷過程中，能夠接上台灣地氣，再長出自己東西來。」所以台灣 KIST 最為關鍵調整是，在既有的「品格力」、「學習力」之外，再加入了「文化力」。

公辦民營是一項深遠的社會創投，KIST也並不是傳統的慈善事業，誠致教育基金會為了更專注於學校的經營，歷經一年的長考，決議分拆均一教育平台（詳第十五章〈NPO的新典範〉），由宜蘭督學退休的吳明柱，接任基金會的執行長；而一直陪伴基金會成長的李吉仁也投入更多，當他看到學校一一成立，落土扎根，也忍不住對方新舟說：「這個水是愈來愈深了！」

正視偏鄉小校現況

這一批教育的夢想家，希望能夠創造出台灣前所未有的成功典範，翻轉偏鄉小校的命運。方新舟說：「體制的改變本來就困難，創新來自邊陲，所以我們所做的事情，都是從邊緣，再去影響核心。」這番話說得豪氣，然而當我們把視角投射台灣偏鄉部落的社區時，KIST學校的校長與老師們面對的是與麥可．范柏格、戴夫．李文當初創辦KIPP學校時相同的低社經階層的教育公平正義的挑戰。

台灣的偏鄉弱勢家庭出身的學生，高比率學力偏弱、高中畢業後無法完成大學學業，以原住民身分別的學生為例，依據教育部統計[5]，二〇一九年大專校院原住民學生「粗在學率」[6]僅有五十四%，遠低於全國平均的八十六%，與大眾認為的大學生滿街跑的既定印象落差很大。再者弱勢家庭甚至更難就讀公立大學，而就讀私立大學則需要負擔更高額的教育投資，依此脈絡，就更能理解未來這群偏鄉部落的孩子將來組成家庭之後，將有更大的挑戰。反映出的現實是，可支配所得偏低：依一〇六年統計原住民家庭可支配所得平均僅新台幣七十四萬元，遠低於全體家庭的可支配所得總金額（一百零一萬八千餘元），換言之，原住民族家庭可支配所得僅為全體家庭可支配所得的〇・七三倍[7]，雖然因為相關社會福利政策關係，家戶所得有逐年提高，但實際情況——特別在今年新冠疫情影響下，類似ＫＩＳＴ學校許多家長都屬於基層勞工或是務農營生，就是首先受到第一波就業嚴重衝擊的對象。

長久以來，偏鄉在地理位置、社經階層的落差，連帶的產生了訊息、資源、教育觀念等「文化資本」（Cultural Capital）[8]落差，這個鴻溝若沒有打破，又回頭來強化這樣的不平等結構，成為一個牢固的套索，緊扼住下一代孩童的發展。

台灣出生率逐年降低，少子化問題日漸嚴峻，偏鄉「小班小校」比率逐年上升，根據教育部數據指出：一〇七學年度台灣六班以下國小有一千零五十四所，一〇九學年度又增加了六十一所學校，占全台國小的四十％，其中有五〇六所學校更低於五〇位學生；而六班以下的國中有一百二十一所，占全部國中的十六％。以地區來看，花蓮縣六班以下國小校數分別占全縣國小校數的七十六％，而台東縣也占了六十八％；雲林縣、嘉義縣、南投縣皆突破六成；六班以下國中，在花東、南投也占全縣國中校數三十五％。而這兩年在新冠疫情衝擊下，去年新生兒只有十六・四萬人，創下歷史新低，短期內毫無可能有任何的反轉契機，可想而知日後小校只會愈來愈多。

方新舟觀察到，這些偏鄉小校衍生的問題不少，首先是「成本高」：依照國中小學編制準則，無論學生多少，至少有一位校長、二位主任、二位組長、六位導師、及若干行政人員，全校至少有十三位教職員，目前約有三十所國小，教職員數多過學生數。

但不論學校再小，每年平均花費超過一千八百萬元，若以五十人以下小校的平均學生數約三十三位計算，平均每個學生每年成本是五十四・五萬，遠高於美國很多州的每位學生學習成本（全美平均每年約三十七萬新台幣），雖然他們的人均收入是台灣的二・四倍。

其次是「成效差」。比成本更嚴重的問題是學生的未來，大家一定會同意，雖然國家財政非常困難，但是少子化是國安問題，只要真的能讓每一個孩子都發光發亮，花再多錢也值得。但是無論從PISA報告或會考成績分布都可以看出來，我們的城鄉差距很嚴重。二〇一二年的PISA報告，台灣十五歲學生的數學素養，前後段的學習落差世界第一，相差竟達七個年級。這情況在導入一〇八課綱後會更嚴重。

另一個例子，從台灣標準化測驗的指標來看，自二〇一四年實施會考以來，國三學生數學及英文歷年來的成績有近三分之一是C級，等同於「待加強」。也就是說，這些國三學生只有小學程度。對照來看，台北市、新竹市等較富裕、人口密度較高的地方只有二十％以下「待加強」。而偏鄉則高達五十％以上，甚至於有的偏鄉小校竟高達七十％以上待加強。即便政府花很多錢在偏鄉教育，甚至通過「偏遠地區學校教育發展條例」專法，來提升偏鄉教育品質，可惜到現在看不出成效。

學校愈小愈好教？

一般人有一種想當然耳的誤解：既然小校的班級學生數這麼少，一個老師只帶區區三、五個孩子，教起來應該很輕鬆、很好教，怎麼學生的成績這麼差。實情卻正好相反。多年摸索偏鄉教育之後，方新舟得出很不一樣的觀察。

從老師的角度來看，大部分小校都在偏鄉，願意去服務的老師原本就少，願意久任的老師更少，教師流動率高，留下的老師工作量大，要扛很多責任，沒有夥伴可以切磋或分工，建立緊密的連結，孤軍奮戰，專業成長慢，看不到自己努力的成效。

若是老師教的班級有二、三十位學生，便很容易在幾位相對優秀的學生身上，獲得成就感；若是一個班級只有三、五個學生，很大比例學習不佳，老師跟學生「不來電」，教與學都得不到成就感，必定會互相折磨，事實也驗證了，一個偏鄉老師帶三、五個孩子的情況，大部分都是成效不好。

從學生的角度來看，當老師變動太頻繁時，學生自然不易穩定，進而造成惡性循環。甚且只要小學六年之中有一個老師跟他不對盤（因為沒經驗、或無法激發學生學習動機），孩子就有可能落隊。在學校一落隊，而原生家庭教育背景又剛好薄弱，孩子欠缺關懷與依附的網路，就會一直往下落，他可能沒有「麥田捕手」[9]，在他們暴衝到懸崖邊緣之際，及時握住他的手。一個偏鄉的孩子衍生的情緒與身心發展障礙，都將導致他自我放棄。方新舟感嘆：「所以一個孩子在偏鄉，他的失敗率有多高！」

另外一個嚴重的問題是：教育領導人才的損失。優秀的小校校長培養極為不易，目前全國有超過四成的校長在小校服務。而校長除了經營學校外，還在社區的文化、產業扮演很重要的角色，這是為何救教育，可以救地方。當小校校長無法提升學生的基本學力時，他會不自覺地把低學力歸因到其他因素上（像家庭教育、部落文化等），而失去以終為始的策略規劃及執行能力，國家也少了一位可能的領導人，影響甚巨。

簡單說，台灣的偏鄉小校教學品質不好，不是因為老師不努力，而是因為制度、師資培訓、教育理念跟方法跟不上時代變化。要改變這些很痛苦，但是我們能不改嗎?!

二十萬孩子等待失敗？

設想一個孩子，若在小學沒有打好基礎，日後升到國中更加難救，方新舟面色凝重地說：「基本學力的偏廢，實在是對不起下一代。」過去，這些孩子在國中畢業後，做學徒習得一技之長，出社會後仍有成功的人生。然而十二年國教後他們順勢進入高中、高職，欠缺基本學力之下，幾乎不可能跟上進度，白白浪費高中三年的學習，畢業後前途未卜，甚而因自信心一再受打擊，誤入歧途。

再往大學端看去，二〇二〇年學測，有十三・三萬人參加，有一・三萬人的英文作文是零分，有一・五萬人的數學低於底標（〇到三級分），這些孩子即便以殘破的學力，勉強上了大學，繳了高昂的學費，這樣坑坑疤疤的高等教育又如何為他們人生做好準備？而科技日新月異、時勢瞬息萬變的時代，缺乏自學能力，無法終身學習的人，很難應變這個時代、也很難達到幸福的生活。

事實已經證明，三班的國中、六班的國小的「小校」若不是無法經營好，就是有很大的失敗風險，然而，教育部沒有把小校當成既定事實，只將偏鄉小校視為非常態的、只是暫時過渡的現象，而且是個花錢的單位，終究要被廢或是併校，沒有從根本發展解決方案。勉強發展所謂的「特色小學」等吸引學生的方式，罔顧偏鄉孩子的受教權益，未能厚植其「基本」學力。

對於任何一個負責任的國民基本教育，除了品格教育，「確保每一個學生都有基本學力」，這條基準線應該是每一位校長、老師對學生應有的承諾。

二〇一六年台師大在學力調查大聲疾呼「弱勢者教育是國安議題」。台師大教育學院院長許添明指出，這些孩子進了國小、國中也只能夠一直等待失敗，不是坐在教室當客人，就是提早離開學校。台師大建議政府要將資源放在最弱勢的二十％的學校和學生，否則大約有二十萬名孩子在等待失敗。

但是這已經是五年前的呼籲了，「五年過了，沒有多大改善。」方新舟說。

成功大學資工系教授蘇文鈺，長期主持「兒童與少年程式設計教學計畫」，過去九年來帶著研究生深耕中南部八縣市，培力偏鄉老師與志工們教孩子寫程式，期許孩子在學習過程中建立邏輯思考和問題拆解重組的基本能力，鼓勵他們能靠教育脫貧，找到屬於自己的人生。但是八、九年過去了，看盡偏鄉孩子困境的他不禁感嘆：「貧戶上台大的時代已經過去，換什麼制度一樣弱勢。」

偏鄉教育的無法立竿見影，說改變就改變，只有投身其中才知道它無比艱難。

如德國文學家歌德在《少年維特的煩惱》（*Die Leiden des jungen Werthers*）中比喻的，「多少花朵凋謝了，沒有留下一點痕跡；能結果的太少了，果實能成熟的就更少了！」

---

1. 《實驗教育三法》意即《學校型態實驗教育實施條例》、《高級中等以下教育階段非學校型態實驗教育實施條例》與《公立國民小學及國民中學委託私人辦理條例》，一舉奠定「公辦民營」的法源基礎，台灣教育得以進入一個全新的里程碑。
2. KIST 學校貫徹美國 KIPP 學校經營的五大支柱：
   ①高期待（High Expectations）：學校對品格與學業的高期待，訂有明確並且可以評估量測之指標。學生、家長、教師、學校同仁能藉由許多對學業與行為的正式與非正式的獎勵與結果，創造並強化成就和支持的文化。
   ②選擇與承諾（Choice & Commitment）：每個參與 KIST 理念學校的學生、家長、學校的教師，都是自願選擇的。也因此每個人都必須對學校、對彼此許下承諾，並且對投入成功所需要的時間和努力能堅持到底。
   ③更多的時間（More Time）：學業和生活上的成功是沒有捷徑的。在學習上投入更多的時間，非但可以在基礎學習上獲得學業的知識與技能，以便日後面對具挑戰性的國高中與大學課業，可以提供更多的機會參與多元的課外體驗活動，發展潛能。
   ④強而有力的領導（Power to Lead）：學校需要一個好的領導人才，KIPP 學校的領導者都是高效能的學習者與有組織力的領導人，可以快速地調度經費和人員，幫助學生在學習上創造最大的效能。KIST 理念學校效仿此精神，期望強而有力的領導，展現學校積極的文化，將行動持續聚焦在最有利於學生學習的事情上，務使投入的資源效益得到最大化。
   ⑤專注結果（Focus on Results）：提升學生學力是為了讓弱勢孩子更有能力選擇未來的人生道路，KIST 理

念學校將極度專注於學生於標準測驗及其他客觀評量上的高表現，以有效多元的教學策略，對學習結果不停反饋，追求更佳的教學與學習，期許學生能勝任國內最好的高中或大學的學業成就。

3. KIPP的成功故事，已經寫入了《讓每個孩子都發光：KIPP學校如何打破學習困境，扭轉孩子的未來》，中譯本，天下文化，二〇一四年出版；KIPP特許學校系統也被拍入了著名的美國教育的紀錄片《等待超人》（*Waiting for "Superman"*）之中，影片記錄了五名學生尋求更好教育卻不斷受挫的過程，諷刺美國基層教育問題盤根錯節，已經沒有「超人」可以拯救，而KIPP在片中被呈現為貧童嚮往的特許學校之一。

4. 在美國，上大學幾乎就是中產階級以上的保證，在美國念完四年制大學的平均學費為四萬美金，但畢業後，其終身總收入，預估會比高中畢業者平均高出一百萬美金。大學學歷在美國受重視的程度，遠遠超過現下文憑貶值的台灣。

5. 資料來源 教育部 原住民族教育概況 統計結果提要分析，二〇二〇年十一月。

6. 在學率是教育統計中一個重要的定義，評量人口結構中有多少比率接受相對應層級的教育。「粗在學率」指各級教育學生總人數（不含幼兒園、大專進修學校、空大及研究所學生。）對其學齡人口之比率，即各級教育學生數÷六至二十一歲人口數 ×100%；而「淨在學率」指各級教育學齡人口實際在學之比率，即六至二十一歲學生數÷六至二十一歲人口數 ×100%。粗在學率一般都會比淨在學率高，如果粗在學率已經偏低，那麼淨在學率將可能更低。

7. 資料來源 原住民族委員會 臺灣原住民族經濟狀況調查，二〇一八年十一月 https://reurl.cc/noyEb2。

8. 文化資本（Cultural Capital）是法國學者波迪爾（A. Bourdieu）所提出。他把社會中各種市場所競爭的資本，區分為四類：經濟資本、文化資本、社會資本、象徵性資本。其中文化資本和經濟資本乃是構成社會階層化的兩個主要原則。不同於經濟資本（土地、工廠、勞動力、貨幣、資產、收入等），文化資本則是透過家庭和學校教育所獲得的文化資產，包括物質性的事物如繪畫、古董、寶物等，但它更強調語言習慣、秉賦才能、內化的行為習慣（Habits）、學位頭銜等非物質的因素。對一個學生來說，其文化資本首先表現於其語言資本（linguistic Capital）：語文詞彙之多寡、語文內涵結構之複雜度、解讀並運用複雜語文結構之能力的差別。而這些正好是學校考試篩選的重要判準，因此，缺乏文化資本的弱勢家庭孩子，很容易被劃分為學力不足的群體。

波迪爾運用文化資本的分析，批判現代化國家教育機會不均等的問題，他的文化再製（Cultural Reproduction）觀點指出，文化資本的分配與再製，實際上和社會階級結構的再製相互呼應。上層社會家庭的文化資本比較多，下層社會家庭的文化資本相對較少，而一個人手中握有的文化資本愈多，愈得益於遊戲規則，學歷等級愈高，又愈有利在階級流動中占有支配的地位，愈被賦予合法性。中下階層或勞工家庭，其貧瘠的文化資本原本就不利於學校教育和未來的升學機會，於是階級分界愈加固化，難以打破。「學校」在這個再製的過程中居於關鍵，也成為爭奪統治地位之壟斷的重要環節。波迪爾批判教育制度再製社會階層的不合理現象，學校理想上是教導及補足語文資本最重要的環境，而不應是落井下石的共謀者。

9. 美國作家沙林傑（J.D. Salinger）的成長小說《麥田捕手》（*The Catcher in the Rye*）在書末提到，在懸崖邊的一座偌大麥田裡，幾千個小孩橫衝直撞地玩遊戲，卻沒有任何一位大人看守，因此，書中的主角霍頓說：「我是站在一個危崖的邊上。我應該做的是，我得抓住每一個跑向這個崖邊上的人——我是說如果他們不知道這是懸崖而跑過來的話，我就從一個地方出來抓住他們，這就是我永遠要做的事，……我只是要做麥田裡的捕捉者（Catcher，或譯『守望人』）。」

第五章

教育創業家

偏鄉小校 先天不足後天失調

台灣偏鄉小校現在已經有一千多所，占全部學校的四成，隨著少子化，將來只會愈來愈多。但是，學校再小卻不能輕易說廢就廢。原因在於這些小校除了是學生學習的場域外，在偏鄉扮演其他重要的角色，包含社區文化與活動的中心、在寒暑假提供餐點給弱勢家庭，是地方上一股重要的安定的力量、向心力與認同的具體象徵……。如果輕易的把小校廢掉，社區／部落會更快凋零，對弱勢學生更是不利。

但是小校老師流動率高，學生學習成效不好也是多年的事實。

這是幾十年來一直無法改變的「結構性問題」，如何在不併校、不廢校的情況下，讓這些既存小校發揮更好的功能？有更優質的辦學效果？

借取國外視角來看，諸如芬蘭、挪威、丹麥等國的土地都比台灣大，但是他們的人口大約只有台灣的四分之一左右，除了在大一點的城市，基本上普遍都是小校，即便人口密度如此稀薄，一樣可以將孩子拉高到全球水平的前段班。

我們如果進一步探討北歐幾個國家的情況，會發現他們都是高稅率、社會凝聚力強、收入分配公平的福利國家。加上他們在師資培訓時就專門為混齡教學打好基礎，因此他們可以做到小校的教育成效跟大校差不多。

台灣偏鄉的情況跟北歐不同。首先，台灣貧富懸殊、城鄉落差大，偏鄉家長經濟弱勢的比例偏高，家庭教育薄弱，學生入學時已經輸在起跑點。這是先天不足；偏鄉小校的老師少、資源少、教師專業程度有差異，加之學生學習動機弱的情況下，教師較難有成就感，故流動率高。這是後天失調。

在先天與後天都不良的情況下，偏鄉小校如果不改變制度跟方法，投入再多資源也於事無補。教育部過去多年一再對偏鄉教育加碼，投入不少經費，但成效不彰，證明這個系統問題的困難度及複雜度。而台灣隨著國際趨勢訂定的一〇八課綱對教育現場有兩大改變（素養導向、跨領域統整課程）對學生、家長、教師、校長、學校文化都有重大影響，如果沒有刻意練習，很多教師會跟不上。都會地區學校教師尚且都感受到很大壓力，偏鄉學校資源缺乏、資訊不足，更令人擔心。

KIST公辦民營學校陸續誕生

前教育部長黃榮村，現在是考試院院長，他在二〇二〇年年底的演講中，提出一個觀念「全面教改的不可能定理」。他說，因為對立理念互相拉扯衝突，例如多元競爭選才（教育效能）跟公平正義的維護（如城鄉差距）的對立，或者像學力提升跟減輕學習壓力的對立，讓全面教改很難成功。如今一〇八課綱要改變這麼多，似乎也符合黃榮村的「不可能定理」。事實上，誠致及很多關心偏鄉教育的學者專家一直在呼籲要有更積極做法去偏鄉推動一〇八課綱。

二〇一四年十一月，立法院通過《實驗教育三法》，同一時間教育部通過「一〇八課綱」總綱。三法裡的「公立高級中等以下學校委託私人辦理實驗教育條例」讓政府可以把公立學校交給民間經營（公辦民營）以達到兩個目的：教育創新及家長教育選擇權。這兩件事同時發生，似乎暗示：實驗教育是落實一〇八課綱的重要機制。如前章所述，誠致教育基金會從二〇一六年底開始申請三所偏鄉國小，想用最快速度產生質變、量變、再質變……進而影響更多的公立學校。每所學校成立的背後，都有值得探究的故事。

公辦民營學校跟公立學校最大的差別是，基金會主導創新的教育理念，據此選聘校長，而不是由縣市政府遴選校長。誠致在申請前，就先詢問幾位長期合作的夥伴，像鄭漢文校長、林郁杏校長、施信源老師，他們擔任ＫＩＳＴ學校校長的意願。一旦他們承諾，誠致就迅速展開作業。當時誠致所有夥伴都在忙均一教育平台的事，只有一位年輕夥伴劉冠暐負責所有申請作業（後來加入一位台大醫學系學生王大鯤協助）。

當時公辦民營的觀念還很新，誠致教育基金會又從來沒有辦過學校，申請過程充滿不確定性。幸好花蓮縣傅崐萁縣長觀念非常先進，大力鼓勵誠致，在教育處劉美珍處長的高效執行力下，玉里鎮的三民國小在二〇一七年四月成為花蓮縣第一所公辦民營學校、也是全國第一所ＫＩＳＴ學校。

雲林縣歷任縣長的教育理念開放多元，在誠致申請前，已經有蔦松國中轉型為雲林縣第一所公辦民營中學。李進勇縣長非常認同「知識」與「品格」並重的KIPP教育新理念，在教育處梁恩嘉處長的努力下促成，於同年五月批准虎尾鎮拯民國小成為第二所KIST學校。台東縣桃源國小的申請比較曲折，但是在黃健庭縣長及劉鎮寧處長的支持下，最後在七月通過。

方新舟回顧這段經歷，非常感謝三位縣長的遠見及魄力，因為誠致教育基金會在當時沒有辦學經驗，又想藉美國KIPP的教育理念來改善台灣偏鄉教育，KIPP在美國很成功，但是是否適合台灣還有待驗證；兩者加起來的風險不低。萬事起頭難，若不是因為這三位縣長的「因為相信，所以看見」，KIST可能只是空中樓閣。

教育創業家及天使

學校申請到後，真正的困難才開始。如上述，委託私人辦理條例有兩個最重要的精神：教育創新及家長教育選擇權。當家長教育選擇權被彰顯時，老師的工作權就會受到影響。為了保護教師的工作權，條例裡明文規定教師在學校被承接後，可以選擇留下或離開；若選擇離開，縣府要「參酌其意願予以專案安置」。

誠致申請的三所偏鄉國小，平均有五十八・三%的教師選擇離開，其中拯民國小一〇〇%教師選擇離開。每位老師離開的原因不盡相同，據誠致側面了解，有下面幾個因素：不熟悉公辦民營體制因此擔心教師權益受損（條例裡清楚保障教師權益不會受損），或趁機會調到自己理想的學校，不熟悉KIST教育理念，不想改變自己的教學理念等等。誠致的第一個挑戰便是找老師。幸好有一些年輕老師包含TFT老師願意加入，直接到教學現場接受「落地培訓」，誠致才度過第一個危機。

三民國小多年來是一個小於五十位學生的小校，校園整理的很好，前校長鍾蕙伃很用心交接，誠致的夥伴們很感激。拯民國小的校地廣達四公頃之大[1]，二〇一一年更因為人數過少，降為大屯國小拯民分校，轉型當時學生人數只剩二十六位，幾乎快被廢校，校園裡很多地方年久失修像廢墟，教室破舊、幾乎不堪使用。幸好雲林縣教育處特別撥一筆款，讓林郁杏校長跟新來報到的老師耗費整個暑假，和號召前來的家長及小朋友一起打掃、刷油漆，才慢慢恢復一些景觀，原本操場長草密布，割了快一禮拜才清理好，林郁杏校長說：「當我第一次看到學校圍牆從草堆裡露出來時，我都快掉眼淚了。」

至於桃源國小，鄭漢文校長自二〇一二年跟方新舟同時被嚴長壽邀請成為均一中小學董事而認識。鄭漢文有人類學博士學位，非常關心原住民教育，在幾所不同原住民學校當校長超過二十三年。方新舟後來才知道鄭漢文出身貧困，幾次大難不死，立志協助弱勢學生，對他非常敬佩。在申請時，教育處要求基金會接手桃源國小後，於合約六年期滿之內，要做到每一位學生在全縣共同評量和識字量測驗都必須超越全縣平均值。桃小有不小比率的學習困難學生，要求「每一位學生超越全縣平均值」是不合理、不可能做到，尤其要讓剛轉學或剛入學的每個孩子達到縣平均，那是難上加難。但是，鄭漢文校長用成長心態，接受挑戰，帶著團隊默默耕耘，目前識字量及大部分的領域學習，已經可以做到全校平均值超過縣平均，實在非常不容易！

誠致經營三所國小兩年後，成效卓越，廣受好評，蔡英文總統、潘文忠部長更蒞臨桃源國小指導。誠致承接偏鄉小校是為了找出創新方法，解決一千多所小校的系統問題，不是要增加學生人數，因為在少子化社會，如果太看重學生人數，學校之間為了搶學生，會做出不利學生學習的事。因而，拯民國小的情況需要特別說明。

拯民國小因為靠近高鐵雲林站，住在虎尾鎮上經濟條件不錯的家庭，支持 KIST 理念的家長，會把孩子送到拯民，學生人數在誠致承接的第一年就從二十六位增加為五十四位。林郁杏校長帶著全部是 TFT 的年輕老師，用成長心態天天開會，早上開晨圈，互相鼓舞，下午開 PDCA，每天進步一點點。兩年後，教學成效非常好，學生愛上學，家長很滿意，到二〇一八年六月，學生人數已經超過一百位，而一一〇學年開學一年級會增加一班變成二班。這是全台少數從瀕臨廢校到增班的例子。雲林縣張麗善縣長及教育處邱孝文處長看到拯民的發展，就支持樟湖國中小學轉型為 KIST 學校，誠致在二〇一九年承接下來，由曾經獲得師鐸獎的陳清圳擔任校長（林郁杏校長跟陳清圳校長是雲林縣杏壇的神鵰俠侶，他們在二〇一六年曾跟方新舟一起去美國參加 KIPP 年會，先後都成為 KIST 學校創校校長）。

施信源校長原來是新北市老師，二〇一三年開始接觸均一教育平台後，自學成為翻轉教育名師，因而受誠致邀請去美國參訪 KIPP，進而參與 KIST 三民國小的創校。他因家庭因素，在學年結束前臨時決定回新北市，校長由教導主任黃佑民臨危受命接任。二〇二〇年，因為三民國小辦學成效卓越，特別是個人化學習做的非常好，在花蓮縣徐榛蔚縣長、教育處李裕仁處長支持下，誠致申請到三民國中（與三民國小相鄰），由林國源當校長。同年，在新竹縣楊文科縣長、教育處楊郡慈處長支持下，誠致申請到峨眉鄉峨眉國中，由英語專家陳姿利擔任校長。

事實上，陳清圳跟陳姿利在實驗教育三法通過後，就抓住機會改制成公辦公營實驗學校。樟湖國中小在莫拉克風災後由張榮發基金會贊助一億七千萬重建。陳清圳時任附近的華南國小校長，被邀請兼任樟湖校長，他有獨到的生態教育哲學，早年是環保運動的優異旗手，熱愛山野，無論照相、寫文章都充滿感情。他從無到有建立樟湖，贏得「台灣最美麗的小學、全國第一所公辦公營實驗學校、全台第一所生態中小學」等頭銜，很多學生為了樟湖的戶外教育課程，不遠千里來念。峨眉國中校長陳姿利和一群核心團隊，為了給孩子更好的教育內涵；歷經六年努力，共同研討特色校本課程，結合家長和社區等地方資源，發展出一套「踏茶尋眉」的茶鄉課程，讓學子認識自己，以家鄉為榮。兩校從公辦公營走向公辦民營，不僅是準備經年之後必然的發展，也是與 KIST 理念的交互的融入與契合。

三民國中的申請有一個小插曲。三民國中校舍老舊，使用達五十年，是全縣僅存的「波浪型」老舊校舍。原本該校未被縣府納入援建學校，經前任校長鄭健民積極奔走，向慈濟基金會申請，慈濟派員實地勘查後，決定提供偏鄉學子一處安全的校舍。援建經費達一億元、費時一年多，在二〇一九年底落成。當誠致在二〇二〇年初開始籌劃申請三民國中時，有反對者放出謠言說，三民校舍會變成誠致私產。消息傳開，引起很大的反彈。方新舟經交大同學也是基金會的貴人蔡豐賜引薦，前往花蓮拜會證嚴上人及林碧玉副總執行長。證嚴上人非常慈悲智慧，一聽說明就了然於心，且祝福誠致申請順利，方新舟說：「對上人的祝福，我們非常感恩！」

這三位國中校長都是願意長期留在偏鄉照顧弱勢學生的傑出校長。他們都像天使從天而降，成為方新舟最得力夥伴。其中以林國源校長的出現最戲劇化。

均一教育平台在二〇一二年十月上線，一開始用可汗學院的影片，鄭漢文校長反饋說，學生看英語發音的影片還是有困難。誠致就決定放棄翻譯的影片，由台灣老師重新錄製所有影片，不過工程浩大，國中數學教學影片進展緩慢。二〇一三年年底，林國源突然主動聯絡誠致，提議錄製國中數學影片免費給均一教育平台使用。誠致夥伴當時苦無方法，聽到有人願意免費提供影片，喜出望外馬上同意。過一陣子，誠致收到林國源寄來的影片，教學方法很棒，但是雜訊很多，就好奇問林國源的錄影環境，才發現林國源當時是瑞穗國中校長，為了幫助棒球隊球員跟上進度，自行購買手寫板、影音製作器材，自告奮勇，錄製數學影片。他下班後在辦公室用吸音棉圍起來隔音，但是因為學校鄰近馬路，車聲吵雜，他的影片被誠致NG好幾次。所謂不打不相識，林國源後來成為誠致教育基金會的董事，對均一教育平台、KIST公辦民營學校的發展都貢獻良多。

短短四年內，誠致共申請到三所國小，三所國中，其中三所是特偏學校，二所是偏遠學校，一所是非山非市學校。雖然學校數不多，樣貌卻很多樣，有原住民國小（桃源國小），原住民國中（三民國中），體育班國中（三民國中），小於五十人的三班國中（峨眉國中），小於五十人的國小（三民國小），九年一貫國中小（樟湖國中小）。除了海邊學校跟離島學校，誠致在經營這六所學校的經驗值，未來都可以分享給近一千多所小校。

誠致從創立第一天就訂了三不原則，立志做大事，而要做大事絕對不能單打獨鬥。誠致文化裡有一條「聯合所有正面力量」打群架。在基金會成立前五年，有嚴長壽的公益平台基金會全力支持，誠致才能推動社會創業家成長營、均一教育平台、翻轉教育等大項目。在辦學階段，方新舟在商場多年，知道「兵馬未動，糧草先行」，長期穩定的金援是辦學的先決條件，方新舟於是邀請關心偏鄉教育的致伸科技股份有限公司、財團法人文曄教育基金會、財團法人張榮發基金會、誠達集團、財團法人台積電文教基金會及虞彪先生贊助這六所學校。這幾個企業與基金會除了捐款外，他們還請員工參與學校活動、邀請學生參觀企業、甚至邀請老師參加尾牙。他們在物質上、精神上給學校的支持，KIST校長及夥伴都感恩在心。

有校長、有學校、有經費，接下來最重要的事是教師培訓。誠致執行長吳明柱，退休前是宜蘭縣教育處課程督學，對師資培訓很有一套，基金會夥伴及KIST老師們仍習慣稱他為「柱督」，他和幾位校長合作，每年辦兩次教師研習，每次都超過百位老師參加，除了邀請全台灣最優秀的講師來協助KIST教師成長，更重要的是提供舞台，讓KIST教師能勇敢上台分享自己的學習與成長。柱督非常溫暖低調，是KIST老師們信任、學習的前輩，過去幾年間，他總是每一個星期固定背著包包，風塵僕僕輪流走訪各個KIST學校，和老師們進行深度的對話，為他們打氣。這四年來，他已經環島好多次。

李吉仁從誠致創立時就擔任基金會董事。他在二〇二〇年一月從台大退休後，成為基金會副董事長。他花了半年時間把KIPP的卓越教學架構（請看第七章）、過去ＫＩＳＴ夥伴看過的書、及他自己在台大教書三十年的經驗，整理、簡化成為ＫＩＳＴ教育理念（內部稱「ＫＩＳＴ房子圖」，詳見第十三章）。這房子圖在二〇二〇年八月公布，大受歡迎。早期的ＫＩＳＴ夥伴一起去美國取經，回台後經常互動，又常常看書，經年累月沉澱下來的先備知識非常多，價值觀比較接近。這對後進的ＫＩＳＴ夥伴卻是一座不小的山，他們平常上課已經非常忙碌，又要花很多時間追上先進者，難免力不從心。有了這簡化版的房子圖，大家內心比較踏實，可以一步一步跟上來。

ＫＩＳＴ成長策略：從國小到國中到高中

誠致在二〇一六年決定經營公辦民營學校時有一個藍圖：先選幾個縣市的偏鄉小學，落實經營理念看到成效後，再承接該縣市相互緊鄰的國中，再經營幾年卓有績效後，再承接該區段的高中，如此一方面可以讓孩子從國小到高中都在ＫＩＳＴ教育理念成長，另一方面ＫＩＳＴ的教育夥伴可以將卓越的辦學經驗和教學策略，與全國各地的教育夥伴分享。誠致從雲林縣拯民國小的經營到樟湖國中小的延伸，從花蓮縣三民國小的扎根到三民國中的發展，都是順著同樣思維。

然而，台東縣延平鄉桃源國小（以下簡稱桃小）雖然距離桃源國中（以下簡稱桃中）不到三百公尺，在申辦桃中為KIST公辦民營的路卻遙無止境。桃中是最為典型的偏鄉小校的國中，班級數是少得不能再少的三班，學生數不到五十人，跟誠致經營的峨眉國中一樣，在人力及經費結構上，相較於六班以上的學校相差極為懸殊，即使親師生共同努力，反映在學業成就上很不理想。如前所述，這是系統問題，不是親師生努力不夠，因此如何打破結構、重建系統、從國小向國中鋪就一道「連續的射線」，在KIST進入桃小之後，對桃中有了新的契機。

以一般常理，桃小學生畢業後就近去讀桃中是省錢又省事，而且兩校同時有歷史悠久的棒球隊。可是，為什麼桃中所屬學區各國小的畢業生，選擇桃中就讀的反而少數，甚至鄉內就讀桃中的孩子比為了來此打棒球的外地學生還要少？又為什麼他們要這麼辛苦，寧可每天花一個小時以上的時間通學？即便近在咫尺的桃小畢業生，也是如此。心切的家長眼看著每天那麼多的孩子，必須起個大早搭車到外地求學，多所不忍。可是，多年來除了心疼或默默承受外，只能喟嘆對大環境的改變感到無力。

桃小公辦民營邁入第四年的期間，不論是蔡英文總統、潘文忠部長的到訪，或是監察委員對實驗教育的實地考察，或是兩年一次的實驗教育評鑑，無不對桃小的辦學方針和成效高度肯定。關心教育支持本計畫的致伸科技梁立省董事長委託民間機構進行社會企業對教育投資質與量的評估，也獲得很高的評價。最難得的是學生家長參與其中，高度認同ＫＩＳＴ的理念與策略，因此不斷的詢問誠致教育基金會可否循著拯民國小和三民國小的模式向上承接國中。

部落家長的渴望

身為推動申辦桃中為ＫＩＳＴ公辦民營的召集人邱正明說：自桃小成為ＫＩＳＴ學校後，「孩子們明顯在文化認同、品格態度與學習能力上有自信的表現，改變了部落家長對鄉內學校教育的信心。」因此，在部落家長動員，邀請超過二百位家長連署下，希望誠致能申請桃中。回應部落家長的期望，誠致在二〇二〇年九月送申請書給台東縣教育處，在一個月的期限過後被駁回，原因是「（縣府）暫無規劃進行委託私人辦理實驗教育之需求」。誠致收到回文，非常失望，家長知道後更是感到失望與氣憤。

邱正明說：「誠致教育基金會願意到部落來為教育付出，這是難得的一件事。在被駁回之後，我帶著地方家長和連署書，多次拜會縣長和處長，但都獲得冷處理。」處長回應，希望誠致把資金挹注到教育處，而且桃小實驗學校只做二、三年看不到成果，六年後再說等等。邱正明問：「我們為什麼要一年再一年的等，六年後處長也換人了，怎麼會說這種不負責任的話，難道孩子的教育、部落的文化要這樣一直等下去嗎？」

他感慨的說：「這是一個大工程，掌權者和地方的家長是在兩個世界，處長的方向和我們的天差地別。掌權者考慮的是校長遴選和教師調動，而不是真正關心教育的主體性，或是實驗教育在這個時代給出的意義。」

家有七個小孩的凱方牧師更是關切，他的心情比任何人還急，個性剛毅的他甚至還因步調太慢、身段太軟而對召集人表達不滿，他說：「桃小成為 KIST 公辦民營學校以後，我們家長發現真的是好，也因此在一次次的會議中，希望促成國中的申請案，讓部落人來做部落事。部落已經覺醒，做為部落孩子的父母，孩子應該接受哪一種教育應該由我們來選擇，由我們共同來承擔，不應該是讓政府說了算。」但是，單就以目前的法規來看，地方政府有最終決定權，民間單位沒有申訴的管道。

草根力量

在多次與縣府溝通無效後，部落家長只能凝聚族人更多共識，在全鄉總共開了七次的說明會中，KATU 老師是核心成員，每次的會前會都在他家的國際會議廳召開，簡單的棚架下，一個爐火升起了暖意，也升起了年輕人覺醒的路徑，kulumah（回內本鹿老家的行動）已連續走了十九年，就是要為原住民發聲，為公平正義伸張。參與其間的夥伴說：「如果真的打不通，就是繼續在媒體發聲，或進行無聲的靜坐抗議，也就是我們預備要出草了。」

在兩次集結要到縣府廣場抗議的計畫，第一次被另一所國小對教育處的抗議行動給暫緩了；沒想到第二次燒狼煙的集結行動，被疫情突然升溫打亂，原本今年五月份的抗議行動就此打住。但是，「對教育的改變，對孩子的未來，對部落文化的發展，在這個努力上，我們絕不會就此束手。」KATU 說：「我們的方向是地方力量的展現，目前申辦桃中已成全鄉的公共議題，也成為原住民議題，他在原住民的教育運動上，已經寫下一段段的歷史。」

這漫長的兩年，誠致除了前前後後拜訪縣長、教育處長多次，還拜訪教育部、原民會、立法院，都徒勞無功，因為委託私人辦理條例第六條明確規定，地方政府對公辦民營申請有絕對的准駁權。而族人自發性地出錢出力，一次次的召開推動申辦桃中公辦民營的籌備會、說明會，聯繫中央到地方的民意代表，持續地向縣政府溝通，表達訴求，仍然無法敲開緊閉的大門。

整體說來，偏鄉教育最大的挑戰之一是，如何連結家長跟學校為孩子的未來發展共同出力。桃源國中申請公辦民營的過程，有機會創造另一個「村校共教共養」的新教育典範。令人感嘆的是：延平鄉是最慢進入國家統治的原住民鄉，桃源國中是典型的原住民學校，申辦桃中的歷程讓號稱憲法位階效力的「原住民族基本法」，卻像是隻紙老虎；全台灣第一次為實踐部落家長教育選擇權所發起的公民運動，部落家長只能以集結草根力量的方式來發聲，對照近年來所高張的轉型正義，顯然仍待努力。

1. 拯民國小前身是虎尾空小，校名為紀念黑蝙蝠中隊最早殉職的隊員葉拯民。一九九四年農林廳在占地四公頃的校園內，栽植林木千株，如今校樹茂密完整，讓拯民國小博得雲林縣海拔最低的「森林小學」美稱。

第六章

從來不是「絕對準備好」再來改變

自二〇一七年開始，僅在短短四年內，誠致教育基金會一共申請到三所國小、三所國中總計六所學校。雖然中間遇到各種挫折（包括上一章描述的桃源國中申請轉型的困難），KIST努力跟國際連結，做出各種創新的嘗試。在這過程，方新舟意外發現，「一〇八課綱」沒有緊密結合聯合國及相關組織的研發成果，會對台灣未來十年的教育產生負面影響。其中有兩個議題是KIST學校從創立以來就非常重視的：數位學習與品格教育。

嚴重與世界脫節的《中小學數位學習中程計畫》

「一〇八課綱」自二〇〇八年開始啟動研發，於二〇一四年通過總綱，二〇一九年正式上路。前後超過十年，動用上千位學者專家、老師。為了確保新課綱能順利實施，教育部自二〇一七年起相繼挹注相關經費，並持續編列至二〇二一年，總計達四百五十億元。

差不多同一個時期，聯合國會員國經過多年的苦思、談判，在二〇一五年聯合國成立七十週年之際，由一九四個國家簽署「二〇三〇永續發展目標」（Sustainable Development Goals, SDGs），提出十七項全球政府與企業共同邁向永續發展的核心目標，致力解決貧富差距、氣候變遷、性別平權等全球性議題。其中SDG第四項為「實現包容和公平的全民優質教育和終身學習」，為了達成這個宏大艱難的目標，聯合國教育、科學及文化組織（UNESCO）和經濟合作暨發展組織（OECD）分工合作，分別召開專家會議研擬對策。

首先，UNESCO於二〇一五年發表《仁川宣言》，由來自一百六十個國家的一千六百餘名與會者（包括一百二十多名部長），承諾「採取大膽和創新行動來改變我們的生活，在二〇三〇年實現我們的宏偉（SDG4）目標。」同年又發表《青島宣言》，兩年後又提出《青島聲明》：「倡導利用資訊與通信科技（ICT）達成SDG第四項之目標」。自從紐約時報稱二〇一二年是MOOC元年，三年後《青島宣言》正式宣告ICT（Information and Communications Technology，資訊與通信科技）是達成「包容、公平、優質、終身學習」教育的必要工具跟方法。

二〇一八年，方新舟為提供建議給政府的數位學習政策，上網研究，發現《青島宣言》至關重要，但是國內學者專家似乎並未對這宣言發表任何研究。他就主動聯絡UNESCO之ICT教育部門主管——來自中國山東的苗逢春先生，並把苗先生分享的訊息、檔案全部提供給台灣教育部資科司主管。方新舟跟葉丙成、蘇文鈺、呂冠緯聯名在報紙上發表「嚴重與世界脫節的《中小學數位學習中程計畫》」，建議教育部要立即大幅度改變計畫。文章說：「資科司所擬草案只是遷就現有前瞻計畫，及延續過去實施數年的行動學習等計畫的舊思維，完全沒去全面理解各國在青島聲明的具體內涵。殊不知在日新月異的資通訊領域，台灣延續舊思維所開展的中程計畫，到了二〇二二年將錯失多少關鍵作為？台灣在未來恐怕都要加倍付出代價。」

教育部後來從善如流，邀請方新舟、葉丙成等人參加修改計畫的會議。從後見之明，當初幸好有這個調整，不然一年多後新冠疫情發生時，台灣遠距教學的情況還要更混亂。這中間有一個小插曲。方新舟敦促資科司聯絡苗先生，請他出面邀請新加坡、韓國等負責教育ＩＣＴ主管來台灣。出乎意料的是，該主管說政府官員不能跟中國人接觸（即便苗先生已經是聯合國官員十多年），因此透過台師大聯繫，在苗先生的幫忙下，邀請韓國、日本、新加坡、香港負責教育ＩＣＴ的學者專家，於二〇一九年在台師大終於舉辦了「中小學數位學習國際論壇」。

方新舟很感嘆，他是教育門外漢，不知道SDGs、仁川宣言、青島宣言等重大事件還可以理解，但是教育部官員主導國家教育政策，針對這些重大發展，雖受限於台灣不是聯合國會員，卻未見積極與聯合國文教組織官員接觸，也未把需要完整規劃的具體措施落實到教學現場，基層教育人員對於這些重要議題更是生疏，這樣的發展令人擔憂，更錯失了引領台灣教育趨勢與國際接軌的時機，如果情況一直沒有改善，怎麼可能期望下一代有國際觀？

欠缺完整價值觀論述的「一〇八課綱」

另外，在「聯合國教科文組織」如火如荼地推動 ICT 之際，OECD 則專注在教育理念及內涵，並於二〇一五年發表「未來的教育與能力：二〇三〇教育專案」（Future of Education and Skills 2030 Project），定義核心素養為知識、技能、態度與價值觀，見下頁圖。

對照來看，台灣「一〇八課綱」定義核心素養為知識、技能、態度，比 OECD 定義的少了「價值觀」一項。基於好奇，方新舟請教國內幾位教育前輩，大家指出，一〇八課綱的總綱有談到自我、性別平等、多元文化等價值觀，但是未見一套完整的「價值觀體系」相關的論述，而核心素養裡也沒有列出「核心價值觀」，希望未來台灣課綱能在這部分加強。

態度與價值觀在 OECD 學習指南針二〇三〇的簡要說明揭示[1]，「態度與價值觀」是指影響個人在實現個人、社會和環境福祉的道路上的選擇、判斷、行為和行動的原則和信念。加強和恢復對機構和社區之間的信任取決於在學校發展公民的核心共享價值觀（尊重、公平、個人和社會責任、誠信和自我意識），以建立更具包容性、公平和可持續的經濟和社會。

一個國家的教育大計中，如果沒有核心價值作為發展公民的核心共享價值觀，這些未來的準公民，面對全球化的世界，又要如何錨定自己的方向？

我們來看鄰國新加坡提出什麼樣的教育價值觀，新加坡國立教育學院（NIE）基礎教育學院陳允成（TAN Oon Seng）院長在OECD網站說：「隨著世界變得全球化，當信息和想法變得非

圖片來源：OECD/https://www.oecd.org/education/2030-project/teaching-and-learning/learning/

常多元時，好的和壞的，負面的和正面的，你需要人們能夠做出判斷和決定。如果你沒有價值觀，那麼你的錨在哪裡？這就是為什麼教育強調價值觀非常重要。」

新加坡核心價值觀指明：一個具有良好品格並對社會有所貢獻的新加坡公民，必須以核心價值觀（包括尊重、責任感、堅毅不屈、正直、關愛與和諧）為基礎。這些核心價值觀指引學生明辨是非，幫助他們做出負責任的決定，並認清自己在社會上所扮演的角色。而這些核心價值觀又根源自於新加坡共同價值觀、新加坡家庭價值觀，以及新加坡二十一世紀教育願景。

這兩個經驗讓方新舟對台灣教育有更深一層的體會：KIST 學校不但要向下扎根接地氣，也要跟國際連結，才能跟上時代的腳步。除了積極推動個人化學習外，所有 KIST 學校在二〇九學年度都把 SDGs 納入到校本課程，希望偏鄉孩子能站在聯合國高度，參與解決人類面臨的巨大挑戰。

從來不是「絕對準備好」再來改變

大家都知道，一直以來，偏鄉學校經營困難、學生學力低落，要改變這些困難的窘境，其實誰都沒有萬全把握，更何況還要站在聯合國高度與世界並駕齊驅，參與解決人類面臨的巨大挑戰。這兩者之間的跨度不可謂不大。

當時誠致也被提醒，要不要晚一點再啟動 KIST 學校計畫？

但是方新舟認為，如果公辦民營的核心價值對國家的未來很重要，應該允許失敗，而不能因為怕失敗，就設立各種關卡試圖阻止「失敗」，可怕的是，因為什麼都動不了，最後注定失敗，方新舟說：「沒有失敗的失敗，反而是更嚴重的失敗。」

而且對方新舟以及第一線的老師來說，從來沒有「絕對準備好」再來改變，如果一直要等準備好才改變，那麼就不會有任何改變；等時機成熟，就永遠不會成熟。

這一路走來，面對完全沒有想到的困難、反挫，方新舟和誠致的夥伴們選擇「跟上帝摔角」，正面迎戰。對方新舟來說，他大半生投入科技業，在風口浪尖上參與了激烈的「科技創業」，而今他和基金會營運學校、辦教育則屬於「社會型創業」（Social Entrepreneur），兩者領域不同，精神為一。他說：「我一直定位自己是個創業家，過去我是 IC 設計的創業家，之後我是教育場域的創業家。」而他所謂創業家的核心精神在於「從無到有」、「敢為天下先」的過程。在什麼都沒有的情況下，想像一個可能的未來，憑著各種不同的知識與能力，動員一切，投入所有可運用資源，建構一種未來的可能願景，然後開始一個階段、一個階段的往前邁進，想方設法讓這個可能發生。從最早大學創立「幼幼社」、矽谷創業、運營非營利組織（Non-Profit Organization, NPO）、成立均一平台、申辦 KIST 學校等一路過來，方新舟都是從無到有地創造。他想做的是「解決問題，展現成果」，而不是「報告問題，解釋原因」，讓失敗繼續有漂亮的藉口。

「外行領導內行」

其實，打從誠致教育基金會成立均一平台到辦學前後，一直都有人批評，部分教授和老師也不免質疑，「方新舟你根本沒有學過教育、沒有教過書，怎麼敢鼓吹翻轉教室？怎麼可以辦學校？」甚至認為他是「外行領導內行」。

面對諸多批評，方新舟不僅沒有退卻，反而強調「外行領導內行」的重要性。

他舉例說，民主國家經過選舉產生的總統或總理在第一次上任時對很多專業不熟悉，需要具備外行領導內行的本事才能治國。他以教育外行人拉高偏鄉教育的目標，以更高的期待，正面的成長心態辦學，「正是因為外行，沒有束縛、成見、盲點，更可以站在巨人的肩膀上，看到不一樣的風景，起點已經墊高，便可以更快往上攀爬。」

方新舟說，雖然他完全沒有教育背景，也沒有受過正式訓練。但是，理工科的背景訓練與思維習慣，讓他面對各項難題，會專注深入了解問題的本質，充分展現他做為「方法論」信徒的頑強耐心：設定高目標、高期待、不斷修正（PDCA法則）、停滯不前的問題一定有其癥結（偵錯）、僵局可以等待（急迫的耐性）、努力不能白費（效度）、凡事一定有解決的辦法（樂觀）……所有的創新精神根本上是完全一致的。再者，他將誠致教育基金會當成新創公司來運營，以創業家精神，將高科技行業學到的經驗、原則，包括「掌握事情的本質」、「回到文化找答案」、「跟上帝摔角」、「創新」、「合作與競爭」、「管好時間，做好決策，帶好團隊」等企業管理或策略規劃法則，這些畢生操兵創業的心法全部毫無違和地施展在教育公益領域裡。

接手這幾所學校後，他們的步調更快，基金會和各校校長們每兩個星期開一次領導人會議，每年寒暑假都保持各有一次三到四天左右的全員學習活動，每年送二十位老師分兩梯次去美國觀摩、取經，拉高老師們的視野……，但方新舟還是覺得不夠快，在 KIST 所有校長及老師的群組裡，不間斷舉辦各種線上分享及實質的研習活動、探討課程，每位 KISTer 只要願意，都可以獲得成長的養分，杜督便說：「我已經算是動作滿快的，自我效能很強的，但是，跟方大哥一起做事，那個……壓力還是很大。」

建一個新的模式

方新舟說：「我相信教育的力量。」自古以來，我們總認為「十年樹木，百年樹人。」意指所謂的教育，通常不是立竿見影的簡單好辦事，而是長達「百年」的苦心栽培，但是，從另外一方面似乎又沒有那麼難，他親身見證的例子太多了，包含方新舟自己家裡以及周遭的親朋好友，很多原本家庭經濟拮据，僅僅因為教育，在一代人之間就翻轉人生。

因此他更覺得「孩子的教育不能等」，雖然教育現場有很多熱血老師力圖翻轉，可是台灣教育的體制結構太過錯綜複雜，帶有頑固的慣性，一時間很難撼動。而龐大的「系統性失靈」，像一千多所偏鄉小校的學習成效，早已經教它失去「自我矯正」的能力，讓問題無法在它的內部得到解決，要突破這種溫水煮青蛙的僵局，勢必要藉外部力量來擾動或打破均勢。

唯一可行的方法是，讓一小部分的人跑在前面，做出一個成功典範，再盡量把效果擴散出來。政府若因各種對立理念互相拉扯衝突以至於行動緩慢，至少讓更多的教育基金會，推動各種實驗創新，鼓勵他們加速向前跑。當這些往前跑的學校成功產生效果之後，才有機會加速體制內面的結構翻轉。

方新舟笑稱，這是一項陽謀，KIST這幾所學校的共同點都是偏遠地區小校，但是對辦學而言，偏鄉最大「優勢」反而是沒有資源，阻力最小，若在台北市等六都，家長、老師對教育都有一套自己的想法，要他們改變反而比較難。方新舟的策略是以地方包圍中央，邊緣影響核心，這是「創新來自邊陲」，也印證他的老師李吉仁的信念：「成長都是沿著限制點走。」

如同創業家講求的「規模」，堅持「質變－量變－再質變……」的創新流程，而且必須跟時間賽跑，加速以上的流程，在偏鄉增加公辦民營的學校數量，持續擴大KIST教育理念及文化，這也是誠致教育基金會陸續接手六所學校的原因。

一種制度走到全面性變革，很弔詭的，如果只是局部的小修小改，通常不會成功，因為沒有被要求改革的局部，會想辦法抵制、抗衡改變的部分，結果便是拖垮一切。如同美國哲學家、建築師巴克敏斯特・富勒（Richard Buckminster Fuller）的名言：「面對現有的體制問題，你永遠不要挑戰現有的體制。要真正改變，你唯有建一個新的模式，讓既有的模式逐步衰退。」（You never change things by fighting the existing reality. To change something, build a new model that makes the existing model obsolete.）而KIST為台灣教育導入了新的典範，掌握到一套新的辦學的法寶——「卓越教學架構」。

1. 原文 OECD Attitudes_and_Values_for_2030_concept_note.pdf https://reurl.cc/KAEqDq

第七章 卓越教學架構

二〇一一年年底方新舟為了了解美國KIPP辦學的樣貌，跟大兒子實地走訪了芝加哥「KIPP: Ascend Primary」，這是一所辦學績效卓著的KIPP學校，當地的治安非常差，槍枝、毒品氾濫。當天早上天氣非常冷，接近零度。他好不容易叫到一台計程車，司機一聽到目的地，直接說不願意去，請他下車。

後來終於有一位司機願意用比較高的價錢載他前往。沿途街道的景象，讓他理解為何計程車司機不願意做這趟生意，眼前這一幕幕讓人望之卻步的景象，反而讓他對KIPP的辦學成效，充滿信心。

二〇一五年他邀請幾位熟識的教育界朋友，前往美國亞特蘭大市參加

KIPP暑期的峰會，這是KIPP年度的大事，來自全美各地的KIPP教師齊聚一堂，參加各式各樣的課程，提升自己在品格教育、有效教學、班級經營、文化回應教學……等項目上的專業能力，也認識其他KIPP學校的老師，進行面對面的交流。方新舟說，這要感謝KIPP多年贊助者趙元修、辜懷箴夫婦的幫忙與引介，誠致教育基金會成員才得以用贊助者的身分參加這場重要的教育盛事，也讓同行老師更能深入各項分組觀摩與討論，得到難得的學習機會。他們在矽谷時經鄭志凱介紹，認識很多矽谷貴人，其中車和道、李家怡特別熱心，在後來幾年不但捐款，每年KIST老師到矽谷，他們還當司機，照顧夥伴。

這場峰會讓台灣教育界的夥伴大開眼界，他們看到了素人教師專業的實踐智慧、他們看到了教育理論和實務間來回印證的努力、他們更看到了教育目標、策略、環境、教材教法、教室實踐、評量……等，一路上下校準（Alignment）實事求是的精神。這場峰會敲醒這一批渡海取經的教育工作者，也奠定KIST務實、證據本位的基調。

這一次的參訪，他們帶回了厚厚一本KIPP卓越教學架構（KIPP Framework for Excellent Teaching，簡稱KFET），這是KIPP創辦人梳理重要的教育理論，並且走訪全美卓越教師課堂，實地觀察採訪匯集合成的教學寶典，其中不乏聞名全球的教師如道格・勒莫夫（Doug Lemov）[1]，以及「為美國而教」創辦人的實踐智慧。後來經基金會夥伴的解讀與在地化後，這一本寶典成為所有KIST教師共同依循的方向。

KIPP寶典「卓越教學架構」

台灣KIST目前已經長出六個學校，占全國公辦民營中小學家數近半數，也是台灣目前超過兩百所實驗教育學校、機構和團體當中，除了華德福體系外，唯一一個透過一套完備知識系統支持、專業的基金會與平台經營的實驗教育辦學組織。

台灣KIST學習美國KIPP特許學校的許多優良特色，除了共同校訓「努力學習、友善待人」之外，還包括了KIPP學校的五大支柱：高期待、選擇與承諾、更多有效學習時間、強而有力的領導、專注成果[2]；而如何營造每個孩子最好的教育環境，答案就在KIPP千錘百鍊的「卓越教學架構」。

「卓越教學架構」宛如ＫＩＰＰ教育哲學的寶典地位。它包括以下核心要點：

①我們是在學校而非教室裡教學。

②我們是根據「學前到大學」的連續歷程進行教學。

③歡樂是教育的手段與目的。

④我們需要一個分享和創新的平台。

⑤我們希望教學是射線，而不是線段。尸

方新舟常說，「遇到困難的事，回到文化找答案」，ＫＩＰＰ卓越教學架構所長出的文化，將「學生的成長與學習成就」放在最核心的位置，擺正了學校存在真正的目的與價值，在致力扶持學生的成長與提升學生學習的成就上，這個核心價值擺正了，做起決定便不會本末倒置。舉例來說，每一位老師都有自己的人生經歷跟價值觀。當學生遇到困難時，每位老師採取的輔導策略、設定的目標會不同，會造成孩子的困擾。大部分學校會尊重班導師，由導師全權決定。但是在ＫＩＳＴ，大家更看重學生的成長與學習成就，會由這角度來提供意見。

第二圈的「信念與品格」環繞在每位教師必須持續修煉的四個素養（自我與他人、教室文化、教學循環、知識）周圍，意味著「信念與品格」應當深植在老師心中，才能真正落實在自我和他人、教室文化、教學循環、知識等四個素養之上。

最後，自我與他人、教室文化、教學循環、知識則是累積全美國一流的卓越教師在課堂中，數十年的實踐智慧淬鍊所得，像是成功的老師珍愛的武功祕笈，其下的每一個條目深究起來都讓具有數十年教學經驗的KIST教師拍案叫絕，讚嘆不已。

KIPP創辦人歷時多年閱讀教育理論，走訪全美國卓越教師課堂，吸取為美國而教的經驗，凝聚成這本KIPP信奉的教學寶典，為了能讓數千名的老師真正地操做起來，撰寫時大量使用有趣的典故或譬喻以及字母縮寫，一方面讓老師掌握條目的精髓，二方面也讓這些有趣的典故、譬喻、字母縮寫成為老師日常討論時的「共同語言」，這一點是跟誠致教育基金會不謀而合，像是方新舟常常掛在嘴邊的「打群架」便讓很多第一次聽到的朋友，摸不著頭緒。

成長心態 × 以終為始

KIPP的文化中，非常重視「以終為始」（Begin with the End in Mind），比方說「上大學而且畢業」（To and Through College）是KIPP學生的終極目標。為了時時記得並校準（align）這個長期目標，KIPP會用大學畢業年份來分別班級。例如，二〇二一年進入小學的學生，如果學習順利，十六年後，也就是二〇三七年會從大學畢業，所以KIPP就稱這一屆為「Class of 2037」，揭櫫並時時提醒學生，持續往長遠目標努力。

在教學面上，KIPP也提出一個「連續歷程」（Continuum）的觀念，來提醒老師卓越教學應當是「橋梁」而不是「發射機」。它背後的思考是：學生學科能力的發展也好，認知能力、執行能力、後設認知能力的發展也好，都有階段性，一個階段的缺漏，都會導致下一階段的發展困難，因此學生發展過程要像橋墩一樣，給予支撐，絕非像發射砲彈一樣，一飛就自動穿越迷霧，抵達目標。

這裡其實呈顯了KIPP務實辦學的調性，不會將學生完成大學學業這個目標，浪漫地寄託在理想、願景層次上（發射機），而是務實地凸顯它是一個「連續歷程」，需要許多的橋墩來支撐，才能構建出完成大學學業的「橋梁」。

這個連續歷程的「橋梁」裡，「橋墩」像是里程碑，在對準長期目標的前提下，一個接一個連續不斷地，關注著學生品格力、學習力，在各個學習階段應該要達到的水準，並據以給予支持和扶助。

KIPP也關注到在這樣的連續歷程裡，每一個學生勢必存在差異，提醒老師以「急迫的耐性」（Urgent Patience）、對孩子處境的了解，不操之過急地，盡可能專注於完成當下事務的態度，處理與孩子們的每一次互動。

KIST新進教師第一次接觸到「急迫的耐性」的觀念時，都會莞爾一笑，因為它傳神巧妙地點出老師在教學時，常常遇到的糾結：「急迫」和「耐性」的拿捏。求好心切的老師，希望學生趕緊弄懂學會，但學生的理解並不是老師可以越俎代庖的，老師只能想方設法運用多元的策略，來促進學生的理解，最終還是要學生的大腦自己建構出意義。

相反地，如果老師只有耐性，沒有急迫，學生階段性的發展與學習任務沒有達到一定水準，便會增加下一個橋墩承重的負荷，對學生長遠的發展，風險便會逐漸提高。「急迫的耐性」除了考驗老師的實踐智慧外，也需要老師的成長心態支持。

以老師在教學生數學應用題為例，學生常常在看完題目後，眼神開始迷茫起來，老師只好把題目的意思再解釋一遍給他聽，但有時學生反而愈聽愈迷糊了，一方面老師急著想幫他搞懂，二方面學生的閱讀理解能力弱，不是老師一番解釋就能長出來的，幾番來回下來，老師往往更加糾結，學生也更加迷茫，甚至畏懼起數學了。這時候老師如果懂得「急迫的耐性」，就可以意識到關鍵還在學生的閱讀理解能力，進而選擇「問思教學」，經常地讓學生朗讀題目，然後提問，陪著學生慢慢長出閱讀理解能力來。

「Not Yet!」是KIPP教師時常掛在嘴邊的一句話，當學生跟老師說：「我不會！」時，KIPP老師便會用「Not Yet!」來提醒學生，你只是還沒學會！這樣的成長心態在KIPP和KIST的文化中，處處都可以感受得到，可以說是陽光、空氣、水等級的生命要素。

再比方說「慶賀錯誤！」的文化，一般人對於錯誤或失敗是避之唯恐不及的，但KIST卻將它理解為寶貴的學習機會，值得慶賀！在KIST教師培訓時，最常被用來詮釋成長心態的一段話，完美地解釋了失敗的珍貴！這段話來自籃球之神麥克・喬丹：

「I've missed more than 9,000 shots in my career.
I've lost almost 300 games.
Twenty-six times I've been trusted to take the game-winning shot and missed.
I've failed over and over and over again in my life.
And that is why I succeed.」

「在我的籃球生涯中，我有九千多次投籃沒進，
輸掉幾乎三百場球賽，
二十六次在關鍵時刻，我被球隊寄與厚望卻失手了，
我的人生中充滿一次一次又一次的失敗，
因為這樣，所以我成功！」

卓越教學架構第五項核心要點，指明「**我們希望教學是射線，而不是線段。**」在數學上，線段指的是兩端點之間，而射線則是僅有一端固定，另外一端可以無限延伸。KIPP 借用「射線」的譬喻來詮釋成長心態對「卓越教學」和「卓越教師」的重要，同時強調在教與學上，永無止境力求卓越的成長心態。

我們想要擁有一個能清楚說明教學與成長心態的架構。就像射線一樣，教學和學習並沒有端點。它是一門藝術和科學，在這個領域中，我們可以持續變得更好。成為真正卓越的教師，是一項終身的志業。我們希望每一位教師體現這樣的信念：我可以成為卓越的教師，而且追求卓越的道路永無止境，因為有太多事情需要學習，在教學和學習的行動中有太多事情需要去做。

這無疑像把金鑰匙，打開了老師的心鎖，讓打群架、以學生的成長和學習成就為核心、用愛心說真話、PDCA……等KIST核心的文化元素，全部串連起來發揮綜效，讓KIST組織成為緊密連結的大家庭，一起為台灣教育的未來打拚。

高期待 × 溫暖與要求（Warm and Demand）

「高期待」是KIPP五大支柱之一，也是KIPP辦學績效卓越的關鍵，KIPP的卓越教學架構中提到的十二分之一心態（1/12 Mindset），可以幫助我們理解KIPP的「高期待」。在卓越教學架構中介紹「教學循環」的文字中，有一段話描述了力求卓越教學的心態：「卓越的教學需要十二分之一心態並且認清即便是最微小的細節，也會戲劇性地影響學生的精熟。」

由於卓越教學架構大量使用的譬喻和典故，KIST老師們花了很多時間才完全理解這些譬喻和典故的意義，十二分之一心態便是一個典型的例子。十二分之一心態這個譬喻來自棒球，我們都知道在職業棒球聯盟，打者的打擊率如果是四分之一（二成五）大部分會留在小聯盟，打擊率三分之一（三成三）很有機會上大聯盟，便可以稱得上是頂尖打者，以美國職棒太空人隊的阿圖維（Jose Altuve）為例，他在二〇一七年球季繳出三成三八的打擊率的成績，並且當選年度MVP，亮麗的成績讓他在隔年拿下一張五年一．五一億美元的合約。

一個普通打者和頂尖打者的差距有多遠？其實就是四分之一到三分之一的差距，也就是小小的十二分之一（〇．〇八）。KIPP卓越教學架構中，藉由十二分之一心態來提醒老師，從平凡到卓越往往考驗的是在細節處著力有多深。

KIPP的共同創辦人李文在KIPP的部落格曾說，如果要在卓越教學架構挑一個起點，他會挑選十二分之一心態，因為教學上微小的改變，往往會在學生的學習方式上帶來顯著的效果。

他所舉的第一個例子，便是讓老師重新思考時間利用的有效性，將學習和歡樂最大化。我們以每節課前的幾分鐘的應用為例，如果老師是在敲鐘時，離開辦公室，進到教室後開始暖場，那麼每節課的前三到四分鐘，利用效率並不高，這約莫是浪費了一節課時間的十二分之一。

如果老師改變習慣，在上課鐘響前就進入教室和學生聊聊天、說說笑話，緊接著在鐘響後開始教學活動，你會發現學生開始提早在快上課前的幾分鐘，就已作好上課的準備（學習方式的改變），這一來一回就整整多了三到四分鐘的學習時間，這幾分鐘的時間其實如同十二分之一一樣微小，但如果你每週有四節數學，你就會多十二分鐘，一學期二十週，就會多出二百四十分鐘，足足多了將近六節課的時間讓學生投入學習，長期累積下來這十二分之一的改變，便足以讓平凡邁向卓越。

如果只從表面看KIPP這個十二分之一心態的「高期待」，容易讓人感到窒息，但細心的讀者會注意到，李文希望老師用十二分之一心態來最大化學習和「歡樂」。KIPP卓越教學架構中，不只將「歡樂」當作提高學生參與的工具，更將「歡樂」視為教育的手段與結果，注滿在每一個教學活動和學習中，不只老師從教學中獲得歡樂，學生更會喜歡上課到捨不得漏掉任何一堂課。

在實踐高期待和歡樂的過程中，「溫暖與要求」（Warm and Demand）是很重要的方法論，也就是高期待伴隨的高支持。家長和老師在面對孩子的教養時，常常在寬猛間拿捏得很辛苦，有的主張虎爸虎媽，有的主張象爸象媽，莫衷一是。在美國有些不理解KIPP的輿論也會將高期待與更多的時間誤解成虎爸虎媽的教育態度。

而在ＫＩＳＴ將卓越教學架構本土化的過程，因為鄭漢文校長深厚的人文素養與看見，加上融入了早期逆境經驗的理解、薩提爾、ＳＥＬ（Social and Emotional Leaning，簡稱ＳＥＬ）[3]以及貧困學生腦科學研究發現等元素，讓ＫＩＳＴ對「溫暖與要求」有了與ＫＩＰＰ略有不同的詮釋。

由於ＫＩＳＴ的服務的場域都是偏鄉小校，在現場教師經驗報導中發現「溫暖穩定的師生關係」是有效教學最重要的礎石。與教育研究中的發現相當一致，師生關係的效果量高達〇・七二（John Hattie，二〇〇九），這個數字表示，師生關係對學生學習成就有巨大的影響力（效果量〇・四至〇・六表示有實質的影響，〇・六至二・〇則是有巨大的影響），在澳洲著名的教育大師約翰・哈蒂（John Hattie）所研究的一百三十八項因素中，排名第十一，如果以教師常見的日常教學來說，僅次於形成性評量（一・一八）與反饋（〇・七三）。

因此，ＫＩＳＴ將溫暖穩定的師生關係結合進ＫＩＰＰ的「溫暖與要求」中，並以「在師生關係上做溫暖，在品格與學業的期待上做要求。」來幫助新進老師了解「溫暖與要求」的實際操作樣貌。走訪ＫＩＳＴ學校，很容易可以在校園的任何一個角落看見師生對話連結的畫面，每一位ＫＩＳＴ老師對學生都如數家珍般的了解與疼愛，特別是那些情緒、內在、家庭議題較為複雜的孩子，往往都有好幾位老師在看顧著。

「在師生關係上做溫暖，在品格與學業的期待上做要求。」是KIST尋求「人師」、「經師」平衡的重要策略，我們都知道偏鄉的學生在家庭、情緒與人際技能上的內在議題比較多，也因此透過老師重新建立安全依戀是一件重要的事，但這並不代表一味地愛孩子，就能讓他長出自己的肌肉來面對自己的人生，「經師」的角色還是必須保有高期待的目標，持續努力地發揮作用。

遇到困難的問題回到文化來找答案，其實在KIPP的卓越教學架構圖中，就可以清楚看到學校和老師的核心目標在「學生的成長和成就」，換句話說必須兼顧學生的身心健康成長和學習成就，才是真正有助於學生長遠發展的做法。

「徒善不足以為政，徒法不能以自行」，務實、證據本位地認識偏鄉教育問題，才有機會找到有效的策略，真正地改善教育不平等的挑戰。KIPP作為解決教育不平等的先行者，摸著石頭過河，走出來的「高期待×溫暖與要求」的路，是KIST努力學習的珍貴實踐智慧。

差異是力量的來源×氧氣罩

第一次參加ＫＩＰＰ峰會的ＫＩＳＴ夥伴，印象非常深刻的是，ＫＩＰＰ在課堂上大量採用「文化回應教學」，在當時台灣的原住民學校，做這樣嘗試的老師是少之又少，但在ＫＩＰＰ卻是常態，這不得不提到一位影響ＫＩＰＰ創辦人很大的非裔女老師海莉特・波爾（Harriett Ball）。

在ＫＩＰＰ兩位猶太裔的創辦人還是ＴＦＡ的菜鳥老師的時候，教學效能並不理想，於是他們尋求同校的波爾老師協助，在她的指導和啟發下，不只提升了兩位創辦人的教學效能，更催生了ＫＩＰＰ的誕生。波爾老師自己本身是非裔，在發現非裔學生閱讀上的困難時，開發了一首歌曲來幫助學生閱讀，她稱她的技巧為「饒舌、節奏和押韻」（Rap, Rhythm & Rhyme.）透過這個非常符合學生原生文化的方式，大幅提升學生的學習成效，ＫＩＰＰ兩位創辦人對波爾老師非常敬佩，稱波爾老師是他們見過的最好的老師。波爾老師也在二〇〇九年入選美國特許學校名人堂，並被ＴＦＡ創辦人溫蒂・柯普（Wendy Kopp）評為全球七位最具影響力的教育家之一。

在波爾老師啟發下的KIPP創辦人，在KIPP創始之初便大幅採用吟唱的教學方式，在閱讀、數學等科目的教學上，深深地將文化回應與尊重差異注入了KIPP的靈魂，甚至在二〇二〇年美國大選時期，KIPP也鮮明地站出來反對種族歧視。

這個尋求關懷、相互理解與包容的KIPP靈魂，在卓越教學架構中俯拾皆是，信念裡說：「人與人之間有差異，而且是力量的來源。」自我與他人裡說：「根據『以人為本』（People First）來對待同事、學生和家人，並且努力使他們覺得被了解、喜愛和重視。」甚至專門列出了卓越教師應該具備的「文化能力」。

1.4 文化能力

A. **在我們服務的社區中，尋求了解學生文化、社會脈絡的差異與相同處，並引以為榮。**

B. **在一般溝通以及規劃和執行課程時，考量自己、學生、家人和同事之間的文**

化連結以及差異。

C. 找出個人偏見，並努力加以克服。

似乎是老天爺為 KIST 預備好了道路，有位方新舟尊稱為老師、在台東部落學校扎根數十載的鄭漢文校長，他的投入和歷練正好使他成為幫助 KIST 建立文化能力架構的天使貴人。他讓桃源國小的每一個孩子接受原住民文化的洗禮，用祖先的話語和榮耀，滋養著每一個部落孩子，這些文化的養分，讓孩子的根得以向下扎穩，找到身為布農族人的榮耀與安身立命的所在。在 KIPP 的啟發與鄭漢文校長的引領下，為了讓教育的力量，可以幫助下一代打造一個共存共榮的美麗新世界，KIST 在五十一%品格力＋四十九%學習力的基礎上，向上長出了「文化力」的枝枒，讓「差異就是力量的來源」在台灣這塊族群多元的土地上，埋下相互理解與包容的種子，成為永續發展的力量。

「差異就是力量的來源」除了可以共創一個關懷、相互理解與包容的美麗新世界外，在 KIST 老師身上，更多是探索己身生命中的冰山。在和每一個孩子、家長、同事生命經驗交會的歷程中，往往會瞥見「自己不知道自己不知道」（Unknown Unknown）的「盲區」，這些盲區往往在冰山底下，記錄了自己曾經的一段生命故事，是一份生命的功課，也是一份愛的禮物，引領我們對生命有更多的洞見。

然而在揭開這份禮物的過程中，喜悅往往在最後一刻才浮現，過程中覺察感受到的可能更多是痛苦、憤怒和悲傷。KIST的老師在參加薩提爾工作坊後，往往會看見冰山下的自己，邁向與自己和解的旅途，過程是顛簸的，特別是同時間還有應接不暇的教學事務要進行，以及班上個案學生要接應時，常常會在同時面對壓力、情緒、內在冰山被擾動的處境下，依然要持續向前邁進的狀態，因此「氧氣罩」會是這段過度燃燒的歷程中，KIST老師要隨身攜帶的救命繩。

KIPP的卓越教學架構的「自我與他人」中，非常重視老師在工作中維持身心靈的平衡的能力，提醒老師要「即使在受到催促時仍然懂得調整情緒的旋鈕」、「管理時間、精力和態度」與「恢復體力，以及情緒和精神上的重振。（氧氣罩）」。

「氧氣罩」是什麼呢？我們坐飛機時，空姐會播放一段飛行安全的影片，當緊急事件發生時，氧氣罩會掉落在你面前，請你要戴好自己的氧氣罩後，再幫身邊需要協助的人戴上氧氣罩。對從事關懷工作的人，像是醫生、護士、老師……等，聽起來總會覺得怪怪的，不是要先服務身邊的老弱婦孺嗎？特別是行動不便的老人和自理能力還不好的小朋友。事實上，這反而是高風險的方式，因為在機艙失壓時，人們只有十五秒鐘的清醒時間，如果你選擇先幫身邊的孩子戴上氧氣罩，過程中有任何的不順利，那麼更讓人遺憾的事就會發生——十五秒後你和你想要關懷的人會一起陷入昏迷。

這個道理不難，用老話來說就是菩薩在自己過江後，才能保佑得了別人。但是在偏鄉許許多多的老師，一方面富有愛心，二方面不先照顧孩子，過不了心裡的自責，所以就走向讓自己過度燃燒的路，這對自己和自己所關愛的學生，反而是兩頭落空的事。所以 KIST 非常重視老師的「氧氣罩」，除了方新舟常常提醒老師「樂在工作、健康第一、家庭第二。」之外，基金會也提供每位老師每學年五千元的動滋券，鼓勵老師透過運動調節自己的身心靈，戴好氧氣罩。當學校有需求時，基金會也會邀請具有輔導諮商知能的退休教師，定期進到學校，和需要支持的老師作持續性的諮商和對話。

在彰化縣忠孝國小服務期間就是最好搭檔的楊恩慈校長與周美蓉主任，連袂退休後成為基金會課程與教學發展的顧問，並且定期巡迴KIST各校協助老師們，解決教學上師生互動與家長溝通的疑難雜症。另外，呂冠緯主動提起他母親許瓊華老師退休後去進修諮商，很願意服務KIST老師們。在郁杏校長支持下，瓊華老師就定期提供諮商服務給拯民老師，幫助這些對自己有高期望高壓力的老師做好SEL。這三位資深顧問給出的支持力量，對於每一所KIST學校而言，都是最即時的氧氣罩。

偏鄉的學生往往伴隨許多家庭、情緒、人際議題，甚至有許多創傷經驗，在陪伴這些學生健康平安長大以及肯認自我的過程，老師作為一個重建依附關係的主要關懷者，心理磨耗是非常大的，這並不是偏鄉加給能解決的事，KIST在KIPP啟發下在地長出來的「氧氣罩」，值得教育主管機關參考。

集全村之力養育孩子

卓越教學架構指出：「我們是在學校而非教室裡教學」，這句話對很多台灣傳統校園是一項「冒犯」。傳統的班級，每一位老師基本上都有自己的「領域」，門關起來，老師主導了班上的一切，在自己的領域或教室拚命單打獨鬥。這種不成文的「潛規則」很難打破，但卻也因此失去讓所有利益關係人協作起來，發揮綜效的機會。

為了打破這個潛規則，卓越教學架構開宗明義便說：「除非你考慮改變心態，以擺脫『老師是各自為政的孤島』這樣的傳統觀念，否則這項陳述看起來會很荒謬。」因為 KIPP 知道，愈是困難的環境，愈是需要聯合孩子身邊每一個人的力量，讓老師、家長、同事、教育領導人開始練習「打群架」，唯有如此才能在所有場域和所有學生成長學習的階段幫助到學生。

方新舟認為「打群架」在台灣的偏鄉小校特別重要，甚至可以說是「救命仙丹」。「打群架」字面看來頗為驚悚，但是，它的特殊性必須置放在偏鄉小校的脈絡下才能理解。

台灣的偏鄉國小都是全校六班，一個年級只有一個班。導師是包班制，僅於自己的班級授課，而科任老師則負責一個領域科目以上的授課。因此，無論導師或科任老師，在該年級、該領域科目幾乎都是單兵作戰，沒有同年級又同領域的同儕老師可以交流。如果每位老師都站在本位立場，只管理自己的班，不管其他班的學生；只關心自己所教的零碎的知識內容，不管其他領域的連結；只看見教室內的學生行為，而不關懷教室外的生命，那麼偏鄉孩子在轉換年級與學習之間的成功率將會很低。

尤其到了國中，採行分科教學，偏鄉小校許多領域只有一位老師，這一位老師除了要包辦三個年段的課程，每次月考出三份考卷外，甚至還要分配到其他非專長領域的課程，才有足夠的授課時數，更別說學校指派的任務，像是兼任行政工作或發展校定課程等。

老師如果單打獨鬥的話，光是應付自己領域內的備課教學就有很多挑戰，更不可能做到一〇八課綱的跨領域學習，加上偏鄉學生有很多艱難的議題要面對，像是單親、隔代教養、伴隨早期逆境經驗以及貧窮衍生的挑戰等，老師在陪伴學生自我概念、自我效能感建立、情緒、社交技能發展上，需要投入很大的心力，才足以支持學生身心健康發展，哪還有氣力用高期待的心態，以終為始地支持學生的學習呢？

因此期待一個老師全時地一肩挑起一個班的學生，是不切實際的，老師也有自己的情緒壓力與精力限制，可以想見，當時間久了，孤島狀態的老師心神持續耗弱，使命感與熱情一點一滴流逝時，也會產生「習得的無助感」而心死棄守。唯有全校性的「打群架」，彼此協作支持補位，一起看顧全校學生，才有不漏接任何一個學生的可能。

如何打群架？

在卓越教學架構清晰的指引下，KIST學校文化是友善、關懷的，教師同儕協力對話，組建並肩作戰的團隊，促進教師從不同面向看學生學習表現，並給予回饋的機會。

偏鄉小校裡，每一位老師幾乎都會認識甚至教到全校所有學生，透過老師間的協作機制，建立緊密的師生關係，打破年級的限制，為每個孩子建構適性化的課程；老師之間頻繁地互通有無、交流訊息、策略分享，對於正在苦思對策的個別老師來說，都是救急又救窮的即刻救援，對於導師教室文化經營也是最有力支持，對於學習困難的孩子更是關鍵的援手。

偏鄉小校老師少，行政工作、教學準備、學生活動都用掉老師很多時間，以至於老師無法喘息增能，不容易跟上大環境的改變（像新課綱、新工具、新方法），久而久之就會想不如歸去。因此，KIST學校除了在學校內打群架外，每年舉辦四次大研習（初任教師、共識營、峰會、領導工坊），讓夥伴可以互相學習支持，更在學校之間建立「跨校教師專業社群」，以國中為例，將幾個六班以下偏鄉國中聯盟成中型（班級數十五班）學校的規模，讓同一年級同一任教課目組成三到四位以上老師群組，讓老師之間彼此「共備」，共享教學資源、分享有效策略、相互支持解決教學困難，跨過小校體制的限制，共同為學生「打群架」，共同將孩子的基本學力培養起來，從原來只有小學四、五年級的程度，回復到國中該有的程度，達成大幅「減C」的目標。

更進一步來說，KIST學校「打群架」不只是解決「學習力」的問題，更要以「品格」與「文化」作為支架，以「全人教育」來思考學生的發展路徑，孩子不會是特定屬於哪一個老師的責任。例如，如果甲班老師在操場看到乙班孩子有了「學習機會」（一般學校會視為偏差行為），也有介入的義務，進行「品格微時刻」的對話，不管是品德、行為、言語等議題……都必須視為教育發生的現場，打破班級與年級限制，鼓舞學生正向成長的生命態度，「動員全校的力量」來教導孩子。

卓越教學架構裡有外功招式（像上課前提早到教室），但更多的是內功心法（像以終為始）。招式好學，心法難練。KIST 教師如何打群架呢？

方新舟在今年 KIST 共識營中分享他個人的看法。他認為要打好群架，首先要有共同的使命、願景與文化，其次是有明確的策略跟方法，再來是堅強的團隊執行力。經過五年的並肩作戰，KIST 夥伴對基金會的使命「關懷弱勢，科學救國」、願景「給孩子公平發展天賦的舞台」、文化都非常認同，尤其是「誠信」、「成長心態」、「健康的個人」更有同感。但是夥伴也覺得有困難做到「用愛心說真話」、「打群架」及「健康的個人」。

方新舟用「與成功有約」裡的七個好習慣來回答大家的疑問：

第一、以終為始：要有明確的目標，包含適當時間成本。舉例來說，在素養導向的一〇八課綱下，閱讀理解是基本功，各科老師要有同樣策略來培養學生的閱讀理解能力及態度，不然學習動機弱的偏鄉學生在老師「一人一把號，各吹各的調」的情況下，更容易困惑甚至放棄。另一個例子，體育班學生花大部分時間在鍛鍊技藝，若要符合 KIST 對品格力及學習力的期望，學生、教練、教師一定要有共識，才能妥善安排時間。

第二、主動積極：方新舟用最近發生的「奧運國手商務艙事件」來說明「用愛心說真話」、「及時告知的義務」的重要性。事情的起源是，二〇一六年里約奧運後，蔡總統承諾未來「（奧運）選手、教練出國比賽都是以商務艙為原則」。這次東京奧運，體育署「因為防疫需求，改變了做法，卻又沒有事先充分說明」，造成選手反彈，引起軒然大波，不但蔡總統出面道歉，體育署長還因此辭職。從決定改變蔡總統承諾到選手登機前有很長的一段時間，有很多知情官員在這段時間沒有主動積極盡到及時告知的義務，才會讓小事變壞事。

第三、要事第一：KIST夥伴非常愛學生，總是希望能提供學生一個完美的學習環境跟體驗，以至於忽略了自己的健康及家庭的幸福。共識營與會的教師有二十八位，占十八%，每週工作超過六十小時。方新舟提醒大家，樂在工作很重要，但是要總額管制自己的工作時間，不要超過一週五十五小時，才能做到「健康的個人」。方新舟也提醒最弱的一環決定整體的速度、品質，希望跑得快的夥伴拉後面夥伴一把。

第四、雙贏思維、知彼解己、統合綜效：方新舟用「上半夜想想自己，下半夜想想別人」來提醒大家換位思考。KIST教師都是優秀知識分子，在鍛鍊「跟上帝摔角」的過程，難免會有我執，免不了有本位主義。如果大家都能堅守「學生的成長與學習成就」核心價值，換位思考，自然會找到適合學生的策略和方法。

第五、不斷更新：PDCA已經是KIST夥伴的日常，大家天天鍛鍊，每天進步一點點，一年後都發現成長很多。方新舟一向認為領導人的要務是解決「重要而不緊急的事」，他期許大家再深化PDCA，把時間拉長、眼光放遠來看問題，就更能看到事情的本質。

如果學校沒有建立打群架的文化，而只是在意每個老師教得好不好？還是沒有辦法將偏鄉小校經營好。所有的事情之中，改變一個學校的文化是最難的，沒有根本的「打群架」共識，不管教育部撥多少經費、頒布多少辦法，因為沒有根本改變學校文化，功效都極為有限。那一句大家琅琅上口的非洲諺語：「教育一個孩子需要全村的力量」，如果沒有從「打群架」的精神出發，就變成空洞的口號。

面臨偏鄉教育這般複雜結構性的問題，這種「聯合所有正面力量」打群架的文化，也包括了家長和社區力量互相協作起來，否則學校和家庭、社區對學生而言，便成為兩個世界，讓學生困惑且無所適從。以台東的桃源國小為例，深度地和家長、社區協作，從安全、健康開始，凝聚共識一同為部落的學生努力，真正做到用全村的力量來養育一個小孩的理想；另外，拯民國小的家長社群，在陳明導演的帶領下也是成功的親師合作典範。從KIST幾所學校，我們都可以觀察到不管是學校老師間，教師與家長間，甚至學校與社區間頻繁的協作，真正實踐了卓越教學架構中「我們是在學校而非教室裡教學」的文化，這是KIST成功的地方，也是偏鄉小校變革過程中，第一個要努力的方向。

有了「卓越教學架構」的指引，KIPP轉變為KIST的過程中，並非橫向移植，而是扎根在台灣的文化與風土上，一方面盡可能地學習各種典範，將世界最先進的教育、心理、認知科學的理論吸納為己有；另一方面，在搬遷學習的過程中，能夠接上台灣地氣，長出自己的東西。以下我們要討論台灣KIST三根支柱：品格力、學習力、文化力。

1. 道格・勒莫夫（Doug Lemov）為「非凡學校」（Uncommon School）的管理總監，該計畫目前與波士頓、紐約地區等三十八所特許學校合作，提供教學輔導，勒莫夫同時也負責其中十六所學校的行政人員、教師訓練。曾擔任過「學校成效」（School Performance）的主席，此組織幫助學校運用各種資料協助決策；紐約州立大學特許學校中心負責副主席；同時他創辦了波士頓環太平洋特許學校學院，也擔任主席。其知名作品為《王牌教師的教學力：49招教學祕笈，讓學生專注學習，發揮最大潛力》（*Teach Like a Champion*）中文版，遠流出版社，二〇一四年出版。
2. 請詳見第四章注釋二，第一二二頁。
3. 請詳見第九章之「SEL 社交與情緒學習」一節，第二二三頁。

第三部

山巔水涯・翻轉偏鄉

第八章 成就品格是人生關鍵影響力

開學的七種見面禮

這一天是雲林樟湖生態國中小的開學日，每個孩子都收到一個裝著見面禮的信封，孩子們迫不及待打開來，怪的是裡面有橡皮擦、直尺、放大鏡、彩虹筆、膠水、巧克力、暖暖包七樣東西，開學送文具，還可以理解，但是盛夏季節的暖暖包要做什麼？巧克力怕他們肚子餓嗎？

原來這七項見面禮，有各自的涵義，裡面一張紙，寫給孩子的話：

一、暖暖包：代表學習和生命的熱情，提醒你懷抱溫度，以熱情面對人、事、物！

二、巧克力：代表堅毅，提醒你在遇到困境時，堅毅是「巧」妙「克」服困境的「力」量！

三、橡皮擦代表樂觀，提醒你犯錯是正常的，我們在錯誤中學習，但只要擁有樂觀的心，就像使用橡皮擦，錯了要勇於修正。

四、尺代表自制，提醒你心裡隨時放上一把尺，是自我規範的準繩，也是自我負責的展現！

五、彩虹筆代表感恩，提醒你生活中偶有陣雨，學會感恩，很快就雨過天晴，生命便如同天邊掛著的一道七彩彩虹！

六、膠水代表社交智慧，提醒你與人互動交流時，維持膠水一樣的潤滑，最後期待相互理解，彼此「連（黏）結」。

七、放大鏡代表好奇，提醒你以好奇心去了解世界，就像帶著放大鏡一樣地去探索周遭的人、事、物。

這些禮物是一種可見可親的形式，代表所有KIST學校推動的七項品格。孩子接過禮物，一開始未必深明其意，但是將為他們的學習與生活預先錨定品格的方針。

成就品格是人生關鍵影響力

台灣 KIST 教育的三個發展核心：品格力、學習力、文化力。這三者又以「品格力」居首，原因在 KIPP 發展之初，非常強調「學習成效」，幾乎走向「勤教嚴管」東方式教育，花大半時間強化學科、輔導學習，很快的學生雖然上大學比例增加，但拉長時間追蹤，發現這些孩子好不容易上了大學，反而喪失學習的熱情，找不到求知的意義，迷失方向，之前他們是被「拱」上去，不是真的享受學習的快樂，輟學比例高。

雖然成績要夠好，通過考試才能上好大學。但是對比漫長的人生「未來的發展」還有更多比考試更難的試煉，有鑑於此，KIPP 於是不斷地探索、反思、修正，從原先只重視知識力的救急取向，最後走向更強化「品格力」的模式。所謂五十一％的品格力＋四十九％的學習力，並非表面上數字的多寡，而是凸顯出品格力的重要性。

得益於美國過去三十多年來心理學與腦科學的進步，KIPP與正向心理學大師馬丁・塞利格曼（Martin E. P. Seligman）[1]合作，從全世界成功人士的眾多特質之中，統整出每位孩子人生發展的關鍵影響力——七大人格特質，包括：樂觀、熱情、好奇、自制、堅毅、社交智慧、感恩等這一類「非認知能力」（Non-Cognitive Skills），藉以匡正只重考試成績的弊病，同時呼應馬丁路德強調的：「智力加上品格——才是真正教育的目標。」（Intelligence plus character—that is the goal of true education.）這番話聽來好熟悉，不就是我們傳統「品學兼優」的思想？而且我們的「品格」也在首位。

為了跟一般的「道德品格」（Moral Character）作出區分，它被歸類為「成就品格」（Performance Character），美國KIPP推動品格教育之後，成果可觀，在其二〇二〇年的年度報告中指出，KIPP學校學生「完成」大學學業的比例高達三十四%，比其他成長於同環境的孩子高出三倍，大學文憑是一張門票，足以讓貧困區的孩子有較高的機會翻轉自己人生的命運。

其實，每個國家都重視品格或道德教育，年紀稍長的人都知道台灣的學校從來不缺「品格」教育，總是令人聯想到週記上的「中心德目」、司令台上師長們的斥責、走廊上張貼的懲戒。強調品格的價值本身沒有錯，壞就壞在沒有比較好的方法論，所以當初不少人聽到 KIST 強調品格力之時，無意間總喚起某種久違的「惡感」。

但是 KIPP 所談的品格完全是另一層次。

這七大品格事實上是「勤奮友善」的進一步詮釋，如果學校只是為了灌輸知識、精熟考試，那麼似乎補習班更能勝任，好的學校教育要教給孩子一種終身受用的價值體系。涉及價值，也就關乎意志的抉擇與行為的實踐，品格力，是非認知能力的文化教養，也是預測孩子未來人生福祉最關鍵的指標。KIST 校園秉持「成長心態」，以「大架構」（Macro structure）和「微時刻」（Micro Moment）做為兩大方向，經由精心營造來體現、藉刻意練習來鍛鍊品格。

只是還沒學會

品格力之所以可能，其底層其實預設了「成長心態」。品格力像肌肉一樣，是可以透過鍛鍊成長的。「成長心態」即指出，面對人生各項逆境或困難，不輕易放棄，只要你願意學，只要你願意選擇與承諾，就可以鍛鍊出品格優勢，有更大的機會建構成功的人生。

美國史丹佛大學心理學教授卡蘿・德威克（Carol S. Dweck）提出著名的「成長心態」理論，學習是從「不會」到「會」的橋梁，如果你有什麼做不好，那只是「還沒學會做得更好」，相信進步的力量，透過不斷地投入與努力，可以發展並增強才能，並逐漸鍛鍊出良好的適應力和面對挫折的復原力。

固定心態誤以為自己的智力、才能和其他本質是天生固定的，抱持這種想法的學生對學習的參與度很低，視努力與困難會暴露出自己的愚蠢，而傾向逃避，甚至輕言放棄，這時候腦科學家在他們的大腦之間，幾乎測量不出什麼「腦電」（Electrical Activity）的活動。

反之「成長心態」的學生認為能力是可以培養，不是「不會」，只是「還沒學會！」（Not Yet!）他們面對困難與挑戰，往往不會先自我否定，只是「還沒」想到辦法，這樣反而更能激起他們思考在哪裡卡關、持續投入參與。

因此對正向思考模式的孩子來說，每次犯錯，其實都是大腦成長的時機。腦科學家觀察測驗中的大腦影像發現，當受試者發現自己答對時腦部活動比較少，反而是答錯時，大腦突觸的電流活動會增強，如火如荼連結得極為活躍，彷彿是大腦渴望成長的信號。

當我們說：「人是通過犯錯來學到教訓的。」這句話是有科學的基礎的，因為大腦運作是透過神經訊號之間的傳導，腦神經纖維外層包裹著一層脂肪物，稱之為「髓鞘」，具有絕緣作用並可以強化神經訊號，讓傳輸變得更快，讓我們思考或是動作變得更靈活。當我們犯錯時，或覺得某個東西太難的時候，那種「太難的感覺」，其實就是刺激髓鞘成長，把挑戰與困難當成生命的養分，訓練自己愈來愈堅韌。

即使想要讚美或鼓勵孩子也很關鍵，卡蘿・德威克認為不要讚美孩子聰明或才能（固化模式），例如：「你本來就很聰明，考得好是應該的！」而是要讚美孩子的努力、專注、堅持以及進步（成長模式），「你剛才非常努力，所以表現很出色。」這樣日後他們遇到更大的挑戰時會更興奮，專注，想在困難中再次印證「自己努力的感覺」。相反的被誇聰明的孩子，下次傾向挑簡單易做的任務，以保有別人對自己「聰明」的標籤，一句看似無害的讚美，卻在無形中限制了孩子的發展。

在實證研究上，成長心態主導了一切，美國貧民區的孩童或是原住民保留區的孩童，很不幸的，通常長期表現不佳，這幾乎成為一種頑固的定勢，大家普遍認為他們就只能這樣了。可是當老師以成長心態、「還沒學會」觀點去設計教學法，奇蹟就發生了，例如紐約哈林區的一個幼稚園班，很多小孩剛進學校的時候還不會拿筆，但是僅一年的時間，其全國能力測驗得分率高達九十五％；同樣是僅一年時間，紐約市布朗克斯區嚴重落後的四年級學生，變成紐約州全州數學測驗排名第一的四年級生。僅一年到一年半，某美國原住民保留區某所學校的學生成績從學區的墊底直升第一，而且那個學區還包括西雅圖（微軟總公司所在地）的富裕區，原住民小孩並不比微軟小孩差，差別只在於取決於哪一種思維教育孩子。

錯誤是進步的開端

抱持「成長心態」不是否認挫敗存在的可能，而是對錯誤抱持建設性的心態，專注在從錯誤經驗中獲得學習和成長。在學習品格的道路上，學生若「犯錯」，KIST師長們是站在溫暖，鼓勵的立場看待，而不是懲戒與壓抑。當孩子犯錯時，KIST的老師們會想到「啊，慶祝錯誤的時間到了！」藉機會好好來認識這個錯誤，怎麼發生的？有什麼意義？如何從中學習到對的事情？

這樣就可以把壞事變好事，有一回鄭漢文和小朋友聊天，問孩子，我們為什麼要慶賀？學生齊回：「因為失敗為成功之母。」他笑笑地接話：「啊，因為我還會再進步啊！」過去有上級單位訪視桃源國小，長官問，學校有沒有訂定校規來處罰孩子？鄭漢文淡淡地回答：「沒有，我們重心都是在發展正向品格而已。」他說，凡是人畢竟都會犯錯，當然當責的告知也是有的，最後還是回到孩子如何自己去想，「如果老師把位置拉得很高，開始訓誡、處罰，根本上完全傷害了品格。」

換句話說：從固化到成長心態

每個禮拜一早上，桃源國小幸慧老師班上都有一段「品格時間」，孩子們很習慣自動「圍圈」，聊聊假日發生的事情或特別的心情與想法，例如，一個孩子說：「雖然我上個禮拜寫功課的時候，覺得數學讓我很不開心，但是我願意嘗試用別的方法，或者是找同學討論之後，去克服那個不想寫的心態。」

幸慧老師教室後方貼著各式小朋友的「換句話說」練習：「我現在很討厭上國

語，幸好有人考得比我低分。」聽起來無比消極。為了教導成長心態，幸慧老師給孩子「換句話說」的表格來刻意練習，一段時間之後，有兩個孩子不約而同找她，「老師，你覺不覺得這個表格有點怪？」老師反問，怎樣怪？「我要變成成長心態的時候，還要先去想固化心態，這樣我反而永遠改不過來，為什麼不能夠遇到問題就直接想『成長心態』？」

孩子覺得這種「刻意練習」有點「卡卡的」，不是他們真正想要的，一個小朋友還抱怨，負面話語反而永遠忘不掉。她建議說：「老師，如果可以的話，我們就直接寫成長心態。」幸慧老師一聽，兩眼發亮，喊出來：「啊，這是你們蛻變的過程。」立刻要小朋友拿出圖畫紙大大地寫下內心鼓動的句子，「雖然他考得比我低分，但是我不能拿他的分數跟我比較，我要跟他一起努力。」、「雖然這個功課很無聊，但是，我願意嘗試挑戰，我可以努力完成它。」他們便不再執著於固化心態，直接走向成長心態，幸慧老師說：「我好讚嘆，小朋友是我老師。」

品格大架構

走進任何一所KIST校園，打從進校門的穿廊、布告欄，到校舍走廊梁柱、辦公室和各班教室，必定看到很多標語或海報，目的在營造一種細膩完整的品格環境。

品格大架構在設計上有四個要素：一、重複出現；二、預先規劃；三、主動參與性；四、一致性。這四項要素展現在環境布置、例行事務（像是晨圈、夕圈），以及雙重目的課程「數學×品格」、「登山×品格」等，利用各種有形的刻意規劃，讓品格教育在KIST中無處不在。例如桃源國小走廊上貼著布農語和中文並列的祖傳智慧，融合著七大品格視覺化的展現：好比「鳥美在羽毛，人美在勤勞」、「熊的利爪是隱藏的」、「神寬恕人的次數不會像月桃花纍纍的花串」、「山羌和山羊吃金線蓮都懂得留下根」、「不要學著蝸牛的樣子去幫助別人」……

孩子在校園活動成長，無時無刻不沉浸在校園環境裡，視覺自然有醒目的焦點，同時也讓師生有更多機會與環境產生互動與連結。除了環境布置外，從學校的作息規劃中，也能窺見品格的蹤影。拯民國小在週一早上安排品格晨圈，邀請孩子進行品格相關議題討論，也在放學前規劃夕圈，讓師生能夠面對面，為自己與他人今日的努力喝采。

大架構的展現也能落實在課程設計中，每年樟湖國中小會進行單車課程，參與學生需要自主訓練體能，在過程中發揮領導力，鼓舞團隊一起前進、為著每一次出團的平安順利而感謝。藉由單車課程，除了學習相關領域知識，更透過親身經歷的方式鍛鍊了孩子的堅毅、自制、樂觀和感恩等品格。

從學生每天生活的有形環境，像是教室、校園的布置（境教）；無形的作息，像是晨圈、夕會，甚至為他人喝采的手勢語言，以及每學期例行校外教學，如單車環島課程、運動會、校外教學等（制教），都是校園生活中重複出現、預先規劃、主動參與性的以及主題和教學活動設計表裡一致的規劃，在這四個要素下，讓孩子身處其中，時時感受到生活、學習與品格俱存，總體環境的大架構設計，只有一個共同目的，就是要讓品格要素在境教、制教、言教和身教中全面性的開展，這也是所有 KIST 校園的共性。

品格微時刻

品格並不如同數學英文之類的知識，如此具體，可以明確教導，老師必須以敏銳的意識，當孩子展現品格行為之際，能明確地指認、鑑別它、凸顯它。傳統老師擔憂的「品格要怎麼教？」經由 KIPP 系統中卓越教學架構的指引，KIST 老師在課堂上與學校活動中，通過各種行為舉止的建模、大量高頻率的互動對話，逐步將品格能力的學習轉化為可見、可評估的行為規準，老師教導品格有以下七項技能：

1. 相信並以身作則（Believe It and Model It）：相信品格並使自身成為模範。

2. 命名它（Name It）：給予各項行為標籤來確認其與品格的連結。

3. 發現它（Find It）：介紹現實世界和虛構的例子，透過討論了解符合品格的具體行為。

4. 感覺它（Feel It）：讓孩子感受到專注和發展品格所帶來的正向改變。

5. 融入它（Integrate It）：創造雙重或多重目的的品格教學，把品格教育融入課程或生活。

6. 鼓勵它（Encourage It）：給予品格表現優良的孩子讚美及鼓勵（精確、描述性的稱讚）。

7. 追踪它（Track It）：定期記錄、追蹤孩子的進展並持續討論品格。

拯民國小的穿堂，有點像古早三合院前的曬穀場，是全校孩子們活動的中心。從牆面到柱子上都貼滿著各種品格標語。這一天的夕會由主任胡茵主持，當她開始高舉左手「握拳」時，原本盤坐地上的吵嘈孩子瞬間安靜下來。（KIST學校有一套肢體語言，握拳代表音量「零」，一隻手指代表音量一，從一到五可以調大。）

夕會開始，有位低年級的小朋友，豁地站起來說：「今天我想要讚美王增宇（化名），早上我在早自習時，他拿著英文課本默背單字，他有做到自制。」胡茵問他：「具體來說，他有做到自制的哪一點？」小朋友回答：「他啊，課前預習，有所準備。」胡茵看了那孩子，接話說道：「主任也要特別表揚張彥遠（化名），每次主任問問題，他都是第一個舉手，而且回答問題時，愈來愈切中要點，做得很好。」

其他孩子向上伸長手臂，張開五指，迅速顫動，搖曳如花朵（代表鼓勵讚許），接連著好幾位孩子紛紛站起來，大聲分享今天感受到的品格行為，在備受鼓舞的歡樂氣氛中，今天在學校的時光也劃下美好句點。

這個每天發生的日常，其實植基在全校性溫暖穩定的師生關係上，當孩子願意相信無論表現如何，老師和同學會給予支持，這樣安全、穩定的關係，是品格藉由微時刻生成的基礎。更重要的是，當孩子遭遇困難需要尋求協助，基於平時積累的信任，老師能夠在對話中理解孩子的需要。

在老師每天的以身作則上，讓全校成為一個品格成長的共學圈。在校園每一個角落裡，每一次的師生對話間，都是品格微時刻發生的美好時刻，從接應學生的情緒開始，到以「成長心態」結合「品格行為語言」提供給學生「建設性的回饋」，鼓勵學生負責任地作出更好的選擇與承諾。每一次的品格微時刻後，不只讓師生對品格有更多的體會與學習，也更加拉近了師生間情感的連結。

喊對名字的社交智慧

ＫＩＳＴ做為實驗教育，將很多彈性都給了品格推廣，鼓勵教育創新。而事實也證明，ＫＩＳＴ的六所學校中，其實最早看到辦學效益的是孩子的品格有很大改善。

花蓮三民國小內，校長劉冠暐親眼旁觀，小朋友們在學校裡會三三兩兩自主一起討論功課，其中一個功課較好的孩子在指導同學數學的時候，並不是直接告訴他答案，而是先跟同學說：「來，你題目有仔細看嗎？我們再看一遍。」、「你怎麼想？你先列出式子給我看看。」他們無形中學習到老師教學的模樣，用溫暖的方式對待同學，「其實很微小的時刻，都讓我滿感動的，我相信這是學校文化潛移默化的成果。」而不少家長也向他分享說，孩子在家裡也會主動做家事；第一屆的三民國小畢業生在附近的國中就讀，他們提到三民出去的孩子，真的更願意接受挑戰，或是遇到挫折的時候，更願意繼續嘗試。

低年級的范宜云老師觀察到，七八歲的孩子仍然很「本我」，很少想到別人，往往一句話或壞口氣讓別人受傷。有一陣子天氣悶熱，小朋友脾氣也暴躁，連名帶姓直呼同學，她藉機要小朋友們反思「別人要怎麼叫你，你才覺得開心？」同時要每個人把想法寫下來貼在牆上。這是社交智慧的練習。

現在他們學會「淑美～」、「俊豪～」的叫喚，而不是「黃淑美！」、「陳俊豪！」的直來直往，宜云老師說：「很奇怪，當小朋友只喊兩個字時，班上氣氛就瞬間變好了，臉上線條變柔和了。有時一急忘記喊全名，還會向對方說『啊，對不起，我重新再叫一次。』」有了社交智慧，孩子們改善人際關係，自然也就不常吵架了。

前陣子母親節，她要班上男女生都在肚子綁一顆足球，一整個禮拜，他們汗流浹背地抱怨「啊，老師我好熱！」范宜云說：「對呀，媽媽懷你就是那麼熱喲。」她說，單純強調媽媽偉大、阿嬤很辛苦，要懂得「感恩」，小孩子感受不到，他們必須感同身受。

而那週下午多了平常沒有的下午茶，算是慰勞孩子，簡單的土司配奶茶或鮮奶，孩子們眼睛都發亮地期待著，范宜云說：「今天比較豐富，啊，因為你現在是孕婦，所以要吃營養一點。」小朋友都笑了。

孩子在 KIST 學校裡面，感受到非常不同氛圍，慢慢對他們的行為產生潛移默化。如同KIST桃源國小的鄭漢文校長說：「教育，是平常心長年的工作，是每天微小時刻的累積，然後一個衝突、一個挫折慢慢去解決。」

如果一個人期待來到這裡，忽然看到很炫的魔法，那必定會失望，教育反而就是這些每天微小的事情，它沒有魔法，可是它最後會成為魔法。教育是這樣一種特異的魔法，如果不相信它，到最後這種魔法便無從展現。

附錄一

為自己的選擇負責

拯民國小林詩穎老師 TFT 結訓之後即到拯民任教，在臉書寫下教學點滴「B-Bird 塔布日記」，十分精采可讀。在此僅摘錄一篇分享。

B-Bird 塔布日記

二〇一九年十月十九日

嘿，我們都得為自己的選擇負責。

第三年的山野教育，第二次的合歡主峰。

今年沒有篩選的制度，讓所有孩子都能有機會在海拔三千以上體驗、開拓視野。

不過這次是分年段，三四年級也各自以班級為單位分組，相較於前兩年，有好也有壞。

在天氣極好的狀態下，孩子的狀況比想像中好，但因為時間的關係，還是沒能全數攻頂。

回到學校後，攻頂的孩子帶著榮耀與成就歸來，但我和他們的討論卻走向另一個導向——你為團隊負責了嗎？

人力不足的情況下，我沒能跟上最前頭的隊伍，但我知道他們並沒有按照一開始約定好的，領隊跟壓隊都有責任，中途被丟下的隊員，一個個舉手表明自己在什麼情況底下沒有被等待。

這時原本得意的攻頂者，卻都低下頭了。我很抱歉孩子，在稱讚你們踏上頂端的光榮之前，我們還是得談談社交智慧。

一個個領隊壓隊被點名，我問他們為什麼不是團隊行動。一開始支支吾吾、直到告訴他們這並不全然是錯的，他們才卸下心房。

「我走得很快，後來我回頭的時候，就沒看到隊員了。」

「我有等，可是我怕我無法攻頂，所以後來叫他在原地休息，自己慢慢跟上。」

「我很興奮一直往前，忘記自己有組員。」

「我怕我不能攻頂，他們太慢了，我跟著別組快的人先走了。」

諸如此類的語言緩緩從他們嘴裡吐出來，都帶點緊張跟愧疚。

我告訴他們其實我是失望的，但他們的選擇並沒有錯，想要攻頂是追求自己設定的目標，但這中間他們捨棄了團隊，捨棄了彼此之間的信任與支持關係。

之後問他們，如果和家人去爬山，因為自己爬比較慢，爸爸媽媽說要你在原地休息，他們繼續往前走，你有什麼感受？

「我覺得很恐怖，不知道自己會不會在山裡迷路。」

「我會難過，因為我覺得他們應該會等我的。」

「我懷疑自己不是他們親生的。」

「我應該會很想哭，因為我也想登頂，只是我可能比較慢而已，為什麼不等我。」

「可能有一點生氣，因為如果反過來的話我會等他們。」

以上都是孩子設想情境後輪番的表達。

是啊！我們每一個人都想要拿到那個成就，證明自己的能力，這沒有錯。只是回頭過來看看被自己遺落的團隊，不能沒有歉疚啊！畢竟，每個人都應該為自己的選擇負責。

身為老師，我讚賞你攻頂的毅力與體力，但卻也必須用力提醒你，你身後還有一群有點失望的人們，看著你意氣風發地上山，自己卻仍在原地喘。

討論完後班上突然一陣低迷的氣氛，卻也有些孩子對於自己沒有攻頂得到安慰。

這趟山野教育很累卻也很特別，回來後的反思讓我感到圓滿一些，過程跟結果都同樣重要，如此爾爾。

附錄二

一個老師的認錯

樟湖生態國中小 陳綺華老師臉書

允許錯誤，才能長出承認錯誤的勇氣；慶祝失敗，才能涵養超越勝敗的胸襟。

昨天，孩子們在籃球場上發生了一起衝突。在目睹的當下，我以過往的經驗與身旁孩子們的反應，立刻判斷是 Willy 的問題。Willy 過去和班上的男生有許多大小衝突，但這學期朋友多了不少，也有人開始真心認同他。這回 Willy 認為 Bob 把球打在他身上絕對不是失誤，但 Bob 卻堅稱是因為 Willy 衝出來真的讓傳球時反應不及。

我問了其他人，包括平常很照顧 Willy 的女同學們，沒有人說 Bob 是故意的。我大聲喝斥那時情緒已經完全失控的 Willy，好讓他能夠冷卻下來。幾分鐘後，還來不及完整處理就已經放學。

隔天釐清完，發現我竟然錯怪了 Willy，但在責罵 Willy 時，卻沒有一個人站出來說出真相！

這事件我認為太值得討論了，讓學務處老師先知道後，我決定在圍圈中與孩子們聊聊。

恰巧今天午休的床（桌）邊故事，是郝廣才《Today》中的〈38個目擊者〉，很能連結這事件，我特地把午休的故事留到第七節閱讀課才讀給大家聽。我們坐在地上圍圈，然後讀故事。

故事是這樣的：一九六四年的今天（三月十三日），紐約如常的夜裡，一個女子凱蒂被歹徒追殺，尖叫聲讓兩側大樓的窗戶亮起，兇手發現窗裡的人們都只是站著，於是繼續追殺，直至凱蒂一路被砍了三次倒地氣絕於血泊中。三十八個目擊者沒有人報警，紐約時報以「大城市的冷漠」為主軸來報導這則聳動的新聞，更衍生出心理學的概念「旁觀者效應」——緊急情況下，愈龐大的群眾在場，每個人出手援助的機率愈低（雖然事後證實了這事件是紐約時報的扭曲）。

孩子睜著大眼聽，表情寫出了一些明白。

我接著把整疊全班的聯絡簿打開，逐篇讀了期初大家寫下班級SWOT分析中的優勢：我覺得我們是很團結的班級、班上氣氛愈來愈好、現在的我們很有上進心、我們能彼此包容……讀完，我邀請大家說說自己對這件事的想法，當然，由導師我開始。

我真誠告訴大家：「老師覺得自己不夠細膩、沒有明察秋毫，竟然被那樣的情境牽著走而做出錯誤的判斷，我覺得我的心裡是慚愧的。」於是我站起身，向Willy深深地鞠躬，說聲：老師覺得很對不起，然後也握緊他的手謝謝他的原諒。

接著，當孩子們輪番說出感受時，旁觀者有人率先說出：「我覺得自己沒有站出來說出真相，踐踏了老師對我們的信任，我很對不起老師、更對不起Willy。」說完分別朝向我、朝向Willy道歉。我聽完，要忍著很滿的眼淚，才能輕輕回應他「沒關係」。接下來幾乎所有孩子們，都輪番指出自己的錯誤並且道歉。那些接二連三的真心與勇氣，讓我心裡相當澎湃。

輪到Willy，他低頭用幾乎趴在地上的動作說：「很對不起大家，我覺得自己在球場上太嘴砲了，說話真的不好聽，而且我不該整個人理智線斷裂，發狂咆哮，我以後會更努力控制自己的情緒。」

也有一兩個孩子最後站在客觀立場分析，認為可能是 Willy 打球時的動作，太容易讓人誤會是挑釁或惡意犯規了，於是大家研究起那些曖昧不明動作，哈哈大笑了起來。

我們也討論了許多往後的積極作為，有幹部覺得自己要更挺身而出、也有人覺得要用更多的愛來彌補 Willy（所以整天進貢了許多糖果餅乾給 Willy），孩子從自發承認錯誤，到一個個道歉，乃至提出建言。

於是，這天的尾聲，我們在很圓滿的夕圈裡豐收。放學。

我想，孩子們打球時的情緒衍生了肢體衝突，的確錯了！那些該說而未說出口的正義，也是錯了！但我們或許更該展現給孩子的是，也常犯錯的成人們，做到承認錯誤並不是太難；也或許該要證明的是，這裡是一方有愛的天地，錯誤不會讓你因此掉入萬丈深淵，反而可以因為真誠而被寬恕、因為重新承諾而使那些錯誤充滿了價值。

一九六四年三月十三日的三十八位目擊者，對照了二〇二〇年三月十三日的十七位目擊者，我們目擊了師生彼此又向更好的自己跨越了一大步。意義非凡。特此誌之。

（當然，一如往常，Bob 還是必須找個放學後，用「發亮的地板」來作為對班級的貢獻。）

#謝謝隨時就位準備視情況救援的學務處

#因為我們是用全校的力量帶好每個孩子

#KIST 品格力

#晨圈與夕圈的力量

#圍一個圓滿氛圍就會圓滿

#好以八乙為榮

---

1. 馬丁・塞利格曼（Martin E.P. Seligman 1942- ）：當代美國心理學家，一九六七年，他和史蒂文・梅爾（Steven Maier）做了一個到現在每一本心理學教科書都在談的「習得無助」實驗。他們讓兩組狗兒不定時接受完全相同的電擊，但實驗組的狗有控制權，被電擊時只要碰一個桿子就可以逃避電擊；控制組狗則無控制權，不管牠們做什麼，都與是否被電擊無關，只能被動接受和實驗組一樣頻次、一樣強度的電擊。實驗第二天，兩組狗都接受另

一個逃避電擊的實驗，籠子中間有道隔板，狗被電擊時，只要跳過隔板就可以逃避電擊。結果，實驗組的每一隻狗，一被電就會趕緊跳過隔板以逃避電擊。但控制組的狗，卻放棄了任何努力，躺下來被動的接受電擊，牠們哀哭，大小便失禁，但就是不再嘗試跳過隔板。一九六七年塞、梅二氏的結論是：控制組的狗學會一種「做什麼都沒用」的想法，牠們「習得無助」了。

這個研究對半世紀來的教育及臨床有非同小可的影響，既然長期的失敗挫折會造成「習得無助」，那麼問題的解決方向，應該是減少失敗挫折的機會。因此「愛的教育」、「沒有失敗的學校」等觀念在教育界熱門了一陣子，許多人甚至以為，只要完全尊重接納、無條件關注孩子，就能保持他們的積極正向，但真實的世界怎麼可能沒有挫折？這類教育實驗最後大多無疾而終。

二〇一六年，塞、梅二氏在學術期刊上發表了〈習得無助五十週年：從神經科學來的洞見〉，他們根據神經科學最近的發現，修正了自己半世紀前的詮釋。他們指出「無助」根本不是「習得」的，而是個體遇到無法改變的挫折時自然產生的反應。因此，該研究的重點不該是「習得無助」，而是實驗組的狗是怎麼習得「永不放棄」的背後原因。當年實驗組的狗學會了「只要有所作為，就能改變未來」，這才是該研究的重點。他們認為，個體要有機會控制嫌惡的刺激，而大腦特定部位的神經心理機制，此時會發生改變，因而提升了個體對控制的期待（Expectation of Control），這樣的詮釋，也就是正向心理學的基調之一，在教育上，正向心理學強調「讓孩子在努力後，得到成功的經驗」，而不刻意強調孩子曾經遭遇的創傷。（感謝台東大學曾世杰教授指導與修訂）

第九章 撫慰「童年創傷」

KIST強調品格力，其所對應的其實是底層那個更深、更大的冰山。這個冰山就是童年創傷。孩子最難處理的問題，有時並不在教室裡，而是來到學校「之前」以及離開教室「之後」，回到家裡的生活，他們將面對怎樣的環境？是維琴尼亞・薩提爾（Virginia Satir）[1]形容的一個充滿愛與關懷的「滋潤型家庭」？還是一個銘刻創傷的「暴力戰場」？

不幸的人，用一生治癒童年。

俄國文豪托爾斯泰在《安娜・卡列尼娜》（*Anna Karenina*）中點明：「幸福的家庭大抵相似，而不幸的家庭則各自有各自的故事。」（Happy families are all alike; every unhappy family is unhappy in its own way.）托翁指出的「各有故事」，那可真是一言難盡的苦澀，童年創傷是一口難以探測的深井，每個井雖形貌各異，但同樣影響終生。《第二座山》（*The Second Mountain: The Quest for a Moral Life*）作者大衛・布魯克斯（David Brooks）形容得好：「孩童眼中的世界，數倍於成人。他們的大象很大，他們眼中的海洋無限大。」還不只大象、海洋變大，傷痕也是。德國心理學家詩意的說法是，小孩的靈魂「清新發亮一如剛犁好的田」，如果有人踏著堅硬的皮靴走過，鞋印便會一直深深留著。靴子如此堅硬，腳步也就如此深陷，孩子因此永遠不會忘記。一個人童年所經歷的一切都會刻劃在他的性格上，直到長大成人，嬰兒時期的大腦，所經歷的遭遇，會成為情緒覺知的一部分。個體心理學創始人、人本主義心理學大師阿爾弗雷德・阿德勒（Alfred Adler）就說：「幸運的人，用童年治癒一生；不幸的人，用一生治癒童年。」

每個人都有自己的人生課題，甚至長大成人，還背負著無法消融的冰山[2]或深不可測的黑洞，這些有形無形的傷痕，有一個專有名詞叫做「兒童期負面經驗」（Adverse Childhood Experiences，簡稱 ACEs），其計量指標包括：情感虐待、肢體虐待、性虐待、肢體忽視、情感忽視、家中有藥物濫用情形（和酗酒者或濫用藥物者同住）、家中有心理疾病患者（和憂鬱症患者、心理疾病患者或曾嘗試自殺者同住）、母親遭受暴力對待、父母離異或分居、家中有犯罪情形（家人入獄）等十項，每一個類別都計一分。ACEs 依據由輕到重被標定六級，數字愈大傷害愈深，據統計美國成年人口中竟有高達六十七％的人口，至少有一級分的 ACEs，且有十二・六％的人，遭遇到四種以上的童年逆境經驗。而一個人遭逢愈多項童年逆境經驗，成年後身體健康受損的可能性就愈高。

另一份來自美國華盛頓州的報告顯示，在一間三十位學生的高中教室有快一半的學生至少經歷三種 ACE 問卷中的童年逆境。但是師長們通常看不見這些創傷，只看到孩子成績低落、情緒不穩、常常和同學起爭執、有暴力傾向等等。

相較於城市孩子，偏鄉孩子生活在更不穩定的家庭環境之中，例如單親、失業、隔代教養的比例高出約兩倍，導致 ACE 分級評分偏高，這些負面的環境因素，正是損害孩子發展的主要因素。因此近年，ＫＩＳＴ學校也大量開設工作坊，培養老師們覺察孩童內在創傷的敏感度以及可能的接應方法。

毒性壓力

知名的美國小兒科醫師娜汀・哈里斯（Nadine Harris）將這些逆境定義為一種「毒性壓力」（Toxic Stress），在她那場著名的ＴＥＤ演講中說：一個普通人若是在森林中看見一隻熊，他的下丘腦會瞬間發送信號到腦垂體，腦垂體向腎上腺發信號，「釋放腎上腺素！皮質醇！」然後開始心跳加快、瞳孔放大、呼吸道大開，為接下來的迎戰或逃跑做準備。

重點來了，哈里斯說，問題是如果這隻熊每天都來騷擾你，這個求生的本能機制將一而再、再而三地啓動刺激反應，導致它從一種適應性或救命的系統，變質為適應不良或有損健康的毒素。大腦杏仁核因不斷偵測威脅而持續活躍，變得過敏也過勞，大腦一直釋放壓力荷爾蒙來應對危急狀態，命令身體不斷處於高度壓力狀態，讓人要麼反擊，或者逃跑（逃避），或者乾脆「躺平」，動也不動（Fight、

Flight、Freeze）。

偏偏兒童大腦和身體都還在發育階段，在這種反覆的刺激性壓力下，不單損傷其大腦結構和功能，還會影響發育中的免疫系統、激素系統，甚至影響 DNA 讀取和轉錄方式。ACEs 並不是新鮮的概念，毒性壓力的危害可與觸電或鉛中毒相提並論，哈里斯研究最重要的意義在於：創傷會牢牢銘刻進身體血肉之中，且對健康有實質傷害[3]，影響到這些孩子思考、理解事情、行為、以及情緒的控制，影響到大腦海馬迴的發育，進而影響到短期記憶、言語記憶、情境依賴式記憶以及情緒和壓力的處理，也阻礙前額葉灰質（Gray Matter）發展——這個部位如同一個交響樂團的總指揮一樣極為重要，最終影響到一個人做決策和自我調節情緒的能力。

習得的無助

三民國小林宥汝老師就觀察到，有些偏鄉孩子被自己的負面經驗影響，「自我效能感」很低落，很容易會落入「我就是不行」、「我沒有辦法」的思維當中。這些或許是原生家庭灌輸的想法，或者他們藉此想法來讓自己不必面對痛苦折磨，而

「好過一點」，久而久之，變成他們經年累月看待事情的方式，慣性的大腦迴路。

這個情境，林國源用了一個「蹺蹺板」式比喻：每個孩子初生之際，其心靈宛如一個蹺蹺板，「支點」居中，呈現完美的平衡狀態。但是隨著逆境襲來，愈來愈多負面的經驗在其中一端不斷累加，讓原本平衡的板子會往負面的一頭傾斜、下沉。「但是事情比我們想像的更嚴重，定勢效應會開始發揮作用，讓它的中心支點向正面一側滑動、偏移，因此正向經驗被視為意外而忽略，負向經驗被過度放大，就像蹺蹺板上，正向經驗的力臂愈來愈小，負向經驗的力臂愈來愈大一樣，影響了心態、價值觀與選擇。」林國源說。

如果缺乏正向經驗及時補救、矯正回來，負面經驗仍一直累加，支點會劇烈偏移，最後支撐不住而倒下，造成蹺蹺板完全癱瘓躺平，喪失任何槓桿的空間、翻轉的可能。孩子稚嫩的大腦等於遭到負向神經迴路挾持，而且被鍛鍊得太過強壯，導致於最後即使有任何正面經驗，也沒有辦法恢復其該有的正向迴路，變成一種黯黑無明的死胡同。

這是ACEs孩子常見的「習得的無助感」（Learned Helplessness），它原本指一個人在經歷多次挫折與失敗後，產生動機低落、興趣索然、無助、外部世界不可控的心理定勢，一旦面臨新問題時，他會在情感、認知與行為上表現出無能為力的消極狀態，內心烙印下「我的人生不可能那麼美好。」所有那些理想、夢想、幸福與成功都跟自己無關，那些全是另外的世界的事情。這是絕望者的哀嘆，但講得殘忍一點，在萬念俱灰之下，他們反而自我實現對自己人生的詛咒。所幸，無助感可以習得，我們也可以不斷操練希望，提升期待，相信「只要有所作為，就能改變未來」。

SEL 社交與情緒學習

原本 KIPP 運用品格力協助貧窮的孩子克服沒有辦法完成大學學業的困境。但是如果逆境中的孩子因為 ACEs 內心的蹺蹺板嚴重傾斜，身為教育工作者要怎麼辦？

如果一個孩子很悲傷，師長勸告他要「正向思維」、「樂觀」其實幫助甚微；或是一再重複要求他們要做到「堅毅」、「好奇」似乎也顯得無濟於事。為了梳理 ACEs，近年美國的 KIPP 進一步導入了「社交與情緒學習」（Social and

Emotional Leaning，簡稱SEL）做為新的關注方向。

SEL雖然跟KIPP沒有直接的承繼關係，但KIPP發展了二十多年間，一直有機性成長，不斷革新應變，調整步伐，這幾年也吸收SEL的方法論，消化為己所用，事實上SEL也合於品格教育發展的下一步：強調品格優勢的確會比較傾向外塑（Outside in）的做法，可能會缺乏內在的啟動，因而借取SEL溫暖親密的手法，讓孩子由內而發（inside out），更易讓品格長出來。

SEL指出「情感教學是有效的教學」（Affective Teaching is Effective Teaching）。我們是經由感覺來學習，孩子在學習前必須處理好情緒的問題，沒有好情緒，就不可能有好學習，再多的學習策略都是徒勞無用。

情緒是生命的能量，如風如雨，來來去去，情緒管理是人生永恆的課題，好的悲傷可以是治癒的能量，耿直的憤怒也可以是捍衛尊嚴的能量……人的情緒無法如水龍頭開關那樣可以隨時隨地調整轉化，情緒自有情緒的歷程，重點是人如何與情緒共處？如何掌控？甚至做情緒的主人。孩子的情緒要得到合宜的梳理，在社會與情感學習的視野下，可以分以下幾個步驟：

一、自我覺察（Self-Awareness）：不去壓抑，知道自己在難過什麼？情緒怎麼樣？知道生氣或難過的來龍去脈，讓情緒出得來。

二、自我管理（Self-Management）：穩定內心情緒，有效地管理壓力、控制衝動，設定達到目標的能力，激勵自己實現目標。

三、社會覺察（Social Awareness）：辨識個人與他人的情緒關係，自己生氣時，旁人也會受波及，感覺及表達對他人的同理心的能力。

四、關係技能（Relationship Skill）：溝通、傾聽、與他人合作，建立及維繫正向關係的能力。

五、負責任地作決定（Responsible Decision-Making）：對個人行為和社會互動做出建設性的選擇，做出負責任決定的能力。

經過多年的研究與實證，SEL已經發展成一套成熟、有效、多樣化的課程，適用於學齡前幼兒一直到高中，可以培養學生理解情緒、正向回應、善待他人以及解決問題與衝突的能力。美國至今已有許多州要求各級學校將 SEL 納入小學課程，最終追求的是「正向以及挫折復原力」（Resilience）和堅毅力（Perseverance）。

品格外塑或內引

傳統上學校教導品格的做法是，先外塑再內化、先他律再發展到自律。KIST以品格大架構和品格微時刻推動「七大品格」，已經是很細膩周全的方法了，但KIST老師仍然想著：會不會孩子在學校老師面前表現彬彬有禮、積極求知、展現社交智慧、勤奮打掃……但是一回家卻癱在沙發上擺爛，淪為雙面人？牆上的品格標語，會不會像之前「禮義廉恥」成為無力的口號、風化的教條？

KIST的老師們經常不斷論辯到底「品格」是內引還是外塑？固然道德的外在模仿，就像鏡子裡的花，有著同樣美麗的色彩跟優雅的手姿，但卻缺乏動人的馨香。但這不是說「照著做」不重要，重要的是經由行為的操作，最終要達到內在道德的啟迪，從而真正變成那朵花。

桃源國小校長鄭漢文以四十年的教育工作為出發點，總結一個想法：事實上品格的塑造是「內外雙修，來來回回、互相流動的」，無需強為「二分法」加以對立，「看起來牆上滿是標語，但這些標語不同於以往與孩子生命無關的教條，而是來自文化的啟示，或是激勵人心的話語，這對處在特定生命的節點上的孩子，有時候就靠被這句話點醒，擊中內心深處。」

鄭漢文指出，表現上看起來是外塑，但其實是內在引發，兩者是互相交織，共同作用的。如同他以前在書桌一邊放一個「座右銘」，總是無形間給他力量的陪伴。「如果沒有標語提醒，又怎麼被打中？如果不是內在有渴望，又如何產生對應的力量？」當代文學理論家羅蘭・巴特（Roland Barthes）說：「文本誕生，作者已死。」指當作者寫出一部作品，在完成瞬間，作者和作品之間的關係就結束了，之後都要交由讀者自行解讀，同時發現作品的新的意義，形成全新的創造性文本。鄭漢文說：「當文本一出生，作者已死，那麼誰活著？生命經驗必然跟文本互相地呼應，如果沒有文本又如何產生呼應？如果沒有活生生的情境，文本又如何可能解讀？」

從內心長出來的品格

如今，KIST 校園將 SEL 的導入，著眼點聚焦在品格行為的內引力量，當老師跟學生之間先建立情感的「親密連結」，連結得夠深，孩子對「七大品格」、

「成長心態」就不會淪為硬套在自己身上的外在框架，而有內心堅實的基礎。

例如一個小朋友早上進來教室，但是昨天爸媽吵架鬧離婚，他還困在昨夜的情緒裡瑟瑟發抖，宛如世界末日……如果老師沒有體貼孩子的情緒，直接拿起課本教書，極有可能台上不管如何教學，對台下的孩子都是無意義的、失效的。

這時候老師要有SEL的意識與覺察，第一讓學生的「情緒出得來」，不要去壓抑情緒；第二、更進一步引導孩子「辨識與覺察個人與他人的情緒關係」，第三、讓孩

KIST：品格力發展

子自己反思，「騰挪主體思辨空間」，層層遮進，不讓孩子孤立無援、被迫面對內心的瘀青。KIST的品格力因此從「外塑進去」（Outside in）轉變成「內化出來」（Inside out）。

林國源校長提出一張「品格力發展架構」圖，他將SEL和KIPP品格教育方法論整合為一。KIPP的做法是，當負面事件發生之初，老師給孩子認知上的變革（「思維」的階段），鼓勵孩子以「成長心態」賦予事件正面解釋，進而產生品格行動（「實踐」的階段），乃至獲得成長與成就（「結果」的階段），他將SEL放在圖的最左邊，也就是比思維更為底層的地方，以SEL長出內化出來的路徑。（按：KIST目前已迭代出更新版本初稿）。

4F：Fight、Flight、Freeze、Face

ACEs的傷害本來就不是孩子們應該承受，但是他們卻不得不承受。所幸，這些並非無可救藥，近年來腦神經科學進行大量的研究，顯示了大腦可塑性（Neuroplasticity）——人的大腦一生都會改變，即使創傷事件會對孩子造成負面影響，但在接受關愛、運動、良好飲食、正面思考、良好人際關係、心理諮商、供給孩子充足的愛和關懷等……仍可以正面影響大腦，教它再次更新，獲得從創傷中的「復原力」（Resilience）。這正是KIST品格力可以作用的地方，教孩子不戰、不逃、不僵，而採取積極正向的「面對」（Face）態度。

當事件發生時，KIST老師在進入SEL＋「品格微時刻」來處理孩子情緒時，溫柔碰觸他們內心傷口，孩子內心的冰山經由對話有可能逐漸鬆解，轉化眼裡湧動的淚水，得到情緒的釋放。這時候老師可以著力在：如果你的選擇是這樣，會產生什麼結果？那這麼多結果裡面，你會選擇哪一個？你會選擇最差的嗎？必然不會，你會選擇好的，那你可以選擇並且承諾把它實現出來。

這些微時刻的親密對話，其實都是在鍛鍊孩子內心的復原力，也都在挪動他的支點，增加強韌度。這種經驗必須不斷鍛鍊、刻意練習，目的在教會孩子在每一次選擇的時候都走活路，而不要走死路，塑造出更強大的正向迴路，足以覆蓋原本的負向迴路。讓他長出主體性，有意識地做出「神智清明的選擇」。

擁有生命的主體性

經由情感上、主體思辨上的反覆搖動支點歸位。支點被搖動之後，做出正面解釋型態，產生正向的品格行為，得到好的結果。等於在挪動支點的過程裡面，又置入成功經驗在蹺蹺板的正向那一邊，推動這個支點慢慢往平衡的方向靠近。

林國源說：「接下來更重要的是，緊抓著這少有的正面經驗，老師必須要讓它持續發酵，帶著他回來再看一次、確認一次。比如老師可以說，啊，你看你當時做出了好的選擇，所以現在有這麼好的成果，所以記住下一次遇到這樣的事情的時候，不要急著放棄，不要急著覺得難過，覺得沒有辦法，停一下，想一下，試一下。」

老師要在孩子微小的進步的例子裡，提取這項成功經驗，一直激勵、褒揚他。如同KIST一位老師也分享她的心法：「每次一旦孩子有進步，我會將他的成功經驗叫出來給他看，也給我自己看。然後說，老師可以陪你繼續努力下去。」

當SEL往下鑽掘之後，在師長們溫暖接納的環境中，孩子逐漸清楚一件事：「我擁有自己生命的主體性」。在成長心態臨在之下，正向鼓舞自己，最後復原力發威，做出「選擇與承諾」，為此承諾，付出努力，最終將可扭轉自己的命運，實現天賦的自由。

有人或許會質疑，國小孩子能夠那麼早發展出反思的主體性嗎？林國源解釋道，這個很有趣，他必須「先長得像，才真的是」。如同梭羅在《湖濱散記》裡面講到：「一個人怎麼看待自己，往往暗示著自己的命運。」所以老師必須苦口婆心一直帶一直帶，比方小朋友練習打鼓，一開始先模擬命令要求，但是反覆幾次做對之後，他就可以自發性地融入，這個和「弄假成真」道理類似，因此說：「孩子必須先長得像，最後才真的是。」

道歉SOP

不可諱言的，偏鄉學校裡面，需要被特別照顧的孩子比較多，桃源國小一年級老師孫瀅說，她的班上有個孩子整天板著一張臉，武裝自己，很少笑容，情緒很容易暴衝。若是同學排隊手肘不小心碰到他、拿東西動作大碰到他，他二話不說，立刻重重的回敬一拳。別人眼中一些雞毛蒜皮的小事，對他都忽然變成重大的威脅，立刻陷入「迎戰」的模式，拳頭先揮下去。他不會先表達「唉喲，你用（碰）到我了」，也沒有任何緩衝道歉或解釋，似乎他情緒只要「卡關」，就一拳揮去，或亂摔東西。很多時候小朋友要的只是一個道歉，但是他不知道如何向別人協商道歉，情急之下只好「出拳」要求。道歉也是一門需要好好學習的功課，桃源國小曾製作了一張「道歉 SOP」海報，曾在網路上被大量轉發。

1. 對不起，我做了（說了）這件事……
2. 我這樣做（說）是錯的，因為……
3. 從今以後，我會做到……
4. 你願意原諒我嗎？

按照這個「道歉 SOP」，孫瀅花了很多時間和孩子進行 SEL 及品格微時刻的對話，孩子們學習說出發生的經過，當下的感受，省察自己吵架的目的，為了發洩不滿情緒？或是向對方討一個道歉？這個孩子第一次有人教導他學會排解及面對情緒，慢慢調整，他的臉終於開始有笑容，最後已經完全不會有暴力相向行為。

而且孩子養成好的態度，好習慣，也回頭影響父母，讓全家一起好起來。桃源國小是KIST學校中第一個教導、練習正確道歉SOP的學校，「孩子必須先長得像，最後才真的是。」

被愛包圍力量強

道歉之所以需要SOP的另一個層面是，孩子之間的衝突是因為不理解別人的情緒，沒有感受到愛，所以KIST校園裡非常著重「正向語言」環境架構。三民國小林宥汝老師的教室貼滿各種正面語言，有幾張海報類似「被愛包圍　德凱（化名）的力量強」特別醒目，外加各種便利貼，同學勇於展現自己的內心裡話。而最底下還有一張信紙，是他的爸媽從旁觀察，寫給兒子的關愛。正向語言海報這件事是三民的老師自發性討論出來的，林宥汝說：「其實我要大大稱讚我們老師，在還沒有接觸SEL之前，我們早就在做連結的工作了。」這標語也提醒著老師們，集全校的力量來和上帝摔角的話，力量就不會分散，她不禁讚嘆著：「這就是一個教育工作者所求的一個境界。」

送畫給校長

拯民國小校長室門口，這天下午放學後，擠著三、四位小朋友，看到有客人在，他們有點不好意思進來。終於一個女孩從背後將一位有著黑亮眼睛的男孩，推向校長面前。

在同學的簇擁下，那男孩將手裡的畫圖紙小心翼翼攤平，雙手奉獻給校長。郁杏校長蹲下來，拍了男孩的肩膀，接過紙張，畫面上是一輛彩色筆畫的車子。「哇，祥祥你畫得好漂亮，色調好美。」男孩像是想把笑容藏起來似的，點點頭，不發一語，校長給他一個大擁抱，瘦削的肩膀顫抖一下，校長說：「謝謝祥祥，希望以後還能收到你的作品。」

祥祥和同學們一起害羞地走了，校長稍加解釋，「祥祥是我們學校的徐志摩，很有詩性，很文氣。常常用那種溫柔的眼神看著我。」當校長和班導共同帶他們班做運動的時候，祥祥常常為了想要校長多看他一眼，努力跑很快、很快，像一支射出的箭，想要吸引校長注意。

校長當然不會不曉得祥祥的意思，她也側面了解到，他的母親是大陸籍配偶，詳情不便細述，總之爸爸比較少關心他，他渴望有一種類似媽媽的愛。祥祥當然很喜歡校長，把她當成一個溫暖的源頭。早上的時候，趁著下課的空檔，他一個人蹲在校長的車子面前，拿彩色筆畫畫。那個小小的背影，被班導看到拍下照片傳給校長。

有了這個故事的背景，林郁杏說：「老實說，我們長年的教學經驗，一看會知道哪些孩子是特別需要愛的，所以我早上集會的時候，我都會常常看著他，然後對他微笑。」

「薩提爾」對話練習

KIST的老師們一致認同的是，品格力必須從內心裡長出來，才會是孩子們「持久變好」的原動力。因而在施作的過程中，變得更細膩，甚至走入了薩提爾的對話練習，冰山理論讓品格微時刻，深化到另一種層次。由內而外，共同架構起七大品格完整的圖像。

附錄一

薩提爾工作坊

今年五月初，在張輝誠老師及學思達基金會夥伴的協助下，邀請李崇建老師為 KIST 老師在嘉義雨果基金會和台北普林思頓小學分別舉辦兩場各為期三天的「薩提爾工作坊」。

基金會實習生林妤慈為二〇二一嘉義場的 KIST 薩提爾工作坊做了以下的記錄：

先照顧好自己，才能照顧好學生

工作坊一開始，崇建老師好奇 KIST 老師參加工作坊想獲得什麼，也好奇老師們平常都是如何照顧自己，現場鴉雀無聲，一片靜默。「我們多久沒有和自己連結了？」崇建老師分享，在從小到大的成長經驗中，父母總是壓抑孩子的情緒，當孩子落淚時會告訴他們不要難過、當孩子感到生氣時會告訴他們不許胡鬧，漸漸地孩子收起了自己的情緒，不再與自己連結。

於是崇建老師為KIST老師送上一份邀請，在這三天工作坊練習專注於當下，用深呼吸感受此刻的內在的感受，重新找回與自己的連結。內在感受會不斷影響著我們外在的狀態和應對，身為一位偏鄉老師，面對到的是更為複雜的教學現場，若要以和諧一致的姿態讓孩子感受到被接納和同理，老師的首要任務要先學會覺察感受、照顧好自己。

應對姿態是冰山的表層，每個行為背後藏著期待與渴望

薩提爾女士認為每個人都是一座冰山，外在行為僅是冰山一角，應對姿態是我們唯一在冰山看得見的部分，而大部分藏在水平面底下的是我們的內在，包含感受、觀點、期待、渴望和自我。孩子不願意寫功課、總是在課堂調皮搗蛋……孩子內在的「感受」可能是難過和生氣，他的「觀點」或許是覺得自己不被重視，他「渴望」的也許是父母或老師能多關心他。

崇建老師帶領KIST老師們認識薩提爾的冰山理論，藉由認識冰山理論，讓老師在處理孩子的問題時，可以停下來想想，孩子的冰山下可能深藏了不同的期待和渴望，進而陪伴孩子的情緒，深層處理行為背後複雜的訊息。

應對姿態以「系統」存在，孩子深受家庭成員的應對姿態影響

在人與人的對話中，討好、指責、超理智和打岔是四種常見的應對姿態，為了求生存，我們不經意的展現這四種應對姿態，然而應對姿態常以「系統」存在，意指個人所展現的應對都與家庭成員的應對有關，例如父母的應對間接影響孩子的狀態。崇建老師邀請老師們重現家中爭執的對話，並剖析對話的應對姿態，運用身體的雕塑來呈現。看著兩位扮演夫妻的老師不斷跪下（討好）、手指對方（指責）、雙手抱胸（超理智）和背對（打岔），連續的「家庭舞步」讓台下老師們笑聲連連，也驚呼每一句對話都藏有不同的應對姿態，而要表達出和諧的姿態則需要透過不斷練習。

停頓、深呼吸、感受，崇建老師帶領夥伴進行感受的覺察，進而才能照顧好自己的內在。

唯有穩定的內在才有機會接應孩子的生命，進入孩子冰山下層的感受，進而看見期待與連結渴望。

少問「為什麼」，展開好奇心對話

當孩子犯錯、有情緒時，老師們時常踩入提問的慣行地雷，以至於無法深入談話，理解孩子冰山的背後發生了什麼事。崇建老師帶領KIST老師練習以好奇心及客觀事實出發的提問，此對話原則包括不問為什麼、不引導至自己的期待、不和孩子說道理、避免直接給答案（老師們這才發現不踩地雷的問話好難呀！）。假設上課中發現孩子在睡覺，老師可以這樣提問：「剛剛在上三角函數的時候，老師看到你趴在桌上，發生了什麼事呢？」以客觀角度（看見孩子趴在桌上睡覺）提問，避免使用主觀假設來理解孩子的行爲，透過好奇心展開對話，進而真正連結到孩子的內在狀態。

崇建老師邀請夥伴一起示範對話練習

三天的薩提爾工作坊，看見老師們專心投入在每個練習，從一開始害怕打開自己的感受，到願意停頓、感受內在情緒甚至與夥伴分享，也透過不斷練習以和諧的應對姿態展開與他人的對話。崇建老師最後邀請KIST老師們都能用豐盛的眼光欣賞自己，時時刻刻察覺感受，並且接納它，進而帶著豐沛的能量回到學校面對孩子。

桃源國小林慧萍主任在參加之後，於臉書寫下自己感受：

薩提爾第二天
我們的心思意念何等重要！
正向模式不是為了正向而正向
正向與和諧
來自於全然無條件的愛與接納

我們的期待終究是屬於我們的以為
再多言語的包裝還是必須回到誠實裡
誠實面對與接納自己
好多的不小心會無意中趁隙而入
轉化成情緒勒索、指責、負面的情緒等
造成了情感的彼此纏繞與無解
原來
身體會記憶傷痛
回到內心省察覺知
面對自己的感受並接納此時此刻的我
照顧自己
好好愛自己
才能有正向的平衡與力量
薩提爾很深奧
有一天領悟透了

我們眼中的孩子都只是孩子
順著孩子的天性
啟迪他們的潛能
而非成人看似遠大、理由正當的期待

附錄二
超越戰績的思考

寒假大清早，花蓮三民國中的紅土球場，揚起陣陣塵沙，伴隨一二、一二、一二有節奏感的喊叫聲，球員們在折返跑、傳接球……陽光下，橘紅色的訓練服襯在周圍的大樹青草上，顯得好亮眼。而小球員們如稻葉忽然抽長的細長的身形，正逐漸鍛鍊堅韌的肌耐力。

以下引自KIST教育實驗室臉書：

三民國中是KIST在花東第一所體育科班棒球隊的學校。前統一獅投手、人稱「張班長」的志強教練，二〇一五年擔任花蓮縣三民國中青少棒總教練，投入棒球基層帶來貢獻。已培育出二名職棒球員，而去年高中畢業的十一名子弟兵之中，也有八人進入國立大學。

從接掌兵符，張志強就向球員講好隊規、校規和宿舍管理辦法，剛開始給予新進孩子一些時間先適應國中生活，之後逐漸嚴格執行。

去年十一月率兵來打關懷盃，隊上的王牌好手遭到禁賽，原因是「課堂態度表現不佳」，被禁賽的國三學生只能哭紅雙眼，看著全隊離開，獨自留校課輔。而一轉眼，剛剛練球的一個孩子，之後默默安靜認分地清掃廁所，鬢邊的汗水還在閃閃發亮。

棒球在花東的學校非常重要，特別在極為偏遠小校，能夠進入職棒殿堂的孩子是非常不容易。三民國中林國源校長觀察到，人稱「張班長」的總教練張志強傳達了球隊重視的根本價值：「球員的品格發展比球隊戰績更重要。」

在KIST「成長心態」與「正向語言」、SEL（社交情緒學習）的關注下，很重視從學生身上長出真的力量，包含覺察情緒、管理情緒、社交技能和負責任的做決定，這些都需要在各種教育的場域（包括運動場）持續鍛鍊。

激烈的比賽壓力下，相較對手教練嚴厲斥責場上犯錯的小朋友，張志強反而給予較多鼓勵，但林國源強調：「傳統責罵規訓操作起來很速效，但規訓得到的結果不是學生真正的力量，它無法遷移，換個場域或對象就不一樣，所以學生在校長室或教練面前，跟在生活輔導員和導師面前不一樣。」

因為這些正向能力的培養，不可能立竿見影，它宛如滴水穿石，耗時耗力，但影響深遠，涓滴成河，將來有一天幸運培養成為球星時，可以有自制力，拒絕各種名利場的誘惑（簽賭或桃色風波、不當言論……），除了辛苦球技練習外，球隊更加重視「品格力」發展，而且以高期望值重視體育生的「學習力」，而退役後也可以轉任教練、運動主播、職能治療師……等。KIST三民國中要示範出不同以往的球隊文化，也為偏鄉弱勢學生未來準備找尋人生各種可能。

以下引自KIST教育實驗室臉書：

剛到學校時，熱情還在、目標不變，但遇到很多問題？

「剛來的前三個月很辛苦，所有東西都要從頭來、重新學習，更何況面臨到的是青春期的小朋友，挑戰真的很不一樣。但一開始就知道，品行一定要注重，也就是KIST的**#品格**、球場上的態度。」志強教練憶起當初的回憶，堅定的說著。品格是志強教練注重的帶隊準則，也是很基本的條件，是孩子從日常就要培養的態度。此外，志強教練對於**#學習力**也相當重視，孩子們都還是國中生，「學生」的身分是優先於「球員」的。盡學生學習的本分，培養基本學力，而後在球場上盡力發揮，扮演好每個角色，未來的選擇才會多元。

三民轉型成KIST學校後，怎麼與KIST的品格力做結合呢？

「其實在外面球場上大家會講的是『態度』，就像大家都會說『態度至上』、『態度拿出來』，但『態度』是一個很籠統的名稱，而KIST的七大品格其實就是『態度』的展現，是一個很明確的概念，只是現在體育界比較沒有人在講。

　在球場上或比賽中發生問題的當下，我就會講出七大品格的其中一項，孩子就知道要怎麼做，例如讓孩子知道，我現在需要的是『**#熱情**』、

『**#好奇**』等，但需要與孩子培養默契，逐漸讓他們適應。」志強教練也提及家庭教育的重要性，所以除了與孩子不斷溝通外，也與家長保持互動，讓家長們了解學校的步調與想法，形成一致的教育環境。

從明星球員變成球隊教練、從職棒舞台走回學校部落，張班長面對不同階段的困難與挑戰，仍然保持初衷持續前行，期待未來張班長能持續帶領三民的孩子，找到發展天賦的舞台。

同場加映—棒球農夫——班長米

張班長從統一獅退役後，不僅到三民國中帶領棒球隊在比賽中獲得許多佳績，同時，也回到台東的阿拉巴灣部落當起「農夫」，以「**#誠實**、**#負責**、**#品性**」三個信念，種植安全且無毒的「**#班長米**」，期待可以為孕育無數職棒選手的土地與家鄉盡一份心力及部落責任，無疑是KIST期待培育人才「**#有走出部落的能力**，**#有走回家鄉的情懷**」的典範。

1. 美國已故家族治療工作大師，建構出影響深遠的薩提爾模式（The Satir Model）。薩提爾女士相信，不論外在條件如何，在這個世界上，沒有人是無法改變的；人可以更正向、更有效率地運用自己，實現理想。生前她在世界各地開展工作坊，在台灣有眾多的追隨者與實踐者，如知名的李崇建老師。

2. 薩提爾女士在演講中指出，孩童在成長過程中應對父母的教養模式，將逐步建構自己的內心藍圖，這藍圖源於孩童對所發生的人、事、觀點的稱呼（概念的標注），再加上自己的命名和解釋（編碼系統），「兒童不斷學習對自己和他人，對內在世界進行標注和編碼。」受傷的孩子在內心世界不斷編碼，形塑不同求生方式。然而大人也有自己的「編碼」，當兩座冰山碰撞，其傷害可想而知。參考《薩提爾的對話練習》李崇建著，親子天下出版，二〇一八年五月出版，頁七十一～七十七。

3. 娜汀・哈里斯在其《深井效應：治療童年逆境傷害的長期影響》（*The Deepest Well: Healing the Long-Term Effects of Childhood Adversity*）一書中指出，若一個人曾遭逢四種以上的童年逆境經驗，那麼他罹患冠狀心臟病的機率是沒有童年逆境經驗者的二・二倍、罹患任何癌症的機率是一・九倍、罹患慢性支氣管炎或肺氣腫（慢性阻塞性肺病）的機率是三・九倍、中風的機率二・四倍、糖尿病的機率一・六倍、曾試圖自殺的可能性是十二・二倍、嚴重肥胖的機率是一・六倍、過去一年有兩週以上心情憂鬱的機率是四・六倍、曾使用非法藥物的機率是四・七倍、曾注射藥物的機率是一〇・三倍、目前有抽菸習慣的機率是二・二倍、曾患有性病的機率則是二・五倍。二〇一五年有一部紀錄片《紙老虎》（*Paper Tigers*）與哈里斯的看法相互呼應，影片指出對於這些長期在毒性壓力中成長的孩子，「紙老虎」就和真的老虎一樣可怕，因為這樣的孩子並無法分辨紙老虎和真的老虎，老師一句嚴厲話語、提高音量、同學嘻笑聲，對他而言都是「攸關生死」的危險，讓他身體進入「迎戰或逃跑」反應狀態中。

第十章

「學習力」——教室裡的主人

背英文單字

台東桃源國小，放學時分，校門口像菜市場一樣熱鬧，幾個孩子圍著漢文校長嘁嘁喳喳說話。有些頑皮一點的，把校長兩手臂拉起來，當作遊戲器材一樣拉著轉圈，校長很配合地化身為人形立樁，扎著雙腳當支點，轉動身體一手拉一個孩子甩了好幾圈，他們忍不住興奮尖叫說著：「我還要！」、「校長再來！」

熱鬧一場之後，滿頭大汗的鄭漢文走進校長室。校長室有燈，幾個孩子自動倚在一張大桌子做功課。一個女生走向校長辦公桌旁，要校長驗收她背好的單字。桃源國小每個人有專屬的「英語單字簿」，記錄畢業前一定要背牢的三百個單字。她靠著壁櫃，一會兒扭動身體、一會兒斜著頭，閉著眼死命想……f-a-m-，又試了好幾回合，向空中嘟囔著幾個音，自語著「唉呀，不對、不對……」再盯著校長的臉，尋找什麼蛛絲馬跡。

最後她深呼吸，集中意念緩緩拼出 f-a-m……y-，「家庭 -family」。校長打了個勾，喊出「正確！」

每個符號承載著各自的意義，好像漂泊多年的瓶中信，來到女孩面前，終於被揭開了謎底。她大舒一口氣，臉上漾著光，雙眼迎視校長的笑容。知識的傳達是快樂的、富於感染力的，夕陽斜射進來，將校長室照耀得更為透亮，當校長送走孩子時，祖孫般的身影沐在一片光裡。

每個孩子都能學

鄭漢文說：「我們相信每個人都能學，不會放棄任何一個孩子，其實，孩子不但能學，還可以不斷學下去，成為專家學者。」沒有一個孩子要為自己的學習落後感到自卑或自我放棄。他濃黑的眉毛下，有著如哲學家般深思的眼眸。雖然自稱為「半獸人」，說自己的獸性還很強，經常犯錯，但是在台東，他其實威名遠播，之前他曾在排灣族的新興國小擔任十二年的校長，創立原愛布工坊、原愛木工坊，扶植地方產業，讓孩子的父母找到自尊自立的根源。誠致內部夥伴開會時，他總是從弱勢、從學生的角度出發，提問：「……我們這樣做真的對孩子比較好嗎？」方新舟形容他是「我們 KIST 人道主義最後的一道防線」。

「每個孩子都是學者」是 KIST 學校的基本信念，面對快速變動的二十一世紀，KIST 並不會因為強調「品格」，便對學業就有所偏廢，其實，KIST 應是所有公辦民營系統內最重視、最強烈投入學業目標的學校系統，其教學的成果一樣受到高度重視與檢驗。

畢竟 KIST 教育要能展現變革領導力，累積聲量跟社會對話，產生衝擊力、取得父母的信心、地方政府的委任，一定要有好的教學成果，因而成績便成為一種迴避不了、備受關注的指標。換個角度理解，學業成就是品格力加上學習力的整體成果表現之一。如同在美國 KIPP 必須強調大學畢業的達成率，在 KIST 學校裡，老師也必須想方設法要增進學生的學習效能[1]。

為了優化學習力，達成「拔尖、扶弱」的使命，KIST 學校大力擁抱新科技，導入數位平台與工具，做為推動個人化學習、最有利的幫手。

從他山之石的角度來看，基金會執行長吳明柱也指出，前幾年他們赴美參訪時，KIPP 學校早已經利用各種網路科技優勢，導入更多「個人化學習」計畫，而且速度更快、範圍更大，尤其灣區附近的學校幾乎已經接近常態。

傳統教學的誤區——南轅北轍的「教學決定」

不論是「以學生的學習為中心」、「每個孩子都能學」或是強調「個人化學習」這些新思維完全挑戰了老師單向授課的百年傳統，也扭轉了教學決定的運作之根本軸心，對於這種「哥白尼式的轉向」，誠致教育基金會與 KIST 老師培訓都有很深的著墨。

喜歡研究教學實務與理論的林國源校長在一次教師研習營中，向新進老師們分享「教學決定」的重要性：

他在簡報上展示了一張家樂福的 logo，告訴新進教師有效教學就像零售集團家樂福紅藍兩個反方向箭頭的 logo。

新進教師們紛紛露出疑惑的眼神。接著他拋出一個問題問大家：「如果教與學是講述 - 聆聽、派作業 - 寫作業的結構關係，我們到底教給學生什麼？」大家陷入一片沉思。

對於教學決定，林國源校長要提醒新進教師，我們在課堂上的作為常常不知不覺地幫學生做很多決定。

當我們決定講述時，等於告訴學生只要坐著聽；當學生有問題或迷思產生，我們立即解釋清楚，等於告訴學生不必有好奇心，也無需思考；當我們的教學是一課一課地講下去＋考前大複習時，等於告訴學生信我得永生，你只要跟著我，不必擔心。

這些「教學決定」所形塑出來的，其實是一個被動等待、無需思考的學生圖像。換句話說，當我們覺得學生被動、缺乏好奇心以及喪失學習的熱情時，有很大的可能是我們自己「教學決定」的副作用。

他提醒老師：「事實上，我們的『教學決定』形塑了教室文化，這個看不見的東西，才是決定班上學生學習成效的關鍵因素，也是決定教師教學是否有效的關鍵因素。」就像家樂福的 logo 一樣，有形的教學決定，就像 logo 中紅色和藍色的箭頭一樣，目的在形塑出中間那一個看不見的「C」，所以請老師在做「教學決定」時倒過來想，如果你要學生思考，那麼你應該「提問」；如果你要學生主動，那麼你應該逐步放手，並協助他 PDCA；如果你要學生展現熱情，那麼你應該誘發他的好奇心。

反觀傳統教室的風景，老師為中心的講述、演示、複習、重點整理、安排測驗、檢討考卷，已經將學生的 Voice and Choice 全部越位取代，這跟我們在一〇八課綱所追求的「培養終身學習者」教育願景顯然是南轅北轍的！

KIST 必須將傳統教育扭轉過來思考，讓領域知識回歸到學習材料的位置上，放更多的力氣在發展學生的認知技能，也就是學習如何學習上。

林國源舉個人化學習的 AEE 框架為例，學習包括三件事：

①「**Access」訊息的存取（聆聽、閱讀文本、觀看影片等）**。

②「**Engage」參與學習（思考、討論、探究、獨立練習、問題解決、錯誤訂正、評量、專題研究等）**。

③「Express」展現學習的成果（月段考、報告、寫作、微電影、簡報、成果展、作品等）。

以風靡華人世界的「學思達」為例，其中「自學」是訊息的存取，提問創造出來的「思考」在促進學生參與進學習中，而「表達」最妙的地方除了可以展現學習成果外，藉由追問、互動還可加深學生的思考，達到深度學習的效果。

從AEE的框架和「學思達」的例子中，教師應當思考，哪一些教學設計可以讓學生練習訊息的存取？哪一些的教學設計可以擴大、深化學生的參與？怎樣的表現任務可以同時兼顧領域知識與認知技能發展的評量？這樣的教學決定才會真正對焦一〇八課綱「培養終身學習者」教育願景。

大量使用數位工具

KIST學校特色之一包括大量使用數位工具，導入平板或筆電等硬體，配合均一等教學影片，解除老師不斷重教的負擔，進而能全神關注搭建更好的學習鷹架，聚焦在學生認知技能的發展，幫助孩子發展出自己的學習方法，變成快速學習者、終身學習者。

早在二〇一二年均一教育平台才剛上線，甚至還只有英文發音、中文字幕階段，台東布農族部落的桃源國小就大膽先行採用，鄭漢文說：「均一是學習工具，也是學習策略，我一直認為傳承原住民文化，並不意味放棄知識學習。」

第一批共同推動均一的林幸慧主任強調，她以前教數學、國語全班進度一致標準化，今天第一頁、第二頁，明天要第三頁、第四頁。程度好的學生「等」程度慢的學生，甚至不但等，還要當小老師，「本來這有一個好處，可以教人又複習，可是當他真的複習幾次之後，也急著想要往前走，卻感覺被拖住了。」學得快的孩子們，得到上課變無聊的「懲罰」，經常忍不住走神。

導入均一教育平台，解放了林幸慧。她不僅不必追進度，小朋友反而配合課本跟習作，學得更加精進。自己感到不清楚時，可以不斷回頭再練習。她的班上，四年級的孩子忘了三年級的數學，可以馬上在均一找到題目練習，不必再翻以前的課本（課本可能找不到了），中年級孩子學得快的，甚至可以練到高年級的程度，而有的高年級也已提前「玩」到國中數學，同學也慢慢了解設定自我進度的用意，

「一間教室裡的十幾個孩子每個都不同，無法齊頭式的平等。」如今有了數位平台與工具，幸慧老師彷彿多了很多分身，她愈來愈加增能，愈樂在其中。這種採取差異化的科技融入教學模式，吸引蔡英文總統三次造訪觀課。

林幸慧更將差異化的概念延伸到其他學科，改變她的教學觀。她原本受傳統師專訓練，教學風格一直偏向「行為主義」色彩，學生提問，她馬上「脫口而出」，提供菜單式的、指引式的答案。之後，隨著新工具的引入，網路的建制，她逐漸修正為「建構觀」——老師不再對學生有問必答，而是要求學生懂得運用工具，尋求解答，自行建構自己的知識系統。

她們的教室外有幾個昆蟲箱，當孩子問道：「老師，鍬形蟲怎麼樣養？怎麼布置昆蟲的家？」她停下工作，看一眼學生，輕聲反問：「你希望老師直接講答案嗎？你可以先去觀察噢……你覺得牠怎麼住會最舒服？」孩子意識到自己的角色，「喔，好我自己可以查，有問題再問老師。」林幸慧也不說教、不敷衍、不指責，而是透過停頓、關注、反問、製造懸念，誘引出孩子的好奇心，讓他們驅使自我去求知。她一直是KIST轉型的支持者，她笑著說：「KIST簡直是為我量身打造。」

混齡＋協同教學模式

ＫＩＳＴ的老師非常上進，他們熱中於學習。花蓮三民國小在轉型ＫＩＳＴ之後，由初任校長施信源領軍，積極推動個人化學習與差異化教學，之後更由誠致教育基金會挹注經費，改造教室空間，為孩子量身定做全台第一間專屬混齡＋協同教學模式教室。

原本方正的制式木桌改由水滴形的小桌取代，這四張小桌可以隨時拼成四片花瓣一般的大桌，方便學生同時打開筆電、課本、筆記等，進行小組討論。同時在教室左前方、右後方各增加了一面中型黑板，可以隨時拉來塗寫。教室鋪著木紋地板、明亮的空間、多色彩的環境等，配合三位老師協作，四、五、六年級混齡上數學課，施行個人化學習與差異化教學。

協作的老師之一，是來自離島的林宥汝老師，之前在東引只將均一當成補救教學的輔助工具，並未釋放線上平台所有的潛力，但來到三民國小之後，在施信源校長的功力灌注之下，均一教育平台在三民國小這裡成為個人化學習的強而有力的後盾。

宥汝老師說，他們採取高年級「混齡＋同質性分組」，學得快的「自學組」，老師可以指派任務，他們可以完全地利用均一，自主在線上完成學習；「共學組」的同學，可以彼此討論，老師在旁邊當教練；學得慢的孩子，由老師在旁邊家教式輔導、協助陪伴，實施班級內的差異化教學。自學組的三個孩子，甚至為自己創造樂子，把白板拉在身邊，自行出題目彼此比賽，「三個人自發的把他們當遊戲來玩，比得很開心。」陳淑芬老師說。

跟宥汝搭配的是陳淑芬老師，來自屏東楓港一個單親加上隔代教養的家庭，從小到大沒錢補習，卻憑自學努力，一路靠獎學金讀完大學，「以前的童年的經驗使然，我對偏鄉有一種親近感，想到這裡教學，我覺得應該可以同理這些小朋友。」她睜著水潤的大眼睛說。

雖然三民是她第一所正式服務的學校，但她成長驚人，已經成為主力教學的老手。她分享說，KIST 盡可能為每個孩子「量身訂做」學習法，利用均一教育平台上課分組，同時不離課本內容太遠。

而學習單依每個人分組能力或是學習狀況，精心客製化，給初級練習提取訊息的小孩出填空題；中間組掌握基礎內容即可；自學組多點挑戰的、複雜性的問題。

期末評鑑也分程度，出三、四份不同的考卷，分數相同，內涵不一樣。但相同的是，孩子在習得基礎學力的同時，總是得到正向的肯定。

陳淑芬老師曾推動一個「小家教」計畫，數學課六年級搭五年級、強搭弱。程度好的學生主動把不會的孩子教到會，老師給點數獎勵；卡關組員點數會被收走，出於同組一命的愧疚感，卡關的孩子會找人求救，學好之後，找老師驗收回報自己的學習成果，「老師，剛剛那個哥哥教我，他這樣……教我，所以我學會。」小家教和卡關的都可以得到點數。學期末比賽各組點數多寡。透過這個互動，創造同組之間很多互動，教人的可以練習，被教的也很快學會，且經由向老師表述，代表他經過自己思考、消化及轉化，「其實我們一直是在做實驗，座位也一直改變，教學不斷在做滾動式修正。」

三民國小的孩子在這種靈活的環境中學習，成效也很好，在尚未轉型之前，學生學力已是前段班，這幾年轉型為KIST之後，該校在全花蓮縣學力檢測中更是名列前茅。

「老師有沒有需要調整的地方？」

雲林拯民國小四年級的國語課，十個學生們圍坐成圈，人手一台平板電腦，戴著耳機，一邊盯著螢幕聆聽課文講解，一邊在講義上寫作。

這兩週他們正在學《少年筆耕》這一課，講述一對父子歷經誤解而凸顯親情無價的故事，學生時不時按下暫停鍵，或重聽一次，國語老師陳珮樺輕聲在孩子身旁走動，察看表情焦灼的同學，必要時輕聲協助。講義本上有很多任務，比如先要標定哪些段落是起因、經過、結果，同時摘要大意、抄寫注釋、解構文本、歸納意義……之後進入「文本圖像化」創作，繪製心智圖，進行閱讀理解策略學習，整個過程完全沉浸於自己的學習節奏裡。

每項任務都有時間限定，拯民全校六個班級，每個班級都有計時器，老師在課堂出一個五分鐘的任務，便用計時器計時，讓孩子扎扎實實感受五分鐘，無形中教導孩子們全神貫注在學習上，每堂課都有效率、有節奏的推進。

為了教課，陳珮樺透過網路自學影片攝製、剪輯和編劇，預先將課文講解的內容製成影片，再擬定講義做為孩子學習的鷹架。她說：「高年級的文本愈來愈長，如果不刻意統整或整合的話，容易落入支離破碎的理解。」

傳統上，國語課向來是老師站在講台上，全班統一講解。但是ＫＩＳＴ的國語課不同，若以老師為中心授講，學生的學習節奏勢必要完全配合老師，可是有些孩子寫字速度較慢、理解比較慢，因壓力大而慢慢掉隊落後。透過影片，孩子可以按照自己的節奏前進。而孩子經過這些文字操練，無形中也培養出提取、推論、詮釋整合、比較評估等閱讀素養。

而剛剛在上課前，每個孩子要在看板上標定自己「熱情學習溫度計」，自我省察今天的心情是否在高亢的學習熱度裡；下課之後，他們各自找個小角落，錄下自己的「課後反思」，針對「今天的課堂學習怎麼樣呢？」、「老師有沒有需要調整的地方？」錄下自己的意見。

這個訓練是讓孩子做「後設學習」，意識自己在學習、評估自己以及別人學習、如何可以學得更好。老師可以在後台全部一次聽到同學各自的反饋，做為下一堂課的修正指引。「孩子難免有青春前期的一些躁性，有時影響班級狀況，與其老師一直叮嚀或責備，不如教導孩子自我感知和反思，效果可能更好。」陳珮樺說。

而拯民的英文課也以同質性分組、差異化教學，日後將推行打散年級的「混齡同質分組」，而且每堂課有「入場券」機制，上課前十分鐘，學生上網檢核之前學習的程度，先備知識；課後也有「出場券」，衡量今天的學習成效，每個歷程都清楚可辨，努力貫徹「以學生為中心」的精神。

每班都配給基本單槍投影機，另外以電腦接上電視螢幕，一堂課至少一個班級有兩個螢幕，投射不同分組的任務。宛如同時在一個教室開很多視窗，孩子可以活用。老師善用線上平台發展即時回饋、線上檢核系統，也在線上設計題目、發放考卷、指派作業，學生完成後直接上傳，老師線上檢視，學習歷程全有跡可循，即使低年級的孩子，舉凡國語、數學、生活，每個課程都留下完整的紀錄，孩子的成長也回頭鼓舞了老師。

而這波疫情來襲，很多KIST學校影響不大，適應良好，就是因為平時早就將數位平台與科技運用圓熟之故。

校長林郁杏說，KIST成立的第一年，她帶六年級孩子，自編講義要孩子共同討論，但是他們完全無法掌握材料，更不知道怎麼討論，林郁杏驚訝心想，都念到六年級了，之前居然沒有老師帶他們做這類學習。經由一學期的帶領，到了學期末了，每個孩子幾乎書寫很有條理、行文也有自己的觀點，而且前三位畢業的孩子，到國中都有不錯的表現，有一個班上學習最投入的孩子，畢業以後，在國中時的國文是全班第一。

提升「識字量」

識字量一直是偏鄉教育的痛點，也是KIST的嚴峻挑戰，識字量影響閱讀力，閱讀力直接反映在考試成績之上。

早年在蘭嶼朗島國小服務的鄭漢文校長，記得有一位二年級的老師向他抱怨：「我沒有辦法再教孩子數學了！」因為二年級數學有個「比大小」單元，比如五比二多多少？或是二比五少多少？

「多」與「少」只是兩個不起眼的中文字，原住民的孩子卻無法理解：什麼叫「多」？什麼叫「少」？什麼叫「多少」？什麼叫「多」多少？什麼叫「少」多少。多多少，有二個「多」，少多少，有兩個「少」，有比較詞，也有計量詞。老師無法用原民母語加以類比，這一連串概念，對原住民的孩子簡直如複雜的迷宮，無法理出頭緒。這些文化及語彙的彼此不熟悉，造成孩子很多思考的停頓，孩子受挫，老師受氣。

這種原漢之間的文化差異，只是冰山一角。吳明柱說：「好山、好水，但是弱勢學生對於文字卻好無感！」偏鄉學生只在學校有閱讀機會，回到家後並沒有閱讀的資源與環境，長期下來，識字量低，如果連內容都看不懂，當然影響各種學科的學習[2]。這將會是KIST學校持續努力的課題。

前幾年，三民國小改制KIST之後，很多老師離開，四年級導師徐向良接受挑戰，考試招聘進來。那一年三民國小國語課採取三、四年級混齡上課（因為三年級只有一位學生）。孩子從識字開始，學習閱讀，再透過閱讀來學習，一旦識字出問題，牽動所有學習效果，特別現在各種測驗，題幹敘述愈來愈長，對於偏鄉原本就識字量薄弱的孩子，在閱讀上構成很大的障礙，因此補救基礎字量是當務之急。

徐向良想了很多辦法強化孩子的識字量，他採取了一套「高效識字法」透過部件及部首去擴充詞彙。教室舉目可見各種海報，「情緒銀行」針對生氣、傷心、快樂、煩惱的戶頭，讓小朋友存入各種用語，「動作銀行」羅列著端詳、目不轉睛、虎視眈眈……等字詞，「視覺線索是搭鷹架，小朋友透過這個來學習。跑得快的，可以學下一階段的新內容。」

而現在愈來愈看重素養，他省去過勞的消耗性抄寫，將更多時間用到字詞練習及文意理解。他觀察孩子寫小日記總是寫「我今天好開心」、「昨天吃冰很爽」、「很快樂」，都是貧乏的形容，孩子愈往上發展，愈需有精細、複雜的情緒與動作詞彙來表意，所以徐向良要小朋友將讀到的新詞蒐集在「銀行戶頭」裡，整理成海報，貼在教室不同角落，久而久之，他們都分辨得清，預搭鷹架幫助孩子，而寫作的素養也在無形中培養起來[3]。

「活在生命現場」vs.「教室裡的客人」

中央大學認知神經科學研究所講座教授洪蘭指出，人腦在學新東西時，瞳孔會放大，腎上腺素分泌，正腎上腺素是神經傳導物質，更是大腦的神經調節物質，能提升大腦學習和記憶的功能，使學習更有效。「快樂學習」是一個經常被誤解的說法，學習的過程本身不一定是快樂的，但是學會了之後是充實而快樂的，愈學愈聰明，大腦愈不會老化痴呆。

教學是一個互動的歷程，KIST強調打群架的組織戰，老師善用科技，依照學童個人進度進行差異化教學，以全新的教學方案，以終為始來設計，做到混齡教學、混成教學與個人化學習……等多重任務，一堂課裡做到學生七十％的參與度，老師只授課三十％，帶出學習者的主動性與能動性，重建孩子學習的「掌握感」，扭轉知識的「馬太效應」，改變強者愈強而弱者愈弱的劣勢，讓學生能夠：自動自發、自主學習、解決問題、承擔責任，培養出一個終身學習者。

1. 學習力的課堂策略：為了讓學生更能投入學習，KIST導入SSLANT策略，幫助學生對此刻意練習，協助他們更加投入學習：

①Smile 面帶微笑

②Sit up 鼓起精神挺直坐正

③Listen 仔細聆聽說話的人

④Ask & Answer 積極提問與表達自己的疑惑或想法

⑤Nod 微微的點頭讓說話的人感受到「我有在聽你說喔」

⑥Track 眼神跟隨著講者表示自己的專心與尊重

2. 二〇二〇年中，公民科技團體「g0v 零時政府揪松團」開辦的「零時小學校」，推出徵件計畫，號召各方教育科技好手參與提案，五組獲獎團隊可獲三萬元獎金。出於對識字量的注重，如果提案解方與「識字量檢測」主題相關，誠致教育基金會將加碼給兩萬元獎金，所有獲獎成果都將開源釋出，與大眾分享。

3. 二〇〇八年PISA計畫主持人、台南大學教授洪碧霞根據報告分析，台灣學生閱讀表現水準五的「高分群」優秀學生進步許多，但閱讀表現未達水準二「基本門檻」的學生比率也增加，個別差異拉大挑戰老師教學能力；而二〇一八閱讀評量作答方式有選擇題和反應題兩類，作答時學生需以簡短文字回應問題等，台灣學生在總題數二百四十五題中、有三十題未作答比率高於十％，甚至一題未作答比率高達四十三％，學生連答都不答了，這些現象均值得重視，呼籲教育部針對閱讀表現落後的學生，應進行積極介入以降低比率。此外，OECD的報告還認為，智慧型手機以及充斥著假資訊、假新聞的年代，批判性思考以及閱讀理解能力更為重要，學生必須學會如何辨別真相與虛假，「閱讀不再只是為了獲得資訊，而是要建構知識，批判性思考，然後做出有根據的判斷。」

第十一章
素養・PBL・雙重目的

二〇二一年六月中，網路上開始流傳一份來自樟湖國中小七八年級學生寫的、強調「歡迎支持轉貼」的文章：

#挺醫護顧小農—疫起飄香台灣咖啡

我們在進行本學期專題研究，最後有個服務實踐的課程，但因為疫情無法前行，但我們看到咖啡小農因為疫情滯銷，同時也感受醫護人員辛苦地為台灣守護，需要咖啡提神，於是我們構思了捐咖啡挺醫護的活動，獲得當地以收購小農咖啡的

TGC店家響應，你只要捐一份，TGC也跟著捐一份，並以低於成本的價格做公益，希望能夠讓善的想法流傳。

#驚心——疫情之下，社會問題觀察

看著前線的醫務人員穿上全套的兔寶寶（防護衣），天氣炎熱，汗水直流，勉強在途中可以找到空檔喝口水，令人一陣心疼與鼻酸……在這波疫情之下，關注到疫情下咖啡小農的咖啡豆滯銷，導致收入逐漸下降，影響了家庭生計。

#初心——統整力道，嘗試解決問題

如果我們可以將在專題所努力學習到的探究力與統整力，以服務的行動，來為疫情下的台灣，送出我們的在地關懷與前線支持，讓兩邊困境不再是困境，並拉出一個友善的循環，這是多麼美好的一件事！

#發心——行動力中，TGC友善連結

有著美好的發心，如果您願意以行動來「支持小農」與「關懷醫護」，我們可以協助您購買「疫起飄香台灣咖啡」，轉送給衛服部的醫療院所或檢疫所，送愛到前線，於此同時，TGC將加碼，再增送您購買的相同份數之咖啡，到前線給醫護，讓愛心最大化！（注明：你捐一份店家也跟著捐一份，給醫護二份的意思）

#齊心——殷切期待，您的愛心迴響

台灣很大，大到病毒肆虐，我們因此恐懼而疏離；台灣很小，小到咖啡香溢，我們因此溫暖而連結。

發起單位：樟湖生態中小學七八年級專題組學生

協助單位：樟湖生態中小學、TGC咖啡、逢甲大學建築專業學院、（陸續邀約中……）所得全數捐全台灣各地方的醫院。

許多醫療單位都收到這份禮物，好比七月八日，朴子醫院臉書貼文指出：今天這份禮物來自雲林古坑樟湖生態國中小學，孩子們看到當地咖啡小農因疫情滯銷又想說辛苦的醫護人員需要咖啡提神，所以發起「送咖啡挺醫護、顧小農」的活動。小小年紀就可以給出這麼強大的關懷力量！這份禮物給我們的不只是感動，更多的是激勵！護理科阿長們特地全員集合謝謝你們，院長也寫了卡片致意。

孩子在自己切身的生活中找問題，確認問題之後，開始一連串的探究、訪談、設計問卷、找尋文獻，理出清晰的問題脈絡後，再擬出策略、解決問題，投入生活去實踐。校長陳清圳追加的貼文說：「教育是生命影響生命的過程，大人可以影響小孩；小孩也可以影響大人，他們不是勸募，而是服務，利用他們的能力，去服務台灣，服務最需要的人。我以這些孩子為榮，至少踏出生命的一步。」

專題式學習法（PBL）

這個最近在進行的活生生的例子，凸顯了當前KIST學校愈來愈看重的「專題式學習」（Project-Based Learning, PBL）[1]。二〇一八年KIST團隊首度到位於舊金山灣區的「頂峰學校」（Summit Public School）聯盟學校參訪。這所學校大有來頭，二〇〇三年曾擔任公立學校老師的黛安・塔文納（Diane Tavenner）跟一群不滿教育現狀、充滿理想的社區人士結合，在美國加州創立一所心目中理想的學校「頂峰學校」，並擔任校長，其教育目標在於為孩子未來的豐盛圓滿人生（Fulfilled life），做足一切最好的準備[2]。

頂峰學校最大的特色是，全面性推動「專題式學習」，學生大部分的學習時間，都投入其中，它不是如其他學校做為點綴正課之外的餐後「甜點」，而是扎扎實實的「主餐」，學生到學校的目的就是做專題。為了讓學生全情投入PBL，塔文納校長運用「自我導引學習循環」（Self-Directed Learning Cycle）方法論，類似PDCA的進階本，甚至導入企業界盛行的「SMART原則」[3]，教會學生成為自己學習的領導者。同時學校設立「導師制」和自己的學生建立專屬的關係，「用整個團隊聯合起來支持一個學生」。該校學生培養出的能力不僅正好是大學端取才所需，更是為未來新經濟型態所預備，既有助於上大學，更有益於長遠的人生。

這所以PBL為課程核心的高中獲得極為驚人的教學成效。平均來說，美國的公立高中學生，能達到四年制大學入學標準的比例為四十%，但是在頂峰學校則是驚人的九十九%，甚至是百分之百！而且順利念完大學的比率比全國平均值還高一倍。很快的頂峰在加州和華盛頓州擴充十所高中、五所初中，目前全美還有超過三百八十多所學校、四千名老師採用他們的教育模式，共同為學生預備未來。

PBL 學習共同體

二〇一九年，KIST 學校團隊再度到訪「頂峰學校」之後，對於 PBL 的課程實施有更深入的看見，回到台灣，KIST 學校老師們開始分頭規劃，進行校本課程優化的工程，先有樟湖國中小學，之後峨眉國中皆同步優化學校原有的主題統整課程。

赴美觀摩之後，陳清圳校長與團隊在樟湖國中小「校本課程」中，注入「品格力」發展與「PBL」的重要內涵，國中部七八年級進行為期半年的專題式研究學習，在師長的引導協助下，孩子們從建立粉絲專頁募款平台、募款方案設計、洽商當地小農的咖啡、聯絡受贈方醫療團隊、再捐贈至第一線醫護人員手中。由產業調查出發，到連結消費者的過程，孩子們開展了各種真實情境的學習。原本因新冠疫情取消的課程，轉而成為汲取知識、運用知識的場域。孩子們從面對真實社會情境中學到，善行背後要有更縝密的規劃與行動，思考如何給予才是謙卑、培養公民意識與利他的價值觀、體認到不分年齡皆能對世界產生正向的影響力。如同參與「顧小農挺醫護」的行動專案計畫的七年級學生王翊程的心情寫照：

「在國家有點動亂的時候，
我們做了一點事情，
而不是那個什麼都沒做的人。」

——王翊程　十三歲　樟湖國中七年級

陳清圳說：「從課本走到生活；從實體生活再回到抽象世界時，學習才能真正啟動。」這些探究，雖然不能夠完全改變現狀，但至少教會學生學習如何學習，從一份問卷的形成、圖表的意義、良好溝通、行動的實踐……他認為，學習是長時間的人力和物力投入，思想會影響習慣、習慣影響行為、行為模式又會影響思維。這樣的因循都是一點一滴地往前，才能脫離慣性。「專題給孩子的從發現問題、研究到行動，學生的反思能力提升了，反饋到課業學習，大腦不斷的重整、操作。教改就是這樣的精神，多塑造一些環境讓學生解決問題，才能反應到學習表現。」

樟湖國中小與峨眉國中每學年結束前，都會辦理校本課程 PBL 專案研究的發表會，讓學生分享這一年 PBL 的實作成果，學生一組一組輪番進行成果發表。今年，疫情中他們舉行線上發表會，邀請六個教授和專家來聆聽指導，陳清圳校長描述發表會當時的情景，「難以想見一般大眾口中的『中二』國中生們，正襟危坐在所有專家面前發表自己的研究，學生的分享成果簡報與專家點評建議穿插，就像是一場真正的學術發表會，每一位孩子鼓足勇氣接受專家珍貴點評的洗禮，孩子們需要克服緊張與十足的準備，從頭到尾跟孩子們說真的、玩真的，而只有玩真的，才是真正的學習！」

峨眉國中陳姿利校長則帶領學校團隊，參考「頂峰學校」的認知技能圖譜，重新架構學校整體發展的課程地圖，輕量化成適合台灣偏鄉小校的運作模式，在 PBL 的課程進行，發展學生品格力、學習力、文化力的全人教育。

這是另一場學習的革命，KIST 學校正透過這樣的真實學習歷程，試圖改變受到升學主義嚴重影響的國中教育現場。特別在偏鄉學校，專題研究可以協助長期處於學習弱勢的學生，重新找回學習動力，孩子在解決問題的過程中，找到與課本知識有意義的連結，也找回學習的熱情與目的感。

KIST學校的老師們在這樣的學習歷程中扮演教練與學習者雙重角色，當學生有問題卡關時，與學生一起探討解決策略並實際驗證可行性，老師與學生成為學習共同體，老師作出終身學習者最好的示範，學生也在這個過程中鍛鍊為優秀「學者」的本事。

後設認知能力

PBL顛覆了長久以來關於知識「習得」的模式，現今傳統學校行之有一百五十多年之久，它源於十八世紀的德國「普魯士教育模式」，整齊劃一的座位，全體面朝黑板，聽老師講解，講求紀律、齊一、從眾等。當時的教育思維很簡單，目標不在培養能夠獨立思考的公民，而是培養大量吃苦的工人、易於管理的國民，搭配工業革命興盛後的人才需求點，這種教育模式廣受肯定，也為隆隆作響的生產線輸出了能幹的操作員，以及大量的中產階級。

然而，今天教育如此普及，各類知識的取得已經不是問題，重要的是找到資料之後如何解讀、轉譯、重整、再理解的能力。英國管理學大師查爾斯・韓第（Charles Handy）就批評「庫存式」知識的無效：「我不相信庫存式的學習，許多人以為可以從老師那裡學到畢生所需要的知識，把學的東西儲存在腦子裡，需要時再提取出來用，這是行不通的……學校把順序弄反了，所以大半時間無法奏效。」[4]隨著科技的發展，這類著重「記憶、理解」初階認知能耐，剛剛好就是AI最能取代的地方，甚至高階的人工智能已經可以達到評估及判斷的境界。全世界的教育都在思考有效應對於未來的教育新模式，二〇一五年起，PISA開始加入非認知能力的評量，二〇二〇年，更加強評量孩子的創意思考、想像力。

台灣也實施了新的一〇八課綱，強調「素養」導向——學習不宜以學科知識及技能為限，而應關注學習與生活的結合，透過實踐力行而彰顯學習者的全人發展，而素養也被定義為：「一個人為適應現在生活及面對未來挑戰，所應具備的知識、能力與態度。」

然而，素養內涵的三個維度——「知識、技能、態度」——既欠缺前面第六章提到的「價值觀」，而「態度」含意也含混不清。因此，KIST將態度及價值觀維度歸納在品格（Character），明列有助於學習的七大品格，鼓勵學生跳出舒適圈，才有深學習。

「知識」維度大家比較熟悉，也是教科書與老師教學的主要內容。關鍵在於如何協助學生導入更多提問策略、提高師生互動、引導學生參與、表達分享等提高有效教學效能。誠致教育基金會非常幸運能得到幾位台灣出名的老師的協助。王政忠老師是基金會的董事，也是MAPS教學法的發明人，他常常去KIST學校帶老師增能。創辦「學思達」教學法的張輝誠老師，他除了親自協助KIST學校的教學成長外，更引介多位「學思達」夥伴到KIST學校幫忙，並介紹李崇建老師將「學思達結合薩提爾」的教學模式導入KIST學校中，讓老師能體察學生的感受與渴望，了解學生的需求，提出好問題，融化學生的溝通冰山，建立起良好的溝通橋梁，對KIST老師幫忙很大。

KIST學校的教學發展中，對於「技能」維度的學習，除了過去大家熟悉需要動手做的身體技能外，學習如何學習的認知技能（Cognitive Skills），這點對於學習弱勢的學生非常重要，因為這群孩子沒有家庭的支持，對於如何做筆記、如何找出課本重點、分析比較觀點、事件相互的關係……等等認知技能，必須在學校有限的時間中學好。這些認知技能亟需老師的精心安排，加上學生自主刻意練習而習得。認知技能的養成不僅對於學習很有幫助，更是未來長遠發展的基礎。

有了以上認知技能的鋪墊，才能更順當接引出之後的「後設認知能力」（Metacognitive Skills）的鍛鍊——透過老師在教學進行前後的出場券與入場券、下課後的圍圈分享等活動設計，將所學習到的知識內容，回饋、重新組織進行發表或小組分享，增強後設認知能力。這能力對於學力提升、未來將知識應用於其他學習與生活都很具關鍵性，而學生下課回家後，「後設認知」更對於發展自主學習的肌肉，可以遷移到其他學習之上。KIST 學校非常看重這兩種能力的鍛鍊意識，常常可見老師在課堂或是室外學習活動中，將這些技能案例分享給 KIST 友校夥伴與公立學校老師。

能思與所思的辯證

時代進步如此之快，知識變動過快，或者範圍大到學不完，或者要學的知識尚未產出，學生真正在學習的是釣魚的方法（認知和後設認知），而不只是釣到眼前的魚（目前確認的領域知識）。因此，學習的重心已經挪移到形塑出一套學習的方法，讓他們可以終生受用。借取哲學的兩組概念「所思」（Noesis）與「能思」（Noema）的意識結構，認識的三個必要條件：認識的「主體」與被認識的「客體」，以及兩者之間的「認知作用本身」——源於希臘語Nous，意為心智。「所思」是思的對象，可能不斷變異增長，而「能思」是「所思」的根源，它可以經由「所思」的反省，而思考其自身，知道自己的學習方式。

台灣課綱在自然與社會領域課程內涵，都強調學生的學習應根植於生活世界的體驗與思辨，透過不同主題或形式進行探究與實作活動，社會科學與自然科學素養，除了知識的學習、能善用學科知識與方法、能以理性積極的態度與創新的思維，面對日常生活中各種與科學、社會有關的議題與問題，做出評論、判斷及積極行動，在假訊息充斥、快速流通的現代社會，學生具備「能思與所思的辯證能力」更顯重要。

而課綱中所強調的多元文化教育，並促進社會正義，並非只是理念或口號，需擴展至社會行動的層次，具體落實在日常生活與學習活動中，而「能思與所思的辯證能力」，讓學生發展出批判性的觀點，勇敢面對並能為社會正義而發聲，就是 KIST 學校強調文化力的核心目標。

將品格力、學習力、文化力融合

對所有學校變革來說，老師具備能思與所思的辯證習慣至為關鍵，方能建立強而有力的文化。文化能夠自行發揮作用，因為每個人都知道做什麼，也知道怎麼做。台東縣桃源國小是 KIST 學校文化力發展的旗手，鄭漢文校長說：「我們以文化為根柢，以品格為核心，以學習為開展，也就是說，給出文化力、品格力和學習力是我們的教育使命。新使命指引我們應該使學生的學習及成績水平，達到能夠改變孩子學習及生活軌跡的程度。」

學校六年的課程規劃依著 KIPP 卓越教學架構的信念與品格，內捲成布農族文化體系的七大品格，並參考 KIPP Wheatley[5] 與文化相關的課程模組，發展文化相關的教育學（CRP）[6]，林幸慧主任說：「KIPP Wheatley 巧妙的將品格力、學習力、文化力融合於跨領域閱讀課程中。課程運作是綿密且扎實的，這種有效的教學實踐不僅提升學生的學習成就，且能幫助學生接納和肯定自己的文化身分，同時也讓學生發展出批判性的觀點，挑戰學校教育不公平的長期現象，進而能為社會正義發聲。」

鄭漢文校長累積多年於部落中的生活經驗，與同事們一起書寫布農族地方知識的科學閱讀文本，將文化中的品格融入文本，並加入學術用語等關鍵詞彙，作為發展 **KIPP Close Reading**（近距離閱讀）的基本功，試圖讓學生在三年級學期結束時達到「年級水平閱讀」。〈胰臟是小孩的零嘴〉、〈小孩變成鹿〉、〈愛說謊的狗〉、〈臺灣黑熊與布農族人〉、〈被遺棄的孤兒鼴鼠〉……等是鄭漢文校長為了讓孩子及師長，深度理解當代西方的保育觀與傳統原民的宇宙觀的差異，透過傳統獵人向自然學習的集體智慧，整理出布農族人縱橫於在中央山脈中所保有的玉山魂。分享禮肉這些內容涵蓋了生命智慧、禁忌智慧、生態智慧，很適合引發孩子與在地文化的對話。

林幸慧主任與桃源國小同仁對於文化力的內涵，設定了高期待的課程目標：「就是除了讓學生學習文化認知與理解布農族狩獵文化外，期待透過問題討論的過程，學習提問與思辨。減低或消除對狩獵文化的刻板印象或偏見，不以特定標準或成見去框限狩獵文化以及射耳祭的意義與價值。學習面對文化衝突時，能對抗偏見及所有形式的壓迫或歧視，有處理及解決問題能力。」

這也是ＫＩＳＴ教學的新取向，然而這項能力的訓練並非向壁虛構而得，這項能力是透過科學性知識學習而練就。ＫＩＳＴ學校鼓勵老師由小範圍的探究活動開始下手，逐步培養手感，再發展以學生的生命經驗的ＰＢＬ：「問題導向學習」、「專題導向學習」、「現象導向的學習」。

法律保障了誰？

花蓮縣三民國中的公民老師高婷柔分享了另一個鮮活的案例。在八年級下學期公民科的課程進度是民主與獨裁，內容主要說明國家透過法治、法律來保障人民的權利。婷柔老師注意到布農族獵人王光祿狩獵事件[7]與單元內容有高度相關，特別在原住民學生比率超過九〇％的三民國中，利用課堂時間和同學討論。婷柔老師說：「王光祿因持有非自製槍枝與獵捕保育類動物遭處徒刑，即將於憲法法庭進行言詞辯論。而班上幾乎一半以上的孩子曾打獵過，我非常好奇孩子是否知曉這個事件，也很好奇他們對這個事件的看法，便將這個討論帶到了課堂中。」婷柔老師把這個事件帶入國中公民科的課堂，藉由事件紀錄影片欣賞，發現孩子對於這個課題的關注與發表對事件的看法時，與平時上課態度大不相同。

婷柔老師描述當時學生的反應，學生們衝突點源自於文化：「為什麼打獵給媽媽吃，是有罪的？」、「會狩獵的人是勇敢的」、「狩獵是原住民的文化與生活的日常」、「通常他們會從大隻的、老的動物開始獵。」、「獵到都是帶回部落給家人或族人一起享用」，孩子們滔滔不絕分享，但他們愈說著，眉頭皺得愈深。

當孩子面對《槍砲彈藥刀械管制條例》與《野生動物保育法》這些條文時，婷柔老師請學生找出他們認為不合理之處，婷柔老師觀察到，這應該是孩子第一次看著很多字的法條，但是他們耐心地讀，期盼能從中找到屬於他們的脈絡，但卻有許多失望，有孩子失落地對她說：「老師，你不是說法律是在保障人權嗎？哪裡有？」

這堂課對老師與學生都是一次衝擊，在老師眼中，這些孩子從小到大看著教科書內的文字，看起來都幾乎合理，也就背下來、拿去換分數了，「但這次站在原民孩子身後，看著漢人制定的法律框架原民文化，聽著孩子們分享很多長輩『膛炸』

的經驗，心裡涼了一截。」婷柔老師說。在關注王光祿事件，等待大法官會作出解釋的同時，孩子們向老師分享他們的打獵和躲警察經驗，婷柔老師一方面感受到孩子開始為自己的觀點站出立場，願意和她這位「外行人」細心解釋，另一方面也清楚學到「法治社會、法律不一定是完美的，但人民有權利可以爭取可以修改。」她非常喜歡與孩子一起探究、互補知識的學習！

要彰顯學生的主體性，思考其自身，知道自己的所學，需要類似的思辨過程，王光祿事件最終經釋憲與總統特赦後，有各方期待與可接受的結果，對於原住民族學生這堂公民課來說，應該會留下深刻的體驗。

KIST 學校強調的文化力，除了傳統族群知識與技能學習外，如何在傳統文化脈絡下，培養孩子跨文化觀點衝突解決與批判思考的能力，正需要透過辯證與反思的探究過程，理解公民社會運作的機制，而這樣的學習模式下，學生投入學習與學習深度，相較於只有習寫課本知識、反覆於測驗卷的練習模式更顯深刻而影響深遠。

成為自己學習的主人

一〇八課綱的最終目標在於培育具有社會適應力與應變力的終身學習者，KIST學校更期待孩子成為自己學習的主人，成為一位優秀的學者。而這個又牽涉到如何學習的方法論，學習目標設定、學習調控、學習進度安排、後設認知與理解監控、動機提升與情緒管理等複雜面向。二〇一九年，林國源校長隨著KIST團隊參訪「頂峰學校」夥伴學校，他對整個「個人化學習」的圖譜及樣貌開始有更完整理解，發現老師整個教學重點不在於領域知識（Domain Knowledge）的教學，而專注於發展學生的「認知能力及技巧」（Cognitive Skill）。換言之，其真正的精神在於學習如何去學習。認知能力與技巧也不能架空練習，個人化學習，仍必須透過心智在「領域知識」中反覆操作、鍛鍊與訓練，直到可以培養出自身的「認知能力」。

林國源校長對於頂峰學校的以PBL為基底的「個人化學習模式」印象深刻，經過一年研究與在地化思考，協助將個人化導向的學習與PBL專案等學習模式逐步導入KIST學校中。二〇二〇年八月誠致順利申請到花蓮三民國中，由公立學校轉任到 KIST 學校的林國源校長終於有一展身手的機會，首要目標即是提升學生的學習動能，藉由美國的取經之行，他參考「頂峰學校」、「自我導引學習循環」方法論[8]，在地化發展成「自主學習本」就在三民國中落地，並透過教學夥伴現場實施與同學的回饋，不斷修正。

三民國中教務主任蕭吉川與張依庭老師把這套「自我導引學習循環」模式，在各自的學生上運用。吉川主任回想剛開始給孩子鍛鍊自學肌肉的歷程，自主學習本分成了 G（目標）、P（計畫）、L（學習）、S（展現）、R（反思），學生在我的自學本的最初版時，目標僅能寫下科目，而計畫、內容都沒有太多的內容，更不知道在成效展現階段，如何說明或展示成效，在反思的地方也只能寫自己當天的學習狀況。

依庭老師也有類似的經驗，孩子在 GPLSR 第一版時，幾乎不知如何著手，這其中包含他們看不懂題目、不知如何做筆記等因素，且又在有下課要繳交的時間壓力下，用應付了事的交差心態完成當天的筆記。這是學生從來沒有過的學習經驗，充滿挑戰與挫折。吉川主任還記得第一次上夜輔時，有一個孩子在經過十分鐘後就舉手，表示他完成了。但是他的自學本上寫著「G：自然、P：用課本、

L：章節名稱、S：我讀完了、R：我覺得我寫得很快。」這樣的文字。

吉川主任和他對話過程中，他眉頭深鎖，知道自己表現不太好。經由老師鼓勵，協助學生重整信心的關鍵，提醒孩子用過去的基礎與其他老師提供的方法，覺察到自己可以再努力的地方。後來那孩子承認自己讀得不夠深，於是又回到位子上繼續寫，這次他寫了四十分鐘，拿過來時充滿了自信告訴吉川主任，這次他有認真的把課文筆記畫出來，也運用宇珊老師自主學習課講的心智圖，兩人一番對話之後，他忽然感覺到自己還有想補充的，問可不可以拿回座位再寫，主任分享著：「當我說『當然可以』時，我們都笑了，他也就在那天完成了他的第一份自學筆記。」

吉川主任觀察孩子的第一手反應，孩子們一開始很容易當成是一份「特殊作業」，而不認為是記錄下學習的工具，所以很容易想著把作業完成就簡單描寫，老師這時候要給孩子們認知，「這無關成績，我只在意你能不能有一天打開筆記時，知道自己學了些什麼。」當老師透過對話，給予學生表達的內容肯定時，他們能獲得成就感與自我價值感，會更願意繼續成長，甚至一次又一次地真的去反思自己原先計畫內容是否確實達到學習成效。

原本，學生不熟悉這樣的學習方式，老師不斷調整節奏與修正實施的內涵，將自學本持續改版，陸續加入了幾個選項讓孩子勾選，孩子可以先自己進行初步的省思；老師在檢核時，也能透過這些選項快速地掌握孩子當天的學習狀況；再進入師生之間的對話，使後續的對話更有效率與意義。吉川主任說：「如果每一位老師都期待學生成為自己學習的主人，養成自學的習慣，當他進到這個環境時，就知道要先將書本、載具、文具準備好，並開始為自己的學習建立目標，跟老師討論是否可行，然後就專注學習。」這樣的鍛鍊，對於家庭支持不足的孩子來說，是老師可以授予遠行時的最佳錦囊。

三民國中的許多孩子經過刻意練習自學的肌肉兩個學期後，對學習的自主性提高了，更懂得將早上課程裡的學習工具運用到自己的學習筆記裡，並可以給自己學習的期待，透過學習後看見與期待的落差或成功，再進行下一次的修正。

這是一場長期但值得投入的挑戰，一方面需要心態上的挑戰，老師必須翻轉學生舊有思維模式，重建為什麼要做這個的目的性，老師也需要這樣自我修正的歷程中，先讓學生安心，並由其中看見自己的進步與成就，逐步找回過去因長期失敗經驗所喪失的自我效能感，之後偵察出學生卡關的地方，重新設計更多的後設認知的分享策略，運用全校老師的力量，提供在不同科目所可以運用的學習工具，協助學生運用這些工具進行學習。這樣的教學系統需要全校老師的力量共同打造，讓弱勢學生有機會體驗到自學力所帶來的學習成果。

雙重目的：KIST品格＋學習互相浸潤

為了要培育具有社會適應力與應變力的終身學習者，提供孩子公平發展天賦的舞台，台灣KIST學校裡的老師總想方設法增進學生的學習效能，不僅僅在於教科書領域知識學習，還更進一步透過數位工具的導入、認知技能與後設認知技能、情緒面向的SEL……逐步在個別的領域課堂或專案學習的跨領域學習中，漸次發展各項教學模式，並藉由「品格力×學習力」或是「文化力×學習力」的雙重目的（Dual Purpose）思維來設計課程與活動進行，以達成「素養導向學習」的人才培育目標。

要達成這個「雙重目的」，卻不從技術面單獨開設品格增長的課程，反而具體而微地融入所有課程、日常教育情境裡，為了巧妙的融入，老師必須花更多的時間構思：知識與品格如何扣在一起？比如數學課，除了學習數學運算的內容外，老師也要啟發學生的「好奇心」，那麼傳統抄寫黑板講述的方式，可能會教學生興味索然，老師勢必得重新設計教學法：如何在教數學的過程中，同時啟迪學生「什麼叫好奇」？好奇具體表現出的行為指標是什麼？例如當孩子提問，不論問題多簡單，老師可以意識地引導他們沒有所謂的「蠢」問題，同時能從「小問題」導引到「大問題」，每一節課裡面老師們所實踐的是「雙重目的教學」。

李吉仁第一次進入KIST教室觀課時，感受到強大的衝擊，他在台大教書近三十年，資優的學生怕犯錯，不敢問問題，但是他進到KIST學校教學現場，小孩子很敢問，他非常震撼，非常受到感動，他說：「這是對的模式，這樣的教學方法對學生學習是有意義的，這是活的教育，因為看到人活起來了！」其實KIST老師無論是上數學、國語，或體育等……都想方設法創造機會讓孩子鍛鍊品格肌肉，好比對知識追求有「好奇」；使用網路能「自制」不被電玩遊戲拉走等；按照自己的進度，學習進度配速，努力不懈，實踐了「堅毅」……。吳明柱指出：「我們一直用正面、正向的語言來鼓勵來突破。數學可以教品格，當孩子不會，可以向孩子鼓勵如何正向思考，運用樂觀與熱情，『不會』表示你正在成長、正在突破，繼續加油。」

品格如同文化與價值，本身是抽象的，如同愛無法命令，也不能強制，KIST的品格涵養，只有滲透於日常教學生活中，讓學生在一種完全不知不覺中得到薰陶吸收，「雙重目的」一次滿足。潤物細無聲，才是真正的教育。孩子們的品格好，人際關係好，學習成效就會出來，就會有成就感，學習動機更強，就會產生正向循環。

三民國小在這兩年力推品格力下來，品格力與學習力的內在動力愈來愈穩定。前任校長黃佑民多次看到，中午時分，全校負責客家傳統戲曲表演的孩子，從頭到尾自主練習，「孩子並不是被要求的去表演，而是能夠願意、真心的想要把每一件事情做好，真的想要把表演做好。」這正是文化力、學習力與品格力美妙的三重奏；另外有好幾回，他走在校園裡，發現幾位參加英語競賽的孩子在自主練習，甚至自己寫了演講稿，請老師修改；或者自動提早到學校，找老師練「讀者劇場」（Reader's Theater）[9]，若老師剛好不在，他們彼此當聽眾，互給建議，持續練習，黃佑民說：「看到孩子們為了能有更好的表現，產生這樣強烈的學習動能，這真是教育最美的一刻。」

KIST在推動品格力、學習力以及文化力的同時，無形之中，為每一個孩子奠定獨一無二的終身財富，印度哲學家奧修在《當鞋子合腳時》一書中提到，「當鞋子合腳時，腳就被忘記了。」給不同的孩子提供適合其個性的教育，讓孩子不會感覺到「不合腳」的痛苦，也就是說，孩子不會感覺到自己正在接受教育，那麼教育就是很自然的事了。

孩子們，你的每一滴眼淚我都知道

走進雲林古坑樟湖國中國文課觀課，這一天，陳綺華老師正在講解清朝文學家彭端淑的《為學一首示子姪》，她語調幽默，模擬富和尚的抱怨：「啊，我沒有騎白馬、帶把刀，我也沒有快艇，沒有法拉利，怎麼可能去得了南海？」在她靈活的帶領下，全班十多個同學正努力拆解字句結構，學習論說文說理的邏輯思維，當他們討論在「做」與「不做」本質的差別時，綺華老師說：「對比之下，窮和尚默默拿一只缽，邁開腳步，就走了，最後就到了。」

綺華老師很受學生歡迎，她的教法活潑，旁徵博引，孩子一邊學古文，一邊將自己代入，如果論點A將會如何？如果論點B又會如何？在富和尚與窮和尚之間，真正的核心差異點在哪裡？

她由課文「做」與「不做」之間，延伸到之前全校爬合歡山的經驗，當時班上好幾位學生罹患高山症、嚴重暈車、嘔吐……，在喘息照料以及休息之後，不少孩子掉著眼淚，一步一腳印撐到最後登頂。綺華老師說：「如果爬山可以克服高山症，你不夠聰明，腦子轉不夠快，是不是也可以克服？甚至老天爺喜歡開玩笑，你們往後的人生經驗當中，會經歷想像不到的小波浪、大波浪、乃至大海嘯，你都會遇到『做』與『不做』的抉擇」像和尚一樣。她話鋒一轉，放慢語速說：「孩子們，你的每一滴眼淚我都知道，但是沒有什麼『嘸法度』的事情，你不可能預期人生都一帆風順，老師只希望你有乘風破浪的勇氣。像貧和尚，腳跨出一步，目標就近了一步。」台下的孩子坐直身子，眼睛都亮起來了。

這所深山裡的學校，曾被很多家長嫌棄是「專收山下不要的孩子」，一度在改制KIST過程中，國中部老師爆發出走潮，十二個正式老師只留下兩個。之後，在陳清圳校長的領軍下，辦學有了脫胎換骨的轉變，除了日積月累的品格向度外，孩子學業大幅度的進步：今年會考，英文落在全國平均，其他科目C的比例都顯著低於全國平均。尤其英語 C 大幅降低二十%以上。也有同學以 5A 的成績邁向第一志願，陳清圳勉勵孩子：「能斷定你的未來只有自己，只要眼睛有光，未來是明亮的。」樟湖努力朝向 KIST 的理想邁進。

附錄一

非認知能力在學科中落實——走入社區中的花生田

雲林縣拯民國小 教師 陳安怡

「安師！我們上次去的花生田改種玉米了！我們下次可以去採玉米嗎？」一個嬌小的身影出現在窗外，興奮的分享著上學路途中的看見，周遭的孩子聽見後，你一言我一語的提問及回應：「為什麼不種花生了呢？是現在的季節不適合嗎？」、「里長伯伯種的嗎？還是花生田主人種的？」這是好奇的品格展現，從中看見孩子對生活的感知及發現，同時透過「好問題」不斷刺激學習思考。

拯民國小位在雲林縣虎尾鎮，轉型為KIST公辦民營實驗小學之後，注重品格力的發展，藉由親師生間的互動及課程教學等來推動非認知能力的養成，從成長思維促使樂觀面對學習的挑戰，堅毅達成自己設定的目標，保持學習的熱情及好奇，獲得自制的方法及良好習慣，對擁有機會表達感恩，與同儕合作及互動中增長社交智慧，一切透過刻意練習，讓孩子從認知能力的培養中，同時能擁有相關技能及帶著走的品格力。

目前在校學生多非學區內的孩子，因此與當地社區的連結較少，但我們相信自主、互動及共好中，大人間的合作及資源運用是最好的示範，所以不斷了解當地的產業及溝通對話，從一開始邀請社區孩子帶著我們進行社區巡禮，逐漸配合課程發展相關的學習活動，並延伸出跨學科的課程設計，將品格教育融入其中，看見孩子的成長及改變，更確信我們所走的方向及目標是正確的。

以二上康軒課文〈我們的花生田〉為例，在開學前先了解全冊四個單元內容，設計課程地圖，並配合生活課及「走入社區」作為大主題，思考學生的先備經驗和學科本質，除了藉採收花生的活動擴充詞彙及增加詞素覺知之外，配合品格行為的書寫，練習句型及卡片的應用，與里長合作盤點當地資源及相關活動串連，讓學校及社區間建立良好關係之外，也使孩子能在不同場合有合適的行為態度，在課程中落實及反思相關的品格能力。

我主要任教低年級的國語科，藉此機會也安排一年級的學生一同前往，兩班配合課程發展而有不同的學習重點，但共通的部分則在於行前的討論，相較教師單方面的耳提面命，由孩子口中說出各品格在面對不同情境時的要求，更能深刻烙印在心中，內化成具體行為，並透過混齡的方式，讓弟弟妹妹們看見哥哥姊姊經過一年的學習，知道品格是需要相關技能的練習，包含SEL的展現，在自我及他人的關係、情感及行為規範中進行決策。

感謝里長及花生田主人的協助，從花生田的採收說明到過程中的注意事項，每個項目的執行都十分細心，孩子也在不知不覺中，對里長伯伯不再陌生，好奇的提問及觀察，其中不乏好問題：「為什麼這裡的花生這麼少？」、「別的花生田種得很整齊，那是為什麼？」有些我們認為不適合提出的問題，卻引出許多農人的智慧，孩子沒有包袱，倒替設想過多的大人，增加了更多的學習機會。

在採收的過程中，有些孩子會因興奮而錯誤執行任務，此時同儕的自制即是最好的正確示範。另外，面對困難及挫折時的沮喪，一聲聲加油及伸出的援手，將重啟學習的動機，這些建立的關係將遷移至班上的學習氛圍，同時增強對自我的管理及要求。

回到班上後的反思令人印象深刻，最多的是對於社交智慧的回饋，有些在課業上不見得能發亮的孩子，但在做事及合作上是隱藏的金子。一年級的孩子從這個活動中辨別自己的情緒及對應的品格，而二年級的孩子則能更具體的闡述行為及期許之後的成長，我們從圖畫中記錄印象深刻的畫面，也用小書記錄了過程，便利貼上的肯定及反思更成為教室的一角，時時提醒我們在品格的成長歷程，最終回歸國語的學習，從景物及人與人間的互動中，培養孩子對周遭事物的感知，並藉感謝卡表達內心的感恩，OECD 的素養能力即是如此。

做為教師，我們都知道品格態度的重要，但是如何配合課程進行「刻意練習」，老師必須先認同且願意執行示範，與孩子一同成長，提供孩子相關的技能練習，如何說話及展現行為，都能拆解成重要的步驟，讓品格可見，親師生的關係也會朝正向支持發展。

附錄二

為什麼要爬山？

樟湖國中小學校長陳清圳在第一次校本課程，跟孩子討論「為什麼要爬山？」、「爬山對你的意義是甚麼？」、「你要爬的是哪一座山？」之後費時兩個月前的預備，從知識、體能、技術，乃至於最重要態度的培養，慢慢轉化孩子的心態。這個課程融合品格力，學習生態知識，體驗山林文化等諸多面向。而這次，樟湖的學生在攀登合歡山北峰時，最後一天離開住宿屋之時，全部的孩子自動自發，為山屋來一次大清掃，將乾淨的環境留予後來之人。陳清圳有感而發，在臉書以優美的文筆寫下這樣的文字：

二〇一九年十月二十六日下午〇四：〇七

讓一片葉子，拂過你的身體；讓落花與你產生作用。

因為有作用，你會記得葉子拂過身體的感覺，從此你會開始有感，有感是進入學習的重要階段，不管是哪個領域，興趣總是第一步。

同學，在我年輕的時候，我對爬山並沒有興趣。看到別的學校帶著孩子去爬百岳，心中總是有一種疑問，學習山林知識有甚麼重要的！

如果我不經常去爬山、如果我偶爾去走走，甚至我請個專業的嚮導，跟著他去登山，我就不用花那麼多的心力去學習那些知識。但是有一天，我突然很想知道為什麼外國著名學校及台灣有些學校，他們為什麼每年投入那麼多的心力，帶領學生上高山、深入荒野、溪流、海洋，難道只是學習所謂的知識嗎？這些疑問，直到有天我真正的帶領學生也到百岳後，才幡然領悟。

這些學習並不只是山林知識，更重要的是培養一個人具有使命感、自我省察能力、同理心、抗壓性、人際成熟、組織溝通能力、激勵他人、解決問題等非認知能力。

同學，來到高山，你要面對的是一個異於平地的環境條件，不僅自己要適應低氧與高度的運動壓力，同時在小隊中，還要幫助他人一起行動，這是激勵自己成為一位領導者的重要方式，尤其自己面對挑戰，還要兼顧夥伴，這是培育公民素養的快速方法。

很羨慕你們現在可以開始接觸山林，因為人格的形塑，必須從小開始培養，長大以後就不容易內化形成。我們的成長都是在自然與文明、身心發展與社會期待拉扯中長大。而身心發展的每一個階段，都很重要的，這也是大腦與身體成長中不能忽略的環節。但人類常常忽視演化中所形成的發展過程，例如：爬行。導致後續許多症狀出現。

我進入大學以後，所學的就是教育哲學、社會學、行政學、方法論等。直到大三那年，我開始接觸台灣的山林，記得那是在新竹關西一條溪流旁，我第一次目睹小群台灣藍鵲從我眼前飛過，我被那驚豔的藍震懾，從此我瘋狂的投入山林活動。

我可以幾個夜晚在關渡的水池等待候鳥飛來，也在盈月的大河中靜待候鳥飛過。暗夜在溪谷中被獼猴圍繞，以及被那揪心的白面鼯鼠口哨聲嚇到。這些生命的邂逅與撞擊，化為可興、可觀、可歌、可怨的養分；所以真、所以善、所以美的基因，只因為那是人類共同的語言，不需要特別解釋，那就是大地母親。

幾年下來，我透過自學、聽講慢慢進入自然科學領域，後來在研究所開始系統性的研究，也才真正踏入生態學的大門。

這期間我一直在想：台灣那麼美，美得猶如一首詩，可以觸及每個人內心深處，尤其是包容紛擾的子民可以在這塊土地孕育成長。正如美國國家公園之父約翰　謬爾所說：「成千上萬疲憊的、不安的、虛弱的人，感覺到山上就像回到家一樣，曠野是人生所需，國家公園及保留區是森林及河川的泉源，更是生命的源頭。」

如何讓這塊土地的斯民，對環境有認識，尤其是進入山林能產生悸動，進而喜歡它、愛護它。終究理解島嶼的主體性與找到存在的意義，找到我們在這環境中適應長大的方式，這是我帶你們親近自然重要的目的。

台灣近年來由於訊息快速流通，但部分民眾常常是一知半解，或者誤解資料訊息，這也就是基礎能力不足，也因此需要不斷的「學」。學習自然能力的辨認性、洞察性、整體性；學習文明能力的描述性、控制性、分析性。把生硬的知識、技術與態度，可以用比較理解的方式、科學的方法和實踐感動，讓大家了解，進而達到課程的目標。

因此，利用課程拉近人與土地的距離，協助師生走出課室，我相信學習不僅在課室內，同時也在課室外，也根生在每一位師生的內心裡。

最後，要記得葉子拂過身體的感覺，那是你做為一個真正人的開始。

---

1. 二十世紀初期，杜威倡導教師協助學生「做中學」，這是 Project-Based Learning（ＰＢＬ，專題式學習）的開始。後來又加入皮亞傑的「建構主義」，鼓勵學生創造發明，而不只是記憶理解。一九六〇年代，加拿大兩位醫學院教授首開先河，在課堂上採用 Problem-Based Learning（ＰＢＬ，問題本位學習；兩者縮寫皆為ＰＢＬ，但 Project 與 Problem 內涵不同），讓學生看到他們學習的知識未來如何幫助病人。這個教學法讓學生選擇自己有興趣的問題，激發他們的學習動機，鼓勵合作學習，成效非常好。這套方法很快傳遍全美國的醫學院，後來連高中都採用，尤其是數學和科學的教學，最後擴散到初中和小學。本書的ＰＢＬ主要指「專案式學習」。
2. 黛安・塔文納校長的創校歷程及其思索，全寫進了《預備教育的未來》（*Prepared: What Kids Need for a Fulfilled Life*）一書中，親子天下，二〇二〇年出版，這本書被比爾・蓋茲列入他在二〇一九年讀過最棒的五本書之一。
3. 塔文納校長在推動專案式教育時，發現學生在做自己的計畫時經常落入眼高手低或裝忙假會的陷阱，因而導入企業界的「目標管理原則」，協助學生將計畫落實。見前書，頁一〇一，所謂ＳＭＡＲＴ原則，五個原則缺一不可。
①Ｓ目標必須是具體的（Specific）
②Ｍ目標必須是可以衡量的（Measurable）
③Ａ目標必須是可以達到的（Achievable）

④ R 目標必須是實際的（Realistic）
⑤ T 目標必須具有明確的截止期限（Time-Based）

4. 參考自查爾斯・韓第（Charles Handy）《你是誰，比你做什麼更重要》（*21 Letters on Life and Its Challenges*）遠見天下文化，二〇二〇年出版，頁九十七。

5. **KIPP Wheatley** 課程是全美五萬名學生使用的 K-8 年級綜合素養課程。它的目的在協助學生於閱讀、寫作、語言方面達到共同核心州標準。**KIPP Wheatley** 的名字來自詩人和革命家菲利斯・惠特利（Phillis Wheatley）。當她八歲時，奴隸販子在塞內加爾／岡比亞綁架了她，她在波士頓被奴役長大；幾年之內，她學會了用英語、拉丁語和希臘語閱讀和寫作，儘管當時將非洲人和非裔美國人排除在掃盲教育之外，但是她在十三歲時成為詩人，並且在二十三歲時出版了一本完整的詩集《論不同主題的宗教和道德的詩》，菲利斯・惠特利是第一位在美國出版詩集的非洲人。她在語言藝術方面的才能吸引了包括非洲人和非裔美國人、倫敦社會精英、喬治華盛頓將軍……不同觀眾的關注和讚譽；閱讀她的作品和她的人生故事時，讀者會發現她真是一位聰明、勇敢、有動力、富有同情心和樂觀的女性，她不顧一切困難，在未來幾個世紀留下了持久的遺產。

KIPP 課程之所以引用 Phillis Wheatley 之名，就是因為她雖然身為有色人種和女性，即使遭到系統性的壓迫，但她一生致力於培養具有批判意識和社會正義承諾的讀者和作家，這個稱號足以凸顯 KIPP 學校極盡發展 K-8 年級的綜合素養課程，培養批判性思考和社會正義情操的未來人才為目標。參考連結：https://trg.kipp.org/culturally-relevant-pedagogy/

6. 詳見第十二章，從 KIPP 到「文化力」的提出，頁三一三。

7. 二〇〇三年布農族男子王光祿由於年邁的母親想吃肉，持撿拾的「後膛槍」獵殺保育類動物長鬃山羊和山羌（現已非保育類），遭警方逮捕，台東地檢署依槍砲彈藥刀械管制條例及違反野生動物保育法起訴。之後遭台東地方法院判決有期徒刑三年六個月。後由最高檢察署檢察總長顏大和對王光祿案提起非常上訴，王光祿暫緩入監，且非常上訴案全程網路直播，創司法首例。二〇一七年最高法院以王光祿案未就原住民特殊情形加以考量，宣告違憲，因而聲請釋憲。二〇二一年五月七日，大法官做出釋字第八〇三號解釋，槍砲彈藥刀械管制條例、野生動物保育法合憲；槍砲彈藥刀械許可及管理辦法與原住民族基於傳統文化及祭儀需要獵捕宰殺利用野生動物管理辦法部分違憲。五月二十日，總統府發出公告法特赦王光祿，免除其刑之執行。

8. 自我導引學習，通常是以問題與計畫開始，遵循以下步驟：

①問題與設定目標（Set Goal）。

②規劃學習內容（Plan）。

③開始學習知識（Learn）。

④表達並呈現所學習的內容（Show）。

⑤反思評估自己的學習（Reflect）。

⑥回到第一步驟，重新提出問題，並設定目標。

9. 「讀者劇場」是讓學生練習講述故事、劇本、演講、詩歌等文本，訓練學生在敘述文本過程中，以最少的道具及動作，帶著深厚的情感或心緒，流暢而精準將意義傳達給觀眾。

第十二章 「文化力」——走回家鄉的情懷

校門口「癩蛤蟆」和「紅嘴黑鵯」

來到桃源國小，一定會被眼前的校門吸引，它沒有鐵柵欄和警衛，而是左右各有兩座動物雕像——左邊是一隻金黃碩大的「癩蛤蟆」，右邊是一隻紅嘴紅腳、展翼昂然的布農族聖鳥「紅嘴黑鵯」。校門廣場洗石子地板上呈現著螃蟹大戰蟒蛇、小孩變成鹿等等神話傳說的圖案。稍在校門逗留，和小朋友聊聊天，他們便自告奮勇，熱情圍著客人訴說校園的布農神話故事：

古早古早某天，一條大蟒蛇來到濁水溪出海口睡起了午覺，溪水被堵住，洪水淹起來，將整個世界淹沒了，剩下最高的玉山。人和動物紛紛逃難到山峰上，大水遲遲仍未退去，族人餓壞了，沒有力氣，也不知該怎麼辦。忽然有人看見對面的西巒大山有煙冒起，於是長老們開會討論派誰去把火種取回。

這時候，一隻青蛙自告奮勇努力舉手，可是他的兩手很短，短到不超過自己的額頭，他拚命喊叫「ku（我）—ku（我）—ku（我）——」但沒有人理會，因為「ku—ku—ku——」聽來就只是「嘓、嘓、嘓、嘓……」蛙叫聲。

洪水強勁湍急，沒有動物敢去，終於有人注意到「嘓、嘓、嘓」叫聲，長老選派青蛙出任務。他夜以繼日的游向對岸，背起火種兼程趕回，火種將他的背部燙出一顆顆水泡，他仍奮不顧身游了回來，最後準備要上岸前，他順勢先往水下一潛，兩腿用力一蹬，雖然順利衝上了岸，可是辛苦背回來的火種，就在大家準備歡呼的當下，滋的一聲熄滅了！

青蛙有熱情，願意自我犧牲，雖然沒有帶回火種，背部又被燙得滿滿水泡，變成了癩蛤蟆，在布農族人眼中如同開創自己生命的祖先般偉大崇高。所以遇到「癩蛤蟆」不能干擾作弄，要不然就會打雷，布農族語裡 Tama Hudas 是指「雷聲」也同時指稱「癩蛤蟆」，表示祖先們在生氣了。

從水路不行，長老們討論改由空中去取火種。烏鴉飛去後，帶著火種回來，半路上忽然看到滿地腐肉，被腐肉吸引的他，一時忘了任務，當他回來的時候，火種老早就熄滅了，雖然烏鴉有心為大家服務，身體被火種燻黑了，聲音也啞了，但是他為了滿足自己的口腹之欲忘了任務，最後不但讓大家失望，也一再陷入生活的苦。

接著，每個人都望向另一隻個性靈活、平常一早就活蹦亂跳的烏頭翁，長老說：「你去吧！」烏頭翁遮起半張臉、故作害怕回答：「啊，讓我想一個晚上。」他回去之後，用石灰把自己頭髮染成白的，隔天回答說：「你看啊長老，我變老啦，沒有力氣飛那麼遠啦，不要派我去吧！」布農人以族語 Lihulihu 來稱呼白頭翁，語意即指耍嘴皮子、愛講空話，卻根本不值得信任的傢伙。後來再找了小卷尾、帝雉等等不同的鳥種前去取火種，最後都無功而返。

最後，大家束手無策陷入絕望時，一隻羽色非常漂亮的紅嘴黑鵯跳了出來，大家用睥睨的眼神語帶譏笑的說：算了吧！不被看好的他一路勇往直前，抵達對岸後用腳爪牢牢抓緊火種，腳被燙紅了，再用嘴啣起火種，嘴也被燙紅了，身體也被燻黑了，忍耐到頭髮也都豎起來了，最後終於取回火苗完成任務，大家高聲歡呼終於得救了，從此大家稱他為 Haipis，也就是令人崇敬的意思。日後大家不可以用手指指他，也不可以模仿他粗啞的叫聲，否則家屋或身上的衣服會燒起來。

口授心傳的品格礦脈

一則神話自然展現複雜的人性，以及品格特性，好比烏鴉不知道「自制」、烏頭翁不誠實，違犯了人際智慧的最高守則、紅嘴黑鵯不在意自己是否會變醜，反而展現「堅毅」的品格……布農族的日常諺語與傳說故事都跟品格力有關，經由族長或父母不斷口授心傳，耳濡目染之下，孩子們其實早就默會其中。

低年級的老師孫瀅，本身是卑南族人，初來桃源時，班上小朋友常主動告訴她布農的俗諺或神話，她說：「布農人的神話故事簡直是他們品格的礦脈，我都不必提，小朋友在訴說過程就會自己發掘出來。」學校牆面上，處處可以看到這些傳說與文化古老的故事，無形中呼應了 KIST 的七大品格，成為「品格大架構」一大亮點。

如前章品格力的討論，桃源國小走廊上貼著布農語和中文並列的祖傳智慧，融合著七大品格視覺化的展現：好比「鳥美在羽毛，人美在勤勞」、「熊的利爪是隱藏的」、「神寬恕人的次數不會像月桃花纍纍的花串」等。這些諺語給出的隱喻，精巧地糅合成一種無形的「行為文法」，無時無刻提醒族人的行為。熱中原住民文化的鄭漢文說：「在桃源國小車子不必鎖，窗戶也不用關，手機放在辦公室也不會不安，信任感建立之後，才有真正的關心與友愛，幸福感就這樣子產生了。」

在一個有文化主體的教育環境裡，桃源的孩子這麼能「說故事」並不叫人意外。因為掌握文化的核心愈多，對自己的文化愈有認識，愈能萃取抽出精華，不斷的再生產意義，一直向外延伸，和別人大聲對話。鄭漢文說：「『說』故事本身就是一種記憶，也是技藝，更是心靈的際遇與故事的寄寓，相互堆疊與碰撞，每一次的說，就會產生不同的回想與迴響。最後我們會發現，原來『說故事』是教育的靈魂。」

從KIPP到「文化力」提出

二〇一六年，方新舟率團赴亞特蘭大參加KIPP的年會，同行的鄭漢文校長的這趟見習之旅帶著深刻的目的性。他一路觀察下來，KIPP強調八十%學生能夠上大學，雖然成效卓著，孩子也都能在品格的支持下順利畢業，知識就是力量的確成了翻轉孩子命運的關鍵。但他對此隱然感到疑慮，想得更遠一點，孩子大學畢業，找到好工作，獲得高薪，追求主流社會的成就價值，躋身上流社會……，然後呢？鄭漢文思考著：「這樣的成功會不會走到最後，回頭一看，發現看不見自己的身影？」

其實近十年，KIPP也在反省，那些培育成材的拉丁裔、非洲裔的孩子，回到KIPP當老師，他們也逐漸意識到：「如果教育在追求白人世界的價值觀，那我們又如何去做自己？」之後，KIPP系統的學校裡便輾轉提出了「文化相關教育學」（Culturally Relevant Pedagogy，簡稱CRP）的理路。

目前台灣六所KIST學校中有兩所是原住民學校：台東桃源國小有高達九成的學生是布農族；三民國中原住民比率也多達九十%（包括太魯閣族、布農族、泰雅族以及阿美族），而花蓮的三民國小及新竹的峨眉國中，則以客家族群居多，學校也以客語老師延續祖傳的語言與文化，塑造基本認同。

你到底犯了什麼錯？

文化，是個巨大而複雜的議題，特別對原住民社群來說，因為長年的族群發展的困境，以及政經弱勢的處境，讓問題更加敏感。鄭漢文校長回憶，初次擔任主任志願選派到蘭嶼的椰油國小服務，很多老人家笑著對他說：「以前的老師講的話我們聽不懂，上課的時候都罵我們笨！像豬一樣啊！」半個世紀之前，來蘭嶼教書的老師，因為文化上種種水土不服，教學沒有進展，學生聽不懂，血氣衝上來，口不擇言，地方老人家們長久以來感到被貶抑、沒有價值，形成一種集體傷害。甚至，乾脆整天勞動服務、除草挖石頭，至少樂在其中，比起在教室心理要舒坦的多。

早年來到蘭嶼的公務員，有失格犯錯的不適任老師、重大違紀的警察、觸犯軍法關入「勵德班」的阿兵哥……。鄭漢文回想他初去蘭嶼教書時，有一段不短時間裡，當地的老人家們不止一次，好奇地盯著他，看了許久，問了一句他至今難忘的話：「你到底犯了什麼錯？為什麼來這裡？」

初派校長的他，再度回蘭嶼的朗島國小服務，著迷於島上的文化生態研究，有一年暑假坐在川堂壓製植物標本，一位老人家問：「校長，你要買那個樹嗎？」他會這麼問，因為過去有的老師會向當地人買青蛙、鰻魚、綠蠵龜、角鴞、珠光鳳蝶、球背象鼻蟲等，再轉賣本島賺錢。這樣的收入對當時微薄的薪資，不無小補。

這是偏鄉、離島整個大環境結構，做為一個小學老師，人單力孤，很難找到施力點。這些親身經歷的事，給鄭漢文很大的啟示與反思，成為他投身偏鄉教育深刻的淵源。

KIST籌備那幾年期間，他一直在思辨原住民文化與KIPP現代新式教育如何對應、調合的問題。那一年，他們自美國參訪回來，方新舟、鄭漢文和誠致的夥伴們在經過複雜的思考辯證之後，在申辦KIST公辦民營的轉型之路上，在「品格力」和「學習力」之外，另外加上社區和部落的「文化力」。

孩子不只是在學校學習，更是在部落中學習，當偏鄉小校的老師無法認識學生文化背景的脈絡時，便難以連結學校所學的知識與生活，讓課程發揮真實的意義。

因而，學校不能只教書本上的知識，仍必須將部落支持力拉進來，在傳統文化的利基上，建立嶄新的學校文化，培養學生擁有「走出部落的能力」及「走回家鄉的情懷」，成為兼具傳統文化精神與現代謀生能力的新時代布農人。

以文化力提升品格力與學習力

然而一所初轉型的原住民學校要做到「品格力」、「學習力」、「文化力」三力齊備，這是聞所未聞的高遠困難的目標，甚至有不少人擔憂：學校推行原住民文化，孩子可能會花很多時間練母語、唱歌跳舞、傳統山林智慧等等，進而占到了研讀國語、數學、英文、社會、自然的時間。

當初教育處官員甚至覺得如果 KIST 如此看重文化，乾脆開辦「民族實驗學校」。但是鄭漢文認為，做為原住民實驗學校，不是只有公辦公營這條路，原住民的教育，也應該如同大社會的視野，走向大開大闔的路，但基本的運作，一定要以文化為根柢、以品格為核心、以學習再開展。之所以這麼說，任何文化在教育的思維上，都在使人成為人。不論古老的神話傳說、精鍊的諺語寓言或是傳誦的故事歌謠，莫不以品格為核心。這正如 KIPP 所強調的，五十一%的品格力，四十九%的學習力，而 KIST 桃源國小就是以在地文化做為五十一%的品格力運作，其目的是用來持續強化學習力的開展。

這也正是誠致堅守的「關懷弱勢、科學救國」的精神，KIST 在學校的原住民孩子，不僅具有豐富的文化力，更強調聚焦文化的靈魂，以品格力培養出持續在學業能力上不斷精進的未來人才。因此，KIST學校環境布置的共同特色，就地取材在地文化元素，以品格為核心的大架構來布置，孩子們在學習與認同自己文化的同時，也逐步鍛鍊出七大品格，再以用品格帶動學習，學習力更強了以後，對於未來文化就有更強的信心，如此便構成一個正向循環。

桃源國小課程發展主任林幸慧老師認為，這兩者不僅沒有抵觸，反而相輔相成，「我一直把文化力當作是一種提升孩子們的信念跟價值的能力。」而多年來，鄭漢文校長及師生，早就深入部落聆聽耆老的口述歷史，以田野調查的角度記錄成一則則布農故事，且編成學生共同的文化教材。幸慧老師便以鄭校長調查研究的傳統布農族「分肉的智慧」，做為教材。要求孩子回家向大人請教，年輕一輩的爸媽比較不會知道，只有向祖父母問。阿公說了：「啊這裡還少（某個細節），那一段不是這樣⋯⋯」孩子邊聽邊記錄，又加上注解，延伸出更多有趣的典故。

布農的「分肉」具體體現其文化的精髓，不論喜事、結婚、新居落成，布農人都象徵性宰殺一頭豬做為慶賀。而豬肉的每個部位，都對應其社會階層不同的需求，比如每個人都要分到肝臟；腦是給小孩；耳朵有軟的膠質必須特別給口牙不好的長輩，若是小孩吃了耳朵，會重聽或不聽話……。此外，分給婦女、給娘家跟夫家的也不同。八個孩子將學習單的文本帶回家，隔天報告時，發現這其中又有細微的差異。有些以前小孩不能吃，現在變得可以吃；或是有的家族，老人家捨不得吃，留給孩子吃；甚至打破某些禁忌，班上八個孩子圍成一個大桌，熱烈討論。

班上有個女生，原本學期之初國語學習有困難，家裡不會注音的阿公完全無法幫她任何忙。為了完成學習單，她認真請教阿公布農分肉的智慧，隔天來學校分享時，提出很多不為人知的細節，其他七個孩子不約而同，發出「喔！喔！喔」的讚嘆聲。

孩子回家向阿公報告，阿公也得到肯定鼓勵，布農文化的課程讓孩子們跟老人家直接有對話。無形中增加了祖孫的互動，以及傳統智慧的傳承。這個女孩因為得到大家的認同，連帶刺激了國語、數學的學習。現在她成為全班國語成績最好的孩子。

「文化相關教育學」

林幸慧是桃源國小很受愛戴的資深老師，方新舟每次提到林幸慧時，總是充滿仰慕讚嘆的表情，稱呼她是「俠女」，她總是謙遜面向原住民文化，辦公桌上擺著多本厚如字典的圖鑑及教材，全是和布農族有關。

一九九〇年她才自台中師專自然組畢業，不顧家人反對，硬是要往深山裡鑽。她到南投信義鄉的神木國小一教就是四年。三十年前的偏鄉，比今天更為渺遠荒僻，而神木國小也已毀於一九九六年賀伯颱風。

剛到神木國小時，熱愛自然的她也考入第五期玉山國家公園解說員（同期同學中有「黑熊媽媽」黃美秀），此時正是西方保育觀念大力引入台灣，林幸慧知道學生家長不少都是打獵高手，她想在自然課時，「教育」原住民，向國家公園管理處借了宣導幻燈片，一邊放映一邊告訴孩子「打獵是非法」、「野蠻的」。

困惑的孩子回到家裡，向爸媽提及老師的教導，家長大驚：「啊，哪來的老師，居然只來第一個禮拜就敢指指點點？說我們的傳統文化不行？」不平的家長便邀請林幸慧到部落吃飯，有一天，她應邀走進班上孩子家裡，坐下第一餐，家長毫不猶豫，立刻請她吃飛鼠的心臟及肝。

布農人視飛鼠內臟為最高級食物，這等盛情難卻，傻眼的林幸慧，憋著一口氣，沾鹽巴吞下。孩子父親藉此說明族人狩獵方法、原則與文化意義……她聽了之後，深覺自己錯了，「教育不是這樣直接灌輸，而且帶著上對下的權威，我憑什麼?!」這是原鄉給她的震撼教育。管理處規定借出幻燈片，必須要寫報告，林幸慧只好胡亂編寫，「寫得煞有其事，其實我是去被洗臉。」

後來她被布農族同化了，週末她盡量留在山上到學生家務農，學種番茄、採愛玉，學習山裡有哪些禁忌，完全以成長心態開放自己。夏季每當下午三、四點，天氣陰暗悶熱，眼看快要下雨了，學生和老師（學校一半代課老師都是當地人）心裡七上八下，掛念著家裡正在曝曬的作物。

林幸慧果斷暫停課程，要孩子跑步回家收拾正在曝曬的玉米、花生、芥菜等，半小時後再回校上課，家長更是滿心贊許。後來，她更乾脆陪孩子回家搶收，展現了方新舟稱道的「俠女」性格。有了林幸慧的突破，全校形成一種默契，午後雷陣雨前，孩子們可以暫時衝回家打理妥善再回校，好好安心上課，雖然延後放學時間，總比作物被淋濕損失好多，遇到農忙之季，孩子也幫忙收成，「我在那四年學到很多教育的彈性。」

雨中的海樹兒

接近開燈的黃昏時分，山村開始下起雨來，屋頂上逐漸漫起灰藍的煙霧，即使坐在教室裡都聞得到木柴燃燒的味道。

台東延平鄉的鹿野溪畔桃源國小，是偏鄉典型的六班小校。緊臨著布農族的部落，街道大致成井字排列，大約百餘戶人家，每一家外院入口全都豎立起刻有主人名字的ㄇ形門牌，像是個結界。但是，平日繞了一大圈竟少有人跡，狗兒四仰八叉地正躺馬路正中間睡覺，車子都逼進到快要撞上了，才張開輕蔑的圓眼睛，不甚情願地挪開身體。部落外圍由一大片的鳳梨田、釋迦園包圍，五月裡，農人剛撒下雞糞堆肥，惹來蒼蠅到處盤旋，若在戶外打開便當，蒼蠅們毫不客氣地巡視飯菜，在其間搓手搓腳、刷面。

下課的鐘聲迴盪，不同於一般旋律，仔細諦聽，竟是桃源國小合唱團孩子演唱的一段布農歌曲。這首歌名為「Haisul」（海樹兒），紀念著一個布農的勇士，也隱藏一段布農族悲壯的歷史。原本，台東延平鄉的布農族人居住在更為高遠的深山地區，一個名為內本鹿（Laipunuk）的傳統領域，大約位於卑南主山與雙鬼湖之間，屬於鹿野溪流域的榛莽隱蔽之地。這區域由於太過險峻神祕，直到上個世紀、一九二九年代日本出版的台灣地圖中仍是全省唯一、也是最後一塊空白。

日人在不斷擴張統治權力之際，無法容忍這塊「外化之地」，遂強制深山的布農族人搬遷到淺山各區，以方便統治。但高壓手段引生不滿，一九四一年，布農勇士海樹兒籌謀帶家人重回內本鹿，於是攻擊日本駐在所、殺害日本人、割斷吊橋。但不幸很快即遭到日本搜索拘捕，監禁終生。事件後日人為杜絕後患，以優勢武力驅趕殘留內本鹿深山之族人，以「不留一人、不遺一物」式強迫族人下山，放火燒毀家屋、囤糧、小米……在槍桿威逼下，濃煙瀰漫裡，族人眼眶噙著淚水，無奈離開祖地。

如同被搗毀的蜂窩，內本鹿也成為布農族人的傷痛，近十多年來，影星柯俊雄與部落耆老和青年多次探勘，發起重返「內本鹿」運動，每年都花一個月時間重返已被荒煙蔓草包圍的「內本鹿」，拜謁祖先墳地，回到「埋葬媽媽肚臍」的故土，試著重建祖先的房子，慢慢恢復過去的傳統，以行動一步步找回回家之路。

Haisul 原本只有傳誦的歌詞，經由前副校長田紹平（現已轉調紅葉國小）作曲改編，讓這個為家園奮戰的故事，化做音符，孩子們哼著、吟著、唱著，傳承為一種鮮明的印記。這首合唱歌曲曾獲得二〇〇六全國鄉土歌謠決賽之「特優獎」，桃小每年在傳統歌謠比賽中，表現皆名列前茅。雨勢愈來愈大，在雨聲中聆聽，特別哀傷。

榮耀家族

中年的族語老師 Tama Bukun（胡欽福）是部落的重要中堅、意見領袖，也是桃源國小的族語老師。每週的族語課，他在教室裡前後走動，一來一往和孩子交互練習答唱。那頓挫的節奏、抑揚的聲調，震響著窗玻璃，族語彷彿是流動活血，布農孩子只要一說起族語，非常神奇地瞬間有了另一張臉、另一種表情。

每年四月初，延平鄉桃源村都會舉行盛大的射耳祭（Malahtangia），桃源國小學生們帶來非常具有傳承意義的開場展演，當這些孩子穿上族服在傳統祭典上，嘶喊著打獵的歌曲，給人隆重神聖之感，感到文化力量的強大。其中「射耳」更被布農族人視為最神聖的儀式，透過獵前槍祭、射耳儀式、分肉與祭骨儀式，以及報戰功酒宴等幾個流程。呈現出過往族人狩獵生活的過程、分工、分享及傳承。部落長者說：「射耳祭典只是橋梁，聯繫著未來和現在的我們，並告訴大家不要忘本！」

原住民普遍有狩獵、祭儀的傳統文化，「打獵」能夠獲得獵物，成就布農族文化中最高的分享價值，這是數百年來他們在山林荒野中與環境長期共存而發展出獨特且智慧的生態哲學，但是現今主流文化教導，隨意取得動物的生命，與保育動物思考相互抵觸，部分保育人士譴責原住民為「野生動物殺手」，如第十一章廣受爭議的王光祿一案。

所以一個布農族的孩子在主流教育中，明明知道爸爸去打獵會被迫習得自己的族群是「野蠻」、「殘忍」的。這些價值的衝突太大，老師如果沒有同理這一種衝突，直接斥責族人傳統文化，這樣的教育是失敗而粗暴的。

鄭漢文校長非常慎重的指出，如果孩子在學校學到「西方保育觀」，回來便批評自己族人狩獵，其處境不過是：吸取別人的奶水，訴說自己本身的不是，結果發現自己兩面不是人，如同黑人社會哲學家法農（Frantz Omar Fanon）點出的《黑皮膚、白面具》（*Peau Noire, Masques Blancs*）的痛苦處境。

對一個弱勢自卑的孩子，「榮耀家族」是極為重要的事。教育不是直統統，在孩子面前硬邦邦指責，這樣只有讓孩子覺得不堪：自己父母是不好、家人是不好的……。因此鄭漢文會以鼓勵、懇切的話語告訴孩子，因為族群命運的顛躓挫折，即便父母遭遇到生計的難關，那都是我們生命的沃土，一切感恩，「如果換作我是你的父母親，說句實話，校長早就活不下去。他們今天能夠把你生下來，陪伴著你長大，照顧到那麼好，真的很不簡單！」這樣說，沒有論斷父母好壞，反而孩子心理衝突會和緩、消退，無形中教導孩子，換個角度尊敬自己父母的犧牲。

阿嬤的味道

桃源國小的老師也總是教導孩子，每個人要榮耀自己的家，尊敬自己勞動階級的父母，找到「事情的內在價值」。

KIST對文化的重視，反映在很多小細節，譬如為了照顧小朋友的營養，桃源國小自辦早餐和午餐，由總務主任胡銘志開菜單，學校聘請部落的廚師烹煮。

剛開始胡銘志想提供多樣化「吸睛」的餐點，如義大利麵、熱煎培根、法國麵包抹奶油、炸雞、焗烤、或是歐姆蛋，那種刀子一劃開之後，蛋黃流出來……之類很潮的食物。

但漢文校長對他說，這些偶爾吃可以，但不能每天吃，讓小朋友吃到阿嬤煮的味道，「他們家煮什麼，學校就煮什麼，我們不能抹煞阿嬤對孩子的關照與愛，小時候吃了，長大對部落有味道記憶，這就是文化的傳承。」

他受校長啟發，遇到小朋友就問：「昨天晚餐吃什麼？」、「最近阿嬤煮什麼好吃的？」他問明白之後，詢問族人誰可以提供食材或如何採買。

之後學校早午餐大量融入部落的食材，如野菜粥、排骨粥、樹豆湯、樹薯等……他微笑說：「反正部落有什麼，我們吃什麼，而且盡量煮得跟家裡一樣，重點是食物的文化內涵。」其實學校附近有三家速食早餐店，如果圖方便，只要請店家早上七點前做好，塑膠袋一包包送到學校就好，或是有時小朋友會要求開巧克力吐司，但是胡銘志從來沒有這麼做，「我們希望布農的文化主體不要跑掉。」他努力形塑一個供餐的生態系，帶動部落食材的供應鍊，部落對學校的貢獻，學校也可以共榮部落。

找到自己生命的主體性

桃源國小六年級班上，不分男生女生，孩子們在練習傳統針線用色，百步蛇的花紋是布農族的特有圖騰[1]，衣飾的顏色以黑色系為主，搭配草綠、黃、藍等顏色為主方。他們受現代教育，同時和自己的傳統磨合接壤。

前兩年有一本受到熱烈討論的書《絕望者之歌》，副標是「一個美國白人家族的悲劇與重生」（*Hillbilly Elegy: A Memoir of a Family and Culture in Crisis*），作者凡斯（J. D. Vance）以第一人稱視角，精細描寫出一個成長於俄亥俄州鐵鏽地帶（Rust Belt）的白人貧民，從一個鄉巴佬爬升到上層精英社會的反省。

這個「鏽」道盡了一切衰敗的辛酸，那裡的孩子多數與大學無緣、永遠只能做低階藍領工作，成長過程被家暴、輟學、未婚生子、酗酒、毒品給緊緊掐住。更不幸的是，他們拒絕相信一切，宿命性的怨天尤人，把內心深處的挫折轉化為對社會的憤怒……這本書解釋了之前「川普現象」的心理基礎。

凡斯就是一個逆著長出的奇蹟，也在他成年之後，帶著溫柔的目光回望，同理自己家庭的遭遇。這樣的故事看似跨度超大而充滿戲劇性（也已改拍為電影），但它所顯示的訊息很重要。凡斯之所以沒有成為家鄉裡「困在自己人生之中的囚犯」，乃是因為他成功的示範一種「翻轉生命」的經典模式：第一、他有一個姥姥，提供溫暖支持的關係；第二、他有一顆夠聰明的頭腦，學業上努力的成就，可以為他創造更多正向經驗；第三，他具備敏感而強烈的自我反思能力與實踐力。他內心好像有一面明晰的鏡子，理解自己，理解周邊的人，時時刻刻與自己對話；第四、投效陸戰隊的經驗，訓練他強健的體魄，增強他完成任務的實踐力，以及高度的紀律。第五、幸運地遇到人生導師，有貴人相助，凡斯在耶魯大學時，遇到著名的「虎媽」蔡美兒教他「社交技巧」、引介人脈，以及關鍵的人生指引。綜合以上種種條件，凡斯才能走出被貧困鎖鏈綁死的人生軌跡，成功脫貧，躋身名校及上流社會。

雖說受創愈深或許翻轉之後能量愈強，但是翻轉並沒有那麼容易，凡斯「轉大人」的歷程，經歷非常辛苦。放在台灣的偏鄉，凡斯的例子很勵志，但不是每個人都能過關，林國源閱歷眾多，他坦言有一些偏鄉孩子頭腦很好，也有反思實踐能力，但是他沒紀律，無法堅持下去；再來他有紀律，也累積了一些成就，但是因為沒有社交技巧，無法槓桿人脈，就停步原地，最後就成為小小的中產階級。這也已經相當不易了。

到底一個弱勢貧民要如何拚命「向上流動」？要不要和自己底層的母根「一刀兩斷」，拍掉身上的鐵鏽、改正自己的口音，安心做一個精緻的利己主義者？還是透過高度的自我覺察，回看這一切，和自己內心的怪獸和解，從中尋思身所來自的生命力量，努力追尋天賦，做出「選擇與承諾」掌握住自己命運。凡斯的故事都提供了一些參考，因此林國源認為，從事偏鄉教育的人都應該讀一讀這本書。

如果ＫＩＳＴ讓每個孩子都上大學，成為一個「成功的人」（即使這個已經不容易了），但是忘了自己的身分認同，對於原鄉來說，這樣的教育還是異化的。做為一種進步的教育體系，ＫＩＳＴ一方面期待能達到翻轉、階級流動；另一方面孩子在受教育的過程中，並沒有忘記自己的本質。鄭漢文說，教育最終的目標是：「找到一個自己生命的主體性。」

走出部落的能力，走回家鄉的情懷

做為一個主導教育方針的創辦人，方新舟曾在一次電視訪談中指出：「我們最怕的是，當我們在教育孩子的過程，讓他跟土地斷裂了，什麼東西都外國的月亮比較圓。這個不是我們的期望，我們希望的是這個孩子能有走出部落的能力，未來有走回故鄉的情懷。」如同桃源國小的校門的象徵，它是出口也是入口，足以面向世界，且回到己身，KIST 桃源將來也會有很多的「凡斯」。如同鄭漢文校長所說的：「誰愈接近祖先，誰就愈有力量。文化，是教育的入口，也是教育的出口；出自於文化，且回歸到文化。」

1 百步蛇受到布農族尊崇，牽涉到「人蛇大戰」的傳說：阿布斯是位布農族婦女，為了織出一件與眾不同的衣服，無意間發現百步蛇美麗的花紋，就跟百步蛇媽媽借了小蛇，其他婦女看見阿布斯所織出的美麗衣裳，紛紛前來相借，幾經轉手竟不小心害死小蛇。百步蛇媽媽得知後十分憤怒，於是趁著暴風雨的夜晚，突襲布農族人，布農族人也不甘示弱地回擊，雙方兩敗俱傷。之後，為了讓後世族人能夠長存下去，布農長老與百步蛇達成協議，結盟為好朋友，當族人遇見百步蛇時要撕下自己的衣角，藉此讓百步蛇讓路，彼此互相尊重，互相照應。

第四部

反思・前行

第十三章
「逆著長」的奇蹟

KIST 房子

如果沒有共通的信念，共同的組織與文化，一個偏鄉小校很難成功。誠致副董事長李吉仁也指出：「每個實驗學校都很有特色，但是我們和別人最不一樣的是，KIST 是用一套完備又有活力的『體系』在經營學校。」

到底誠致辦學跟其他系統有什麼不同？在誠致教育基金會與 KIST 學校之間，他們有一個內部暱稱為「房子圖」的架構，這是二〇二〇年二月，李吉仁從台大退休後，花了半年時間將KIPP的卓越教學架構、過去KIST夥伴看過的書、及他自己在台大教書二十五年的經驗，整理、簡化成為KIST教育理念，它像一個屹立不搖的理念金字塔般，以「一二三四五六」口訣，精簡闡釋所有KISTer的核心價值與共同藍圖。此圖一公布，大受歡迎。對於老中青壯以及新進夥伴來說，有了這言簡意賅的房子圖，大家便在同一個屋簷底下，成為擁有相同教育DNA的一家人，共同來「打群架」。

1. 一個終極願景：給孩子公平發展天賦的舞台。

2. 二個核心目標：努力學習、友善待

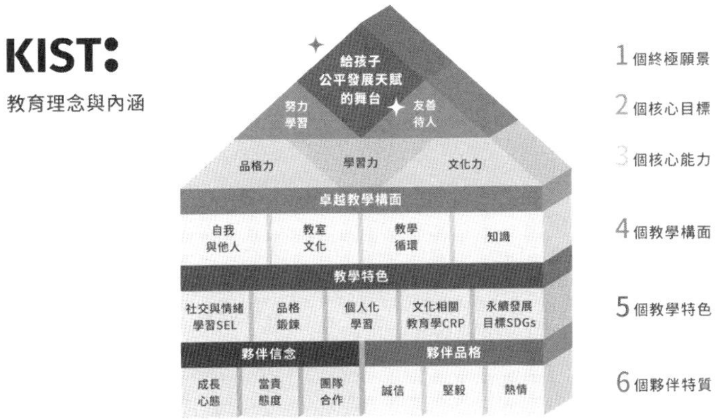

人。

3. 三個核心能力：品格力、學習力、文化力。

4. 四個教學構面：自我與他人、教室文化、教學循環、知識。

5. 五個教學特色：社交與情緒學習（SEL）、品格鍛鍊、個人化學習，文化相關教育學（CRP）、永續發展目標（SDGs）。

6. 六個夥伴特質：成長心態、當責態度、團隊合作、誠信、堅毅、熱情。

「一」的大屋頂代表了 KIST 核心價值觀——「給孩子公平發展天賦的舞台」，作為深植於每一位 KIST 夥伴共同奮鬥的終極願景，同時也代表一種成長心態的信念：「後天發展」比「先天條件」來的更重要；其次，根據 KIPP 共同校訓「Work Hard. Be Nice.」轉化為台灣 KIST 二根支柱：「努力學習」與「友善待人」，且以品格、學習、文化等三力，做為施展場域。

接續導入卓越教學架構四個教學構面、五個教學特色，就像蓋房子一般，由 KISTer 六種夥伴特質做為基礎，一步步穩紮穩打築起樓層，讓孩子最終能達到「屋頂」，仰視天空，展望屬於自己的未來。總合這一二三四五六的精神理念，

ＫＩＳＴ的潛在意涵，即是要「在偏鄉打造出世界一流的教育環境」。

質變、量變、再質變……交互辯證發展

誠致教育基金會做為ＫＩＳＴ學校背後的備援機構，第一環節當然是經費的支持挹注；其次由領導人發展的角度來看，校長跟老師主導了一所學校的成敗，基金會第二要務是協助各校校長，在校園治理、管理模式、老師召募、師培規劃、領導力的養成與團體動力等方面，提供後勤及支援，以激發出良好的組織效能。

方新舟總說自己是「教育的門外漢」，加上財力有限，跟政府一年二千多億教育預算，根本形同杯水車薪，一如他說的：「一杯水，救不了著了火的大車。」在這樣急切又悲壯的情況之下，他只能逼自己從新創公司的角度切入，設立類同「射月計畫」般的高標準，希望這種教育模式，能像火車軌道上的轉轍器，產生關鍵性的影響力。

要趨近轉轍器的效果，誠致辦學勢必要達到「衝擊性（Impact）和「影響力」（Influence），要做到衝擊，首先學校數量要多、規模要大；其次，學校要有影響

力，勢必得以全新的教育方式，挑戰偏鄉教育的諸多難題，同時做到「量變」，又要「質變」，而且還要持續進步。這是多大的困難，最初，自認是「沒有耐心的樂觀主義者」的方新舟，甚至計畫要一口氣成立五十所ＫＩＳＴ學校。只是沒有想到，之後落實建校，才發現即便是設立一所學校都困難重重。但是他始終沒有放棄「質變、量變、再質變……」交互辯證發展的進路。

截至目前，經過五年的在地化調整，ＫＩＳＴ一定程度在偏鄉塑造出了一種全新的模式，也產生一種新的可能性。如今，ＫＩＳＴ比較務實的規劃是，未來五到八年後能夠增長到二十所國中小學校。

ＫＩＳＴ的四重意義

從「ＫＩＳＴ房子圖」的確立，到轉轍器的想定，再到衝擊性與影響力的思考，ＫＩＳＴ意義在於為台灣教育建立一種全新原型（Prototype），證明ＫＩＳＴ是台灣教育的一個可以走的道路，甚至放在世界最先進的教學法來衡量，其效度亦已超越偏鄉的限定，具有普遍性效力。

我們至少可以提出 KIST 四重意義：

一、站在 KIPP 及全球教育趨勢的肩膀上，用科學精神找出一套適合台灣偏鄉小校的教育方法及運作機制。

二、在台灣偏鄉小校實驗這些方法及機制，堅持用眾人的力量打群架，快速質變、量變、再質變。

三、培養教育領導人，凝聚 KIST 教師的經驗及創新，產出課程，培養教師。

四、幫助全台灣的學校，提供優質教育給每一個孩子，以達到聯合國的優質教育目標。

誠致在申請學校時常常被問到，KIST 所要做的「教育創新與實驗性」難道一般公立學校做不到？

的確，在一般公立學校也同樣有推動個人化學習、品格教育、社交情緒、文化學習與認同，但大都只是個別老師或是小部分嘗試，無法如 KIST 動員全校的力量或全聯盟的力量實踐，並且持續不斷的實踐、反思、再實踐……論規模與力度完全不同。投身偏鄉教育大半輩子，三民國中校長林國源分享道：「其實我走得愈久愈相信，沒有什麼走不到的，你必須要做了，才看得見。」

這番話似乎也回應了民初名作家魯迅在《故鄉》裡的一段話：「希望，本是無所謂有，無所謂無的。這正如地上的路；其實地上本沒有路，走的人多了，也便成了路。」

「逆著長」的奇蹟

若是帶刀開路，這條偏鄉教育的路通往何處？

一所學校乃鑲嵌在社會脈絡中，弱勢家庭之所以弱勢，常常不只經濟、不只文化，更伴隨高度風險，林國源指出不管翻轉貧窮的孩子也好，或者是偏鄉教育也好，從美國的 KIPP 到台灣的 KIST 其實都是在艱困地區的土地上，扎扎實實地創造出「微氣候」的過程。美國的 KIPP 學校大部分設在大都市市中心（Inner-City），吸毒、槍擊、家暴、性侵問題層出不窮。而台灣的 KIST 都在偏鄉，面臨的問題沒有美國嚴重，但是文化刺激少、貧窮、匱乏讓孩子缺少動力，逐漸變得習得無感或無助。依據高雄一位社區高中的校長長年觀察：「他們不是不努力，有時是懵懵懂懂的長大到國中，才發現落後一大截，而這種落後是不知不覺中造就的。」

KIST強調高期待、選擇與承諾、更多有效學習時間、更強而有力的領導、專注成果這五大支柱，再三強調出「積極有為」價值、正向介入的行事、永不放棄的精神，這些都無異於在對抗偏鄉社區的老化凋零。

KIST學校像個堡壘，如同在「沙漠澆花」一般艱難，直接要在學校建構了一套全新的文化，這構築的力道必須要非常、非常之強大，才能在這貧瘠的偏鄉環境中，硬生生打造出一種全新「凡事皆可為」的微氣候，而且要涵養出足夠強大的能量，培育下一代能卓然出眾，且在未來潮流的沖刷中，屹立不搖。這種教育的能量在美國、台灣都是極為了不起的事，因此，林國源不無稱許的說道：「KIST是一種『逆著成長出來』的奇蹟。」就像創新之國以色列一樣，環境的艱困，反倒成了最重要的養分。

如果仔細研究這些在艱困環境中逆著長出來的例子，像是以色列、新加坡、KIPP，他們有些共同特徵，「明確的核心價值和願景，想方設法使命必達的實踐精神」，沒有這兩個充要條件，便長不出足以克服不利環境的堅韌生命力，這是

KIST持續努力的方向，也是KIST希望所有偏鄉學校一起邁進的願景，在專注於學生的學習和成長的核心價值上，給孩子一個公平發展天賦的舞台。

教育合夥人：家長的承諾

KIST學校稱呼家長為「教育合夥人」，強調家長的承諾與社區的參與，共同來為孩子「打群架」。在偏鄉社經階層較低的學區，孩子沒有一般中產家庭或社區的資源，他們的父母並非比較不愛、或不關心自己的孩子，而是必須兼多份工作，才能付得起房租、飯錢，甚至晚上得兼差，所以孩子做功課時，不能陪伴在身邊。這是個現實的缺口，KIST學校努力和家庭併肩，致力於社區連結，邀請社區共同參與學生的教育。

KIPP的創辦人曾經引用美國六十年代著名的作家、黑人社會運動家鮑德溫（James Arthur Baldwin）的一句話：「孩子向來不擅長好好聽大人的話，但模仿大人倒是很有一套。」（Children have never been very good at listening to their elders, but they have never failed to imitate them.）

家長其實是孩子第一個老師，家長的言行塑造了孩子，家長是孩子的「模」。孩子無時無刻都在觀察父母師長，模仿他的一舉一動。因此KIPP期待家長理解教育的重要，選擇並承諾投入孩子的教育。因此，孩子入學時，KIPP學校的家長要簽署一張追求卓越的承諾書：

①我們應當讓孩子知道：「我們相信你，我們對你有很高的期待，我們幫助你，讓你努力用功。」

②我們要孩子「努力學習、友善待人」，而且我們要每天以身作則。

③我們要教孩子不僅通過考試，更教導他們面對人生。

④我們要求孩子延長在校時間，信守承諾堅持到底，參與由學校提供的各種課內、課外活動。

在美國KIPP，如果家長不做出以上的承諾，孩子可能無法入學，顯見他們對家長參與孩子教育的嚴肅態度。在台灣KIST的家長的承諾書，也有著滿滿的簽名、蓋手印。有的學校還慎重其事的張貼出來，成為境教的一部分。學校不可能獨立於社區與社會之外，此孩子的改變，不光是要家長的參與，更需要集合整個社區的投入，如奈及利亞古諺所說的：「教育一個孩子需要全村莊的力量。」

因此，在可見的未來，KIST學校將更朝著深化社區的方向努力，將導入社區精英，社區志工將成立成長團體，協助推動閱讀、課外活動、品格鍛鍊等工作，並樹立社區處處有老師的典範人物，讓教養一個孩子需要全村莊的力量，不再是一個響亮的口號。

KIST僅在短短五年就交出亮眼的成績。方新舟說：「老實說，我當初沒有把握能否對台灣的教育有所貢獻。沒想到這幾年，無論是數位學習、翻轉教育、或是公辦民營……都對台灣中小學教育有一些影響。」他曾為文分析箇中原因：

首先，我們有傑出的教師團隊。我們的老師，無論是校長、主任、導師或科任老師，最重要的任務是共同創造有利於孩子學習的文化、環境與教學法，以身作則，「努力學習，友善待人」。

我們的老師很多元，有的很資深，有的剛進教育圈（像TFT的年輕老師）。他們是我見過最願意打開心胸，努力吸收各種新知識，嘗試各種新方法，用「全校的力量」來幫助每一位孩子成長。他們「因相信而看到」，相信每一個孩子都可以學習，看到每一個孩子都能具備基本能力。

第二，我們有符合二十一世紀的辦學目標：我們以成長心智模式培育成就品格；以高期待、高支持鍛鍊自學能力；以專注成果建構優質教育。我們隨時隨地都在培養孩子的七大品格：熱情、樂觀、好奇、感恩、自制、堅毅、社交智慧。

我們相信，在快速變化的二十一世紀，品格力是決定孩子未來成功最重要的關鍵。我們認同一〇八課綱的願景，從小就鍛鍊他們的自學能力。我們重視成果，願意不停的修正自己以達目標。

第三，我們有證據本位的方法論。我們從美國「知識就是力量計畫」（KIPP）搬來「卓越教學架構」，努力學習並應用裡面的精髓在每一堂課、每一個校園，其中最關鍵的是「我們是在學校而非教室裡教學」，這用全校的力量辦學精神，對偏鄉小校特別重要。

我們相信成長心態，我們的任務是找到方法，激發每一個孩子的學習動機，建立好品格，獲得基本學力。我們知道孩子不會開始學習，除非他安頓好自己的情緒及跟他人的關係，因此我們在每節課裡融合「社交與情緒學習」（Social and

Emotional Learning），包含教室的布置。我們知道每一個孩子都不同，因此我們用個人化學習，讓每個孩子「學習如何學習」，找出自己最好的學習路徑。

更大的使命：希望能幫助到全台灣學校

我們創立 KIST 不是只為這六所學校。我們有更大的使命，就是幫助全台灣的學校，提供優質教育給每一個孩子，以達到聯合國的優質教育目標。為了讓我們的孩子能跟國際接軌，從下學年開始，我們所有學校都會把聯合國的永續發展目標融入到他們的學習活動裡。

附錄一

不一樣的運動會

KIST花蓮縣三民國小

二〇一九年十二月十四日

今年三民的小型運動會很不一樣！

去年在網路上看到一篇「沒有冗長致詞、入場表演、競爭比拚」的芬蘭小學運動會介紹，在辦公室夥伴間引起極大的迴響與共鳴，於是我們決定今年的小型運動會就這麼玩！

從社區馬拉松到個人體能挑戰闖關，大人們只有在旁陪伴孩子，全程讓孩子們以自己的步調、反覆進行體能挑戰。每過一關，身兼關主的老師就用人體彩繪筆在學生身上畫下一個挑戰印記，七關都通過後，剛好集滿一個KIST文字，做為稱霸全關卡的紀念。

而我們親愛的佑民校長，今天身為壽星的他一刻也沒閒著，從一大早就忙進忙出，與辛苦的家長們一起努力準備小小鬥士們的午餐，讓大家在結束體能挑戰後，有美味的烤肉及各式佳餚補充體力。

親愛的家長們～明年的里校聯合運動會邀請大家一起跑社區馬拉松唷！

〈沒有冗長致詞、入場表演、競爭比拚……真正「以孩子為主角」、「以運動為目的」的芬蘭小學運動會〉

https://crossing.cw.com.tw/article/10581

KIST 花蓮縣三民國小

二〇二〇年十一月十八日

【培育一個孩子需要整個村莊的力量】

下週六是里校聯合運動會，這不只是一天的運動會而是長達兩週的課程。

教室是校園、學習時間是課餘、老師是家長／同學／教師，是一場生活學習。

一早近十多位家長來學校整理環境，從修樹、畫跑道線、釘竹竿……等，熟手的做起活來，校長、主任與老師們共同投入整理校園的行列。

小小校園整理起來的勞務量意外地多，看見孩子在下課時主動來協助搬運樹枝、認真的畫跑道線、積極地釘竹竿，過程中看見孩子主動積極協助的熱情、看見孩子面對粗糙樹皮磨手的堅毅、學生間討論如何搬運大樹枝的社交智慧以及對打造舒適校園環境的人感謝在心，這些都是家長與學校共同培育孩子的歷程。

透過今天所有辛勞夥伴們的身教，共同為孩子們打造最好的學習舞台。

感謝三民里里長、三民國小家長委員、家長們的支持與投入。

#老師家長的世界有多大手有多開孩子的世界就有多大

#三民培育一位孩子透過整個村莊的力量

第十四章
百分之百的 KIST 老師

「她可以更好，只是少了你的一個鼓勵。」

桃源國小六年級老師邱聰義，本身是學校所在學區布農部落出生長大的老師，前幾年，以代理教師的身分，回到自己的母校服務。他見證了轉型前後學校的變化，擔任高年級導師的他，班上有十七個小朋友，在偏鄉是個超級大班，他也並不輕鬆。

他回想小學時的老師，若不是完全照本宣科，就是徹底放牛吃草，完全讓他們自生自滅。誠致接辦 KIST 之際，他眼看很多老師決志離開，他卻鐵了心要留下來，原因是，他一直秉持這樣的信念：「每一個孩子都是我的孩子，孩子走出去之後，他們背後都有我的影子，如果他們被社會擊敗，被自己家庭擊敗，那責任不在於家庭或社會，而是我沒有給予他們更多的信心。」

他的學生來自不少清寒或低收入的家庭，如果不理解這些背景，便容易誤會孩子、貼孩子標籤，學管理出身的邱聰義一開始擔任代課老師時，就想施展「管理」辦法，結果被全班孩子排斥，甚至被當面指責「老師，我討厭你！」當頭被潑冷水，邱聰義也開始反省自己，全台跑透透參加各種教師工作坊，找到為師之道。桃源國小轉型為KIST之後，他更加喜歡這樣的教學環境，這一年他教的班上有個孩子，爸爸忙於工作，媽媽常有酒精依賴的情形，夫妻經常吵架。這個小女孩一直得不到家庭認同，不論成績或課外活動有多好的表現，她媽媽總是當面，公開挫傷孩子：「啊喲，她很笨啦」、「那個，她什麼都不會啦！」、「比賽厚，不用給她參加啦！」

邱聰義剛接觸小女孩時，她防衛心重，對老師的詢問、邀請，一概都先拒絕，反覆說著「不要」、「不可能」、「媽媽一定不會讓我參加。」

邱聰義深知自己村子的情況，因此在上下班或假日空閒，不定時家訪，試著頻繁接近她媽媽，同時不斷地對她媽媽強調著，孩子課業進步或是任何的好表現。起先好幾次家訪，媽媽帶著宿醉嘟囔著：「她很笨啦」、「沒有用啦」，邱聰義猜想著，這位媽媽自己小時候「沒有長好」，無意識也用這樣的心情讓孩子長不好。

但是，他不斷以正向品格鼓勵且帶動孩子成長，女孩也很爭氣，成績由十名外進到前五名，甚至前三名，他帶著她走回家，拿出獎狀獻給媽媽：「媽媽，我們不要放棄她，我們不要放棄這個孩子，她可以更好。」或說：「她可以更好，只是少了你的一個鼓勵。」

經由聰義老師不斷跟媽媽互動，她也看到孩子的成長，酒慢慢愈喝愈少，穿著開始講究起來，夫妻吵架的情況也變少了。

之後，邱聰義遇到孩子的父母時，用成長心態，稱讚的方式調整了。他不吝惜地說：「你是很好的家長」、「孩子的成長都是因為你」、「你的改變是讓孩子成長的一個機會」……在邱聰義的帶動之下，父母看待女孩的眼光也變了，他們看待自己的方式也改變了，他自己從頭至尾經驗這個家的改變，更覺得能在 KIST 學校服務，是多麼值得！「我跟孩子約定十年之後，能看到他們很有成就的回鄉。」邱聰義露出白白的牙齒微笑著。

不是只在教室裡教學的老師

老師是教學現場的最大決定者，對一個稚齡的孩子來說，「教室」就是他的天地和宇宙，有時候老師一個眼神掃來，或者傳達了鼓勵，或者造成傷害。老師其實是個讓教育的理想世界成為可能的那個人，再美好的KIST的理念，如果第一線老師沒有相同的信念，也是枉然。

就像聰義老師所經歷的一樣，對一位身處偏鄉的老師來說，除了教學熱情之外，更大的挑戰在於孩子的家庭支持力量，因為普遍家庭的社經地位相對薄弱許多，還有不少孩子帶著童年創傷的經驗，老師必須能夠先安頓孩子脆弱的心靈，才能帶動孩子進一步的學習。

因此，KIST特別強調老師不是只在教室教學，需要走入孩子的家庭與社區，而且是全校一起來經營家長社群與社區，體現用全校的力量來共同培育孩子。這說起來簡單，但做起來並不容易，KIST除了持續投入老師的發展活動，包括年度固定的集體學習，以及學期中的主題活動，同時也建立老師的個人發展計畫（IDP），聚焦在百分百KIST老師的「期望」，全力協助老師的成功。

教育是「成人之美」

整體來說，什麼是百分百的KIST老師呢？

首先，要以孩子的成長與成就為核心，相信每個孩子都可以學，也都願意學。其次，KIST老師需認同共同信念，包括成長心態，高成長期待，當責始終在我，相信差異化的力量，團隊合作，用愛心說真話，努力不懈地解決問題等。在此信念與品格的基礎上，KIST老師能夠將卓越教學架構的四大支柱，以及KIST的教學特色，逐步在教學現場中實踐。

全台最年輕校長的劉冠暐也說：「沒有人天縱英明，天生就是完美的老師，都是頭先洗下去，一邊做一邊滾動式修正，凡遇到困難，一起討論面對問題。」

教育，就有如鄭漢文校長認為「教育」是「成人之美」的過程。原住民文化中有四個象限，天、地、神、人，真實俱在。人們在理性與感性的習得之外，仍有一份與生俱來的「靈性感知」。鄭漢文引用布農族的人性觀點，布農族認為每個人心裡住著兩個靈魂，右邊是善靈，左邊是惡靈，人性和獸性兩者之間經常彼此拉扯，中文說的「天人交戰」，教育就是如何培養善靈昂首向上，讓惡靈垂下頭來。

第一階段「成人」步驟，就是藉由教育的幫助，教人可以用人性抑制獸性，善靈戰勝惡靈，可以超越動物本能，選擇走向善的道路。

第二階段是指從小孩變成大人，開始由「偷」變成「不偷」。惡靈的表現在「偷」，偷竊其實是惡靈想要努力「占取」。所有作奸犯科的壞事，都可以視之為一種偷：「說謊」是偷了別人的信賴；「殺人」是偷了別人的命；而所謂「好逸惡勞」、「偷懶」便是坐享其成，偷了別人辛苦的果實。所以第二階段小孩蛻變為成人，由「偷」變成「不偷」，走向成熟。

第三階段的「成人」是成就他人，努力讓別人變好，也就是「成人之美」：成熟的人可以作出決策、承擔責任、做承諾，並且有能力哺育下一代，可以照顧孩子，可以勤勞工作，能夠友善待人。一如人性之內的善惡的拉扯。一位教育工作者為了做到「成人之美」，也得用「成長心態」不斷和在偏鄉瀰漫的「習得無助」兩相對抗。

老師在領導未來人才的誕生

這種「成人之美」的觀點，也跟李吉仁的看法不謀而合。他認為，老師單純「傳道」、「授業」的時代過去了，尤其是在大規模線上開放課程，唾手可得的今天，單純「授業」的重要性也會式微的；老師更重要的角色在「解惑」，甚至做到「立人」，亦即成人之美。老師的工作本質，其實就是影響學生改變的人，所以，一個好的老師一定是一個好的領導者，在網路教學資源如此豐富的現代，學校應該轉型為啟發學習的場域，老師的角色應該啟發孩子對學習的熱情和想像，他直言：「老師應該深刻反思，自己其實是『未來人才的孵育者』，你在領導未來人才的誕生。站在這個出發點上，一個老師對自己要有更強烈的自我期許才行。」

為台灣而教創辦人劉安婷也說，TFT的核心主張，在於相信領導力是「生命影響生命」，所有的好老師都在發揮領導力：也就是從帶領自己開始，進而領導他人達到正向改變的能力。

TFT對老師的「領導力」有很深的著墨，而這種能力是一項基礎，它可以遷移到各種不同領域和情境加以應用，比方說一個老師之所以有好的「教學力」，便是領導力遷移至教學場域的表現。也就是說，教學力是領導力在教育場域的展現。在TFT教師培訓歷程而言，則先從「領導力」切入，並從自我領導為起點，再深化至各教學專業知識與技巧。如果方向反過來，就容易變成「教書匠」，而難以深化至榜樣與品格的影響。

併肩「打群架」，先長得像，才成為是

經由非正式統計，美國KIPP系統中，約有四成來自「為美國而教」組織，台灣KIST來自TFT的老師還不夠多（一〇九學年六所KIST學校共有十一位來自TFT培訓的老師，KIST六校老師共有一百二十八位老師，占比約為八%。拯民國小是個特例），能夠實踐KIST精神的老師，在學校成立運作之前，顯然不可能憑空培養。

KIST老師從何而來?事實上很多都是到KIST學校現場才開始學起，這也是吳明柱說的「落地培訓」。林國源校長提出一個觀點，學校一旦開張，每天都在營運。現實面上，對新手老師來說，「你必須要先長得像老師，最後你才成為

老師。」

他的意思是，一個老師進到學校、進到課堂，就必須「長得」像一個老師，即便心裡不理解 KIST 哲學的微言大義？不理解為什麼要這樣做？一旦站在講台上，面對二、三十個睜著眼睛嗷嗷待哺的孩子，你必須很快從「長得像」蛻變「成為」老師，「就好像不管你之前讀了多少育兒書，也必須等到成為爸爸以後，才能真正學習當一個好爸爸。你必須要先長得像老師，才成為老師，因為孩子已經在等你了。」

雖說是「落地培訓」，但是有了基金會做後援，老師並不會如同孤島一般。過往中小學老師經常得為繁瑣的行政，壓得喘不過氣，誠致教育基金會做為支援的後台，便以各種方法，努力讓老師排除行政干擾，更能專注於教學，同時補足寒暑長假的薪水缺口，鼓勵老師的出國參訪、課程進修，經費由基金會全額補助；如果參訪研習不在暑假，基金會也會努力調整課程，全力支持老師成長。

再者，KIST 學校體系鼓勵「打群架」，在文化上、在教學上面，不同班級、不同校際之間，彼此分享教學方法及資料，共備課程，視察彼此的學校，從中得出珍貴與有意義的改進計畫，達到「教學領導的成長」（Growth of Teaching

Leadership），想方設法的讓所有老師，用全校力量來教育每一個孩子。

KIST從成立開始至今，每年寒暑假都保持各有一次三到四天左右的全員學習活動，寒假稱為峰會，暑假則為共識營。去年更開始在共識營前兩週舉辦K-Camp，亦即新進老師的KIST新師訓練營。這些活動全聚焦在老師發展與增能，而其中很大的核心都在於探討「教育的信念」、「為師者的選擇」、「你為什麼來當老師？」、「為師者的初衷是什麼？」這樣的提問，意義深遠：因為只有是你自己的問題意識，你才能獻身在其中。

台灣有很多傑出、有愛心的老師，卻被傳統僵化的體制給綁得動彈不得。但是，來到KIST只要給他們一點空間一點機會，很多老師都願意不眠不休的為學生做很多事，特別是看到原本落隊的孩子，慢慢改變成長，重回到學習軌道，有一個新生命的契機，那種價值感會帶動老師，更願意留下來，對一切甘之如飴，回到「成人之美」的初心。

三民國小校長劉冠暐道出年輕老師的心情，他們更看重彼此同心，坦誠溝通，不怕辯論、可以忍受衝突，甚至很大程度可以接納領導者適度的「示弱」，只要彼此真心相待。他說：「我們這個世代的年輕人很在乎真誠，當我們覺得領導者能夠托付真心的時候，你往哪裡衝，我們都會死心塌地的跟著你。」從基金會、學校一路歷練至今，每回研究一個新議題之後，方新舟總反問他：「剛剛你怎麼看？你會怎麼決定？為什麼？」這些論辯的過程，無異於教劉冠暐站在巨人肩膀思考。而今他接下校長的工作，坦言大概有九十五％的工作都不會，他曾問方新舟：「你怎麼能放心這樣放手？」方新舟答得奧妙：「就是不放心，才要讓你們有機會趕快學啊！」

長期投身翻轉教育的台大教授葉丙成多次強調：「我們必須要能培養出，具備面對未知挑戰的自信與能力的年輕世代。」……「因為他們未來面對的都是沒碰過的問題，為了要解決這些問題，他要靠自己去想、靠自己去學，而且還要有面對未知的自信與韌性。」

老師如果不能與時俱進，老師不能學習，教育就不可能翻轉。所以一個好老師，本身就是一個能夠自學的人，而且自己能夠真的在行為、思想上讓學生看出來，他真正就是一個以身作則，一個品格的典範，一個正向思考的人。放在偏鄉教育的脈絡裡，方新舟說：「KIST 老師能夠把學校救上來，我們才有機會把部落救上來，把部落救上來，就能夠把偏鄉拉上來。」

可惜的是，政府雖然自二〇一四年就立法通過實驗教育三法，目前已經有超過二百五十所單位（學校、機構、團體）在辦理實驗教育，但是，台灣迄今卻還沒有實驗教育師培制度。如果現有師培體系都還用傳統的課程結構與教育內容培育新進老師，所有實驗學校招聘老師之後，還得自行花一到三年時間進行落地培訓，這不但構成明顯的「產學落差」，更是資源的重複與浪費，對於實驗教育的長遠發展更是不利。

尤其，許多像 KIST 這樣的實驗教育機構，因地處偏鄉且規模不大，需要更多不同於主流學校的教學模式，如混齡與差異化教學、生態永續教學等，不僅是教育學術研究的創新主題與場域，更是未來教師培育的重要內容。實驗教育的師資培育，不該只是停留在相互觀摩學習的階段，主管機構應該更大步向前行，開放不同的實驗教育以打群架的方式，與師培機構合作辦理具多元教育內涵的師培學程，才能有效的落實實驗教育的效果。

一個靈魂喚醒另一個靈魂

三年前 KIST 一場共識營裡，方新舟在結束時做了一段很長的分享，最後停格在一張投影片前，斗大的螢幕上寫著「良師興國，有我」。他深有感觸地說：「今天小一的孩子，等到他大學畢業的時候，我可能已經不在了，他到底會如何，我們可能不知道。但是話又說回來，我們的信心哪裡來？我們相信教育能夠改變，因為我們先相信了，而因為相信，所以看見。」

郭怡慧（Michelle Kuo）是台灣移民第二代，在密西根州出生長大，順著亞裔典型路線，成為哈佛高材生，她滿懷公平正義的思想，二〇〇四年大學一畢業，就加入「為美國而教」，來到密西西比河三角洲小鎮赫勒拿教書。這裡曾是富饒的棉花鄉，是美國黑人民權運動誕生地，如今工作機會稀少，教育品質拙劣，治安崩壞，是全美最窮困的地區。她在這裡兩年，之後按家裡的期望，重回哈佛攻讀法學院，但即將學成結業之際，她輾轉得知昔日學生派屈克——一個安靜、課堂表現良好，甚至拿過最佳進步獎的孩子，竟在十八歲那年殺人入獄。

她不禁自問這三年間，派屈克發生什麼事？甚至自責「如果我未曾離開，事態是否會不一樣?」她撇下一切回到赫勒拿,在七個月間重新陪著派屈克讀遍小說、詩詞、傳記,帶領他持續寫作。藉由閱讀、討論、書寫,透過文學跨越社會界限與隔閡的可能。原著書名很直白,就叫「Reading with Patrick」她將這個探索及自省的歷程寫入了《陪你讀下去》一書。

其中有一段提及老師的角色,她寫道:有人主張學生可塑性極高,宛如一張白紙、一塊白板,只要老師的素質及才智夠高,付出足夠的關懷,就能有效地將熱情與知識烙印其上。另一派人士則認為學生已經被他所處的環境——暴力、忽視、窮困——永遠塑造成形,沒有任何教師能改變他的人生。這兩者都不完全符合事實。教育者能以決定性的方式扭轉學生的命運,聽起來相當瘋狂。在一個人複雜的生命圖像中,一位老師可能不過是一個微乎其微的斑點。然而學生是可能被改變的,你深深感受到他的奮鬥,而在他的奮鬥中,你也感受到你自己的奮鬥。」……「因為他信任你,因為與其保有原來的自我,他更想感受那個全新的他:他希望你能幫助他讓蛻變持續發生。」

這是她花好幾年得到這段撼動人心的「成人之美」的體悟。

教育,是一個生命影響另一個生命,郭怡慧的心情,教人想到一段流傳已久的描述：「教育就是一棵樹搖動一棵樹，一朵雲推動一朵雲，一個靈魂喚醒另一個靈魂。」

第十五章

NPO 的新典範

有效的第三部門

管理學大師彼得・杜拉克（Peter Ferdinand Drucker）在其出版的《後資本主義時代》（*Post-Capitalist Society*）一書中曾深入的探討 NPO 之於社會的重要，他預言「二十一世紀是 NPO 的世紀」，它將滙聚最多的人才及資源，能夠解決真正的問題。

杜拉克的預言是基於一個假設：資本主義繼續發展，第一部門的政府跟第二部門的私人企業會無法做一些重要的事，需要兼具營運效能及公平正義的第三部門

NPO 來填補。

經濟發展跟公平正義一直是人類發展的兩個重要議題。資本主義經過兩百多年的運作，所向披靡，已經成為世界潮流。尤其在一九九一年蘇聯解體、中國加速改革後，資本主義似乎前途一片大好。沒想到進入二十一世紀後，一連串的危機（網路泡沫化、二〇〇八年環球金融危機等）造成富者愈富、貧者愈貧。二〇一一年的「我們是九十九％」（We are the 99%）社會運動掀起第一波抗議，引起很多迴響。新冠疫情肆虐全球，居家隔離對社會底層造成很大衝擊，勞力密集行業像餐館、計程車、觀光等頓失生計，只能靠政府救濟過活。這些都令人深思杜拉克對 NPO 的預言會如何發生。

台灣在二戰後緊跟隨美國，成為一個資本主義國家，用很低的稅賦吸引有錢人投資。當時國民黨政府丟掉中國大陸的餘悸猶存，因此力求穩定民生物價，對水電油大力補貼，盡力壓低價格。多年政策，老百姓視為當然，也不珍惜資源，民進黨執政後也不敢輕易改變。久而久之，台灣人只求生活舒適，對環保問題無感，人均碳排放量全亞洲第一，遠高於中國大陸、日本、韓國等國。未來如果先進國家開始徵收「碳定價」，台灣產業一定損失慘重。另一例，今年上半年異常乾旱，全台灣各地都拉起缺水警報，政府還是不敢趁機調整水價來改變消費習慣，以應付極端氣候引起不可預測的降雨量。在上述例子，政府應為卻無作為的情況下，是NPO可以發揮影響力的地方。

長久以來，政府礙於經濟發展、選舉考量而推出這些短期有利、長期有害的政策對教育的影響更大卻更隱晦。例如：政府廣設大學，卻又逐年減少大學預算、禁止大學漲學費，以致於大學競爭力逐年衰退，進而影響國家競爭力；又如，政府調高教育經費預算，但並未全數投入課程改革與強化教學及教育素質，而是減免學雜費。教育部前部長黃榮村戲稱，「這是右派社會行左派觀點，但無左派措施之另一範例」。至於教師薪水、升遷、任免，那更是一個複雜的題目。在這矛盾下，台灣教育存在很多問題，其中很重要的一個是，弱勢學生一直無法得到應有的照顧，世代翻身變成不可及的夢想。

台灣要長出一個有效的第三部門，必須要先從一個強健的NPO開始做起，在方新舟的努力之下，誠致展現新型態的NPO，一開始決定「三不原則」，以企業運營的邏輯來運營NPO，建構高效能組織、大量吸納年輕世代、積極導入新科技知識工具、追求綜效、放眼國際、講求無縫接軌，建構年輕世代足以接班

NPO架構……。以上稍加列舉，對於台灣NPO發展來說，是一個非常大的突破，也示範了社會企業的方法論。

NPO的破壞式創新

危機就是轉機。當國家無法提供均等、一流的國民教育給弱勢學生時，NPO就應該跳進來，用破壞式創新來補政府的不足。誠致過去十年就是秉持這樣的心態，希望用均一教育平台、KIST學校給偏鄉弱勢學生一流的教育。

這心態跟策略是緊跟著世界NPO趨勢。一百多年前，鋼鐵大王卡內基及石油大王洛克斐勒創立基金會，一開始救急，提供各種急難救助給需要的人。過一陣子，他們發現如果只是救急，沒有從根本解決，問題會一再發生。於是他們就開始做長期投資，不但在美國設立全球知名的洛克斐勒大學、卡內基梅隆大學，甚至去中國設立燕京大學和北京協和醫院，希望能從教育及醫療來促進人們的福祉。這跟華人傳統的「救急不救窮」的慈善觀念不同。台灣人很有愛心，每次有天災發生時，捐款救急不落人後，備受國際讚揚。但是「救窮」需要探索問題的本質，做長期投資，進入門檻高，失敗概率大，過去只有少數企業家像王永慶、林挺生用個人財富做長期投資。

這幾年，在蓋茲基金會的號召下，愈來愈多 NPO 加入「破壞式創新」的行列來救窮。舉可汗學院為例，薩爾曼可汗以個人之力，在三十歲時創立可汗學院幫助全世界的學生。在二〇一二年全世界大學、企業競相學習他時，華爾街給可汗學院超過十億美金的估值。可是薩爾曼可汗不為所動，因為「錢不是一切」。有一位後來加入可汗學院，曾經是臉書的早期員工、台大電機畢業的阮韻芳（Yun-Fang Juan）說，她之所以加入可汗學院是因為，比起錢，她更在意能對世界產生什麼影響，能給自己的孩子什麼榜樣。這樣的價值觀也出現在台灣年輕人呂冠緯、TFT 的創辦人劉安婷、社企流的創辦人林以涵身上：他們都非常傑出，都選擇一條人煙稀少的路，為的是想影響台灣甚至世界，讓未來更美好。

公司治理及執行力

要鼓勵年輕人加入，誠致就必須打造一個可以吸引年輕人投身的環境，這時，誠致文化就是「無用之用，是為大用」。誠致文化的第一條「誠信」，強調說到做到、用愛心說真話。要做到誠信，公司治理及執行力就非常重要。

方新舟曾經當過上市公司的總經理、董事長，知道董事會在公司治理扮演很重要的角色。從誠致教育基金會成立開始，誠致每年開四次董事會（政府只要求一年兩次），每次財務報表、營運狀況都記載十分詳實公開透明。若有緊急狀況，方新舟一定向董事們做到「及時告知的義務」。過去十年，已經有近二十位社會賢達當過或正在當誠致董事。他們對基金會的使命、策略都非常認同，也出了很多力氣幫忙誠致。方新舟對他們非常感激。

誠致在基金會組織架構上呈現倒三角形，基金會台北辦公室只有四、五位夥伴，其他便是分布在各地偏鄉六個學校總數約一百二、三十位老師。若非清楚而強固的誠致教育基金會塑造共同理念與文化信仰，有形無形的支撐，很難想像，以這麼少的經費，一個小小的基金會可以做這麼多事。

非營利組織不但要有一個好的願景，好的出發點，最重要的是，必須有很強的「執行力」。方新舟花很多時間理解其他國家的教育改革、教育創新，大國如美國、中國；小國如新加坡、芬蘭、愛沙尼亞等，他觀察到一個國家是否能在短期內提升教育品質，跟這個國家大小、人均所得、甚至與民主化程度也不一定相關，反而是跟這個國家的「執行力」有很大關係。

誠致教育基金會這過去十幾年，不管是均一教育平台、翻轉教育，或者是現在公辦民營學校，在非常短的時間之內，做出高效成績。背後就是執行力。執行力跟領導力息息相關，「領導力」的本質是「影響」跟「改變」，首先願意去影響別人，產生正向的改變。因此領導者必須提出願景及目標，同時，領導力不是架空的概念，它必須在特定的脈絡中才能找到施力點，這也是誠致教育基金會花大量心血及時間培養未來的領導人的原因。

「社會創新」和科技創新不同

在新創公益教育平台的過程中，金庸說：「天下武功，唯快不破！」但是，無論是在科技創業或教育公益，方新舟學習到最核心的重點是，天下武功，唯「創新」不破！

同樣講「創新」，「科技創新」與「社會創新」兩者又有根本的差異，科技業的創新大部分聚焦在產品或科技應用上，比較客觀、容易量化、進步比較快，如 iPhone、AI、自動駕駛等；而社會創新則偏向在人文或價值觀上面，例如孟加拉經濟學教授尤努斯（Muhammad Yunus）所開辦的「鄉村銀行微型貸款」，二〇〇六年獲得諾貝爾和平獎的殊榮。

一般來說，社會創新比科技創新難，發生的頻率也少很多。而在教育公益領域，創新的對象是人，更加主觀、不容易量化、進步比較慢。

方新舟過去長達三十五年，浸淫在高科技產業，老早就習慣了「摩爾定律」（半導體的速度每十八個月增加一倍）的節奏，追求精準決策及速度，即便是重大投資，包含新創公司，很多重大決策都是少數幾個高階主管拍板決定，然後由上而下執行，很快做決定、很快組團隊、很快執行、很快修正、很快看出結果。

而教育這行業是「成人之美」的志業，因為牽涉到人的改變，很多時候就是無法快，或說根本快不起來。無論是對老師或對學生，都要給他們學習的自主權，要耐心等待他們由下而上成長。另外一個很大的差別是節奏感，或者說反應速度。在企業，遇到機會或挑戰，可以不由分說立即反應，甚至「昨非今是」，鼓勵靈活適變的彈性創意，可以大幅度更改策略、戰術、組織構成。但是在經營學校，要求穩定發展，通常每年四、五月規劃完下學年課程，七月確定教師隊伍，接著就不太能更動。例如方新舟一直想要盡早實施「雙語教育」，但是現實上很多條件尚未俱足，能流暢用英文對話的老師不多，而且已經極為忙碌辛苦，就不宜貿然推動，只能耐心地鼓勵、耐心地等待（KIST 稱之為「急迫的耐性」）。

而且一個是營利，另一個是非營利，兩個能提供的薪資、物質誘因相差很大，因此，在公益領域，個人成長或使命感等非物質誘因就要非常強，才能吸引優秀的人加入。

再來是領導者的角色，做好一個教育人或從事公益者最重要的成功關鍵是：「成人之美，不求自己的利益」。這點說起來容易，做起來難。方新舟從事公益十年了，還是得常常提醒自己「不求自己利益」。但是，這幾年他面臨到不少抉擇的難處，因為一個 NPO 的主事者，其社會聲望或知名度也是一種無形的資產，它會影響募款、和教育界的對話聲量、與政府互動的影響力等。方新舟一直婉拒對他個人故事太涉入的著墨，擔憂媒體曝光會把焦點從教育公益移轉到個人身上，但完全不曝光又可能欠缺社會的關注，兩者之間，他坦言這中間的拿捏很難，自己還在修煉這項功課。

「IOOI」影響力評估

公辦民營是一種社會創新的投資，並非傳統慈善事業，可是要辦好學校，誠致教育基金會估計，每一所學校、每六年就要投入至少一千萬新台幣，自然辦學的成效也受到高度檢視。如何衡量公益的成效呢?!

公益營運本身不同於一般公司的經營，自然無法採用傳統公司ROI或EPS的財務指標做為評估其所產出的公共利益，方新舟借取歐盟「社會報告倡議組織」提出的「IOOI」標準（Input-Output-Outcome-Impact），來做影響力評估。

第一個I是指「Input」（投入），當投入的金錢、時間與人力持續累積到一定程度之後，產生了「Output」（輸出）例如多少學生畢業、多少老師受訓。而當這些「輸出」持續累積到一定規模之後，形成第二個O指的是「Outcome」（成效、結果），指短中期的成果，比如就業率的提升、健康生活習慣的養成；而當「成效或結果」的持續之下，將醞釀出最後階段的「Impact」（影響力），指足以改變環境或社會的長期成果，比如縮短貧富差距、提高平均壽命……這四者構成一套嚴密的邏輯鎖鏈，如齒輪互咬，一層推動著一層。

依照這類評估方法，讓公益產出也能像計算投資報酬率一樣，讓所有投入行動的人知道，自己所做的事為社會與環境帶來多少實質效益。如果我們今天投資一百萬，若是期望值僅限定於賺取二%利息，那麼輸出的就等於只有兩萬；然而如果，我們投入一百萬的期望值，落在「改變一個孩子的一生」，這不單只是一種成效，而且是一種影響力，這也是所有KIST學校設立的意義。

培養年輕人

為求基金會的永續，方新舟想得很遠，他認為，每一個人的生命都是有限的，最多也就八、九十歲，一間公司要有八、九十年的壽命比一個人更困難，因此「永續」不該是個體的永續，而是其文化、價值觀的永續，同時有人願意繼續接棒，那才是實質的永續。

從運營基金會第一天開始，他不斷尋找志同道合的年輕夥伴，以公益的理想性，吸引很多優秀年輕人，像呂冠緯、鍾敏豪、曲智鑛、蘇倚恩、黃俊諺、陳逸文、劉冠暐都陸續加入，而來自金門的王大鯤，原是金門高中創校以來首位滿級分的學生，也破紀錄進入台大醫學系，他的雙親都是醫生，媒體上都描述成「光宗耀祖」的美事。後來他來到誠致教育基金會做工讀生，正好協助基金會申請KIST學校的作業，沒有想到，他在大三時放棄了醫學系，轉攻社會學，最終在父母的理解與支持之下，投身在他熱情的所在——成人之美，如今在樟湖擔任公民老師。

方新舟培養人才的方法其實很簡單，就是讓他們和自己一樣成為「創業家」，他相信年輕人，給年輕人機會。「扛起責任，打造自己的舞台。」因此誠致破了多項紀錄：最年輕的校長、最年輕的執行長、最年輕的董事長。

誠致教育基金會是個高度挑戰、強調辯證、真誠互動的團體，方新舟以身作則，鼓勵他們打破階層，「用愛心說真話」，用科學精神跟方法「跟上帝摔角」，追問事情的本質，做證據本位的決策。經常互相提醒「管好時間，做好決策，帶好團隊」，碰到困難問題時，要回到基金會文化找答案。前三民國小校長黃佑民就說：「其實跟方大哥講話有壓力，但是我很喜歡。因為感覺每次講完以後，腦袋裡就會有一個新的燈泡又亮起來，我滿喜歡這種刺激，感覺自己不斷地成長。」

均一成為獨立的基金會

二〇一六年年底，誠致教育基金會決定要申請公辦民營學校時，面臨均一教育平台是否獨立的抉擇，他們內部不斷討論辯證，這兩個項目應該合還是要分？

回到事情本質來思考，均一教育平台是虛擬學校，是網路及軟體驅動的創新，距離愈遠，愈是有利；而公辦民營 KIST 學校是實體學校，是教育理念、價值觀與領導力的創新，距離愈遠，愈難管理。兩者的目標雖然相同，但是管理模式、財務規劃、人才需求培養都有明顯的不同。

誠致董事會整整討論一年之後，在二〇一七年 KIST 三校成立不久，同年十月拍板決定兩個事業單位應該要分開，才能專注在各自的挑戰，並能創造一個能培養出優秀人才的環境。

這一年的聖誕節，方新舟在臉書上分享了「一條心，兩個基金會」一文，宣布二〇一八年一月起「均一教育平台」及團隊從「誠致教育基金會」獨立出來，成立新的「均一平台教育基金會」，由原誠致教育基金會執行長呂冠緯當董事長兼執行長，「均一平台教育基金會」跟「均一教育平台」的關係，就像是 Apple 跟 iPhone

之間的關係一樣，一個是組織（公司）、一個是這個組織（公司）的產品。

在這個分拆（Spin-Off）出去的過程中，誠致教育基金會把均一教育平台及其他軟體相關的智財權均免費授權給均一平台基金會，跟這些智財權相關的夥伴們自動轉移到新基金會，一切薪資、年資、福利等權益同步移轉不變。同時誠致董事會也另外準備一筆嫁妝，讓新基金會一成立馬上就有第一年的營運資金。分拆完，誠致教育基金會只剩方新舟跟劉冠暐兩人，柱督二月加入，三人團隊重新開始，財務及人事則請公益平台石祐禎幫忙（六年前創立均一教育平台時，也是只有三位全職）。以上的這一些，或許是台灣 NPO 界的頭一遭。

方新舟說：「老實說，我自己是很捨不得把均一教育平台獨立出去的。但是為了讓年輕人有機會掌舵，更重要的，為了讓均一能夠服務更多學生，切出去是唯一對的決定。」

而就在獨立分家之際，方新舟又得知自己罹患了胰臟癌，距離他上一次的肺腺癌不到五年，如果均一教育平台沒有獨立，以他日漸衰弱的體力一年要募款六、七千萬，必然會是很大的負擔，方新舟說：「我因為不求自己利益而分拆均一教育平台，拆完後發現，自己是最大受益者。所謂利他就是利己，實在感恩！」

教育需要創新，使命需要傳承。分家之後，均一教育平台與「誠致」搬到同一棟大樓，但彼此之間業務沒有太多重疊。呂冠緯自加入誠致教育基金會到團隊正式分拆出來成立新單位，歷時僅四年半，他一直在疊代成長，也對方新舟如此大膽信任感到震撼。他總覺得自己有很多地方沒有準備，但方新舟常說：「見人挑擔不吃力。」他的目的是鼓勵他，挑擔者成長最快。「我想方大哥抓住了教育的本質，就是不是等孩子、晚輩準備好才放手，而是只要他們有意願面對失敗，而且跌倒了不會爬不起來，就盡快放手。」呂冠緯說。

交棒李吉仁

方新舟將在明年（二〇二二年）交棒給李吉仁，繼續這樣扭轉偏鄉教育的夢想。做為資深馬拉松跑者，李吉仁預計七十歲要完成人生「第一百場馬拉松」，還有一半尚未完成，但他從來不畏挑戰，投身偏鄉教育也一樣，因此這兩年的副董事長，好像是馬拉松長跑前的暖身準備，李吉仁笑說：「我不知道哪天，腦波比較弱，就答應他接下一屆的董事長。」可是才答應，李吉仁就發現，「方大哥做事情其實是遠遠超過一兩本論文涵蓋的範圍了，我實在覺得水滿深的！」他笑著說，然而他心知肚明的是，其實從基金會第一天陪伴到現在，他根本找不到任何理由向交棒說「不」！

但是，絕對不要輕忽馬拉松跑者的鬥志與耐性，李吉仁預備給自己十年的時間，去做沒有做過的事情。李吉仁認為，誠致作為一種公益基金會，早已不是單一個組織，或是只是一個學校，「根本上它是個體系的運營，其中勢必蘊含組織管理的問題。」而這些是他最擅長、最能施展的地方。

這兩三年間，他更積極下鄉，愈將地方教育脈絡梳理清楚，也愈有信心，「我覺得這個如果能夠把該做的事情做好，我們應該會產生一定程度影響力。」去年李吉仁針對校長和主任，舉辦兩次的領導培訓工作坊，在他親自帶領之下，讓這些教育第一線工作者訂下自己的 IDP（個人發展計畫），刺激他們思考，「三到五年後我想走到哪裡？需要什麼幫助？」藉以展開更為系統化的人才培育計畫。

其次，KIST 每年辦校資金有限，而資金的規模大小會侷限學校數的成長，若要擴大規模到二十所學校，每年至少要募到一億，挑戰度很高。因此 KIST 未來要成長，不能只侷限在公辦民營模式，李吉仁提出一個大膽的構想，將

KIST 運營這幾年來積累出來豐厚的知識體系，透過更有效率的方法「輸出」到其他主流公辦公營學校系統。他解釋：「我們要輸出的是 KIST 教育模式，簡單講我們叫『KIST inside』，跟『intel inside』一樣，電腦叫什麼名字沒關係，裡面只要 CPU 晶片是 intel 就好。」二〇二一年八月，台南的仙草國小與新北市坪林國中也正式轉型為公辦公營的 KIST 學校，擁有 KIST inside 的基因。

人才的永續

一直以來，誠致、均一與 TFT 被公認是台灣基礎教育轉型最重要的三支箭，李吉仁正好同時擔任這三個 NPO 之董事。他自比是「中繼投手」，最後仍要將舞台傳承給年輕人，「現在，我們持續將公司治理、暢通升遷管道、合理的薪酬制度、讓年輕人安身立命，實踐理想。」

今年他提出了「二把手學校」計畫[1]，積極打造年輕世代的「領導人才庫」（Talent Pool），辨識潛力人才，精準培訓，日後接班，承擔更大的責任。如 TFT 創辦人劉安婷說的：「Problem Ownership 中文很不好翻譯，但很清楚的是，只有屬於你自己的問題意識，你才會為它燃燒奮鬥。」

教育做為一種翻轉階級、「共榮共好」的社會運動

對比其他公辦民營學校，KIST 學校有幾點不同：KIST 學校都在偏鄉，希望能提供一個公平發展天賦的舞台給偏鄉孩子；KIST 學校跟社區的結合緊密，希望能用全村的力量教育每一個孩子；KIST 學校遵守十二年國教課綱，希望學生能成為自發、互動、共好的負責任公民。更重大的差別是，KIST 的內核是一種階級翻轉的社會運動的教育實踐。

當資本主義這個大齒輪繼續往前推的時候，「貧富落差」很不幸成為某種必然結果，雖然大家都不樂見，但短期之內也無法找到另外可取而代之的新主義，畢竟要一舉改變現今資本運作的龐大體系，極為困難。但是透過教育翻身，我們卻可以局部性的改變個別貧窮家庭的命運。從某個角度，教育是翻轉階級、「共榮共好」的社會運動。

KIST 學校還在射月的起步階段，如果沒有高懸翻轉命運、共榮共好、回

饋原鄉等遠大目標，一切都將成空，當偏鄉的貧窮孩子看不到「藉由教育翻轉人生」的可能性，誤以為這不過是有錢人出來講空話、騙愛心、滿足自己的榮光的做法。失望之餘，或許很快放棄，最後教育將不會有真正的衝擊。方新舟說：「我們培養孩子們對自己的人生懷抱高期望、高期待值，努力脫離他們今天的困境，其實最終的結果會教人驚喜。」

教育的問題很困難、牽涉很多、需要各方長期的努力才能看到結果。在台灣一片低迷負面的環境中，翻轉教育帶給國家社會一個契機。這本書只是一小段 **KISTer** 的實踐記錄，衷心希望有更多力量共同投入，一起來改變台灣的教育，為下一代而努力。

---

1 二把手學校：為了讓更多有使命的台灣年輕人能在職場上發揮社會影響力，誠致與其他十二家社會創新組織共同發起推動的「社會創新人才學校」倡議，School 28，28S／二把手學校，公開招募優秀的潛力人才。28S 同「二把手」諧音，巧妙呼應其使命：為社會創新領域——包含非營利組織、社會企業、影響力企業與企業的 ESG 部門——培育更多能有效協助組織創辦人（一把手），共同擴大社會影響力的事業發展與經營管理人才（二把手）。透過六個月的計畫，讓學員不用離開既有工作崗位，也能兼具深度與廣度地認識社會創新領域，並能在認知充分的情況下，自在、自信地做出職涯轉換的決定。

致謝

本書成書過程分別經由李吉仁副董事長、吳明柱執行長、李志軒校長、邱玉燕校長、林國源校長、林慧萍校長、林幸慧主任、林郁杏校長、胡茵、陳清圳校長、陳姿利校長、郭孟庭、曾世杰教授、鄭漢文校長、劉冠暐校長等反覆討論、審閱、補充及修訂相關章節，發揮「打群架」的精神，讓內容更趨近 KIST 核心價值，也為讀者提供更深刻的閱讀面向。附錄中引用 KIST 各校老師臉書貼文，生動忠實記錄校園第一線之點滴、增添成人之美的溫暖火光，同時呈現教育工作者真誠的觀察與省思。以上各方協助，在此謹致謝忱。

國家圖書館出版品預行編目（CIP）資料

與孩子一同編織未來：誠致的 KIST 實踐經驗 / 吳錦勳著 . -- 第一版 . -- 臺北市：遠見天下文化出版股份有限公司 , 2021.09

面；14.8×21 公分 . --（教育教養；BEP066）

ISBN 978-986-525-287-8（平裝）

1. 誠致教育基金會 2. 教育 3. 基金會

520.6 110014653

教育教養BEP066

與孩子一同編織未來
誠致的KIST實踐經驗

吳錦勳 —— 著

總編輯 —— 吳佩穎
責任編輯 —— 郭昕詠
封面設計 —— Bianco Tsai
照片頁設計 —— Bianco Tsai
內頁排版 —— 簡單瑛設
照片提供 —— 花蓮縣三民國小、花蓮縣三民國中、花蓮縣三民國中棒球隊臉書、吳錦勳、
雲林縣拯民國小、新竹縣峨眉國中、台東縣桃源國小、誠致教育基金會、
雲林縣樟湖生態國中小

出版者 —— 遠見天下文化出版股份有限公司
創辦人 —— 高希均、王力行
遠見・天下文化 事業群榮譽董事長 —— 高希均
遠見・天下文化 事業群董事長 —— 王力行
天下文化社長 —— 王力行
天下文化總經理 —— 鄧瑋羚
國際事務開發部兼版權中心總監 —— 潘欣
法律顧問 —— 理律法律事務所陳長文律師
著作權顧問 —— 魏啟翔律師
社址 —— 臺北市104松江路93巷1號
讀者服務專線 —— 02-2662-0012 傳真｜02-2662-0007；02-2662-0009
電子郵件信箱 —— cwpc@cwgy.com.tw
直接郵撥帳號 —— 1326703-6號　遠見天下文化出版股份有限公司

製版廠 —— 中原造像股份有限公司
印刷廠 —— 中原造像股份有限公司
裝訂廠 —— 中原造像股份有限公司
登記證 —— 局版台業字第2517號
總經銷 —— 大和書報圖書股份有限公司｜電話 — 02-8990-2588
出版日期 —— 2021年9月30日第一版第1次印行
2024年6月27日第一版第8次印行

定價 —— NT450元
ISBN —— 978-986-525-287-8
書號 —— BEP066
天下文化官網 —— bookzone.cwgv.com.tw

天下文化
BELIEVE IN READING